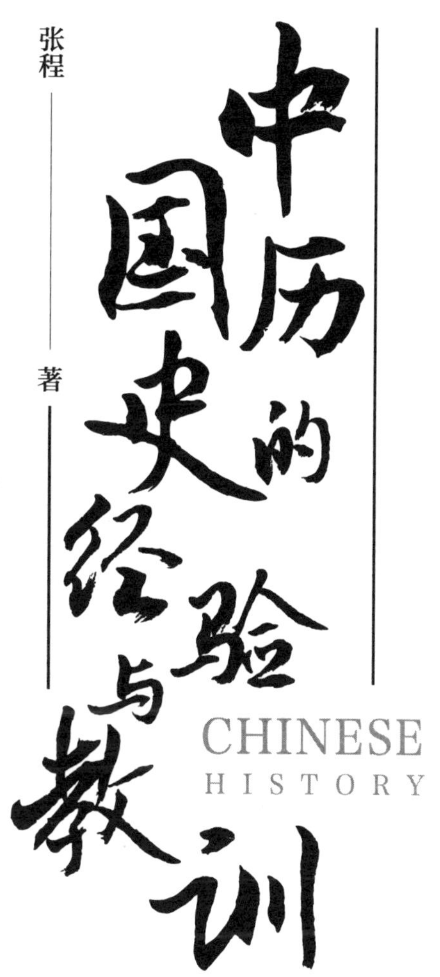

台海出版社

图书在版编目（CIP）数据

中国历史的经验与教训 / 张程著 . -- 北京：台海出版社，2019.6（2023.9 重印）

ISBN 978-7-5168-2327-9

Ⅰ . ①中… Ⅱ . ①张… Ⅲ . ①中国历史—通俗读物 Ⅳ . ① K209

中国版本图书馆 CIP 数据核字（2019）第 068829 号

中国历史的经验与教训

著　　者：张　程

出 版 人：蔡　旭　　　　　　　责任编辑：王慧敏

出版发行：台海出版社

地　　址：北京市东城区景山东街 20 号　邮政编码：100009

电　　话：010 — 64041652（发行，邮购）

传　　真：010 — 84045799（总编室）

网　　址：www.taimeng.org.cn/thcbs/default.htm

E - mail：thcbs@126.com

经　　销：全国各地新华书店

印　　刷：三河市嘉科万达彩色印刷有限公司

本书如有破损、缺页、装订错误，请与本社联系调换

开　　本：710 毫米 ×1000 毫米　1/16

字　　数：286 千字　　　　　印　　张：17

版　　次：2019 年 9 月第 1 版　　印　　次：2023 年 9 月第 6 次印刷

书　　号：ISBN 978-7-5168-2327-9

定　　价：68.00 元

目 录

卫青家族

一个草根家族的崛起与覆灭

琅琊王氏

从政坛向书坛的退却

万国来朝

朝贡体系的虚荣与务实

士人春秋
管仲的舞台

春秋时期，王室实力的衰退，为各诸侯国做大做强提供了机会。“血而优则仕”渐渐地被“学而优则仕”所冲击、取代，有才能的人，迅速脱颖而出、大展宏图。这让人想起了一句名言——“不管黑猫白猫，捉到老鼠就是好猫”。春秋的争霸，也正是因为有了人才观的变革，才得以如火如荼地展开。

“管仲射小白”是一个经典的故事，说的是公元前685年，齐襄公的两个弟弟公子纠与姜小白抢夺王位时发生的事。为了阻止小白赶回齐都临淄，管仲带兵堵截，并趁众人不注意，突然射箭，命中小白胸部。当然这一箭只射中了小白的带钩，小白急中生智，咬破舌尖装死倒地，骗过众人，然后日夜赶路，抢先到达临淄。

津津乐道之余，人们往往不会注意这样一个细节。

我们说到管仲的时候，眼前浮现出的一定是一个气宇轩昂的文士形象，可是，他的箭法居然如此之好，一箭射去，竟能正中公子小白胸口，这又是怎么回事呢？

从一个敌人到他的宰相

我们来看看管仲的身世。

管仲，周王同族姬姓之后。但到了管仲这一系，早已丧失了贵族身份，家道中落。等到管仲出生的时候，管家只是齐国一户贫困商人家庭。但管仲命好，生逢其时。恰遇从西周到东周的社会根本性转变的良机。

夏商周时代，学校都是官府的。《周礼》明确规定，“古者学在官府”。那时的史官，既是官府的官吏，又是学校的老师。官府完全控制着学校，各种各样的学问，都要向官府有关主管的官吏学习。比如，要学习法律，即向司徒之官学习。但是，并非任何人都可以进学校学习，只有王公贵族的子弟才有资格，于是便形成了贵族子弟才有资格入学、当官这样一种定规。所谓“血而优则仕”，也就是一种世袭制。

然而，公元前770年，新即位的周平王迁都洛阳，即史书所说的“平王东迁”，天子的地位衰微，出现了“礼崩乐坏”的形势。一些“王官”便散入各诸侯国，有的则流落民间，为了谋生，只能私自教学，于是“学在官府”局面被打破，私人办学蓬勃兴起，学生入学条件较西周时大为改变，像孔子所办的私学就提倡“有教无类”——教育的对象不分贵贱等级，只要学生送给他“束脩”（一串腊肉）作为学费，就可以了。这样便大大扩大了受教育者的范围，因而有学问的人多了起来。这些人就是所谓的“士人”。

春秋以前，贵族子弟学习的课程是六艺：礼、乐、射、御、书、数。礼有大射、乡射，乐有军乐，射、御除田猎外，也都是作战技术，这四科皆为军事课目，只有书、数才为数学、文字、典章等民政知识。由于国家教育体制的推荐，全社会也崇尚六艺之学，管仲的出身有点类似八百多年后的刘备——知道自己出身卑微，只能通过能力和努力来博取功名富贵，因此管仲自幼刻苦自学，通诗书，懂礼仪，武艺高超也就不足为奇了。

齐桓公姜小白的“新政府”成立的时候，小白的师傅鲍叔牙是最有竞争力的主政大臣人选。鲍叔牙不仅教育、拥立小白有功，而且能力出众，群臣对由他出任新政府的“总理”基本上没有意见。齐桓公在任命前例行征询鲍叔牙的意见，谁料到鲍叔牙固辞不受，反而极力建议国君将国家大权都托付给好友管仲。当年他们曾一块做生意，走南闯北，鲍叔牙对他十分了解，也十分欣赏。

齐桓公一听，立刻把头摇得像拨浪鼓一样。

齐桓公对管仲的排斥，除了射向胸前的利箭和难以忘却的仇恨外，更是出于维护齐国政治传统和宗法制度的考虑。

管仲出生于商人家庭。在世卿世禄的贵族政治风气还很浓的春秋早期，任命一个商人担任主政大臣匪夷所思，势必遭到巨大的人力和制度障碍。

此外，管仲的人品也有些问题。齐桓公对鲍叔牙说：“我听说从前管仲和你一起作战的时候，总是躲在阵后，或者抢先逃跑；管仲和你一起做生意的时候，出力少却总是拿得最多；管仲的仕途非常不顺，三次被国君排斥。你为什么向我推荐这样的人呢？”

鲍叔牙回答道：“君将治齐，则高傒与叔牙足矣。君且欲霸王，非管夷吾不可。夷吾所居国国重，不可失也。”夷吾即管仲，鲍叔牙此番话的意思是，如果您只是想让齐国成为强国，那么任命我或者高傒就可以了；但是如果想让齐国成为春秋霸国，那就非把国事托付给管仲不可。“管仲做生意时的确很在意钱财，那是因为他家境穷困，需要养家；管仲在战场上不敢冲锋在前，那是因为他家里有老母亲。”

鲍叔牙重本质轻小节的一番话，最终打动了齐桓公。不唯身份论英雄，管仲就这样鲤鱼跃龙门，从齐桓公的敌人，变成他的宰相。

非常之识，用非常手段

新官上任前，管仲和齐桓公有过一次长谈。

管仲微笑着对齐桓公说：“臣虽蒙受主公恩宠信任，但贱不能临贵，臣爵位卑下，恐难施政。”管仲这个要求，真有点匪夷所思。齐桓公转念一想，却是实情，既然国家要托付于他，他要实权就该给他。于是齐桓公答应了这第一个要求，封国相管仲为“执政之卿”，位在高、国二卿之上。

“谢主公恩赏。臣虽已贵为上卿，然贫不能使富。”原来是要钱，管仲还真是“贪得无厌”啊！

“临淄各市，有司所得税赋十分之三归国相所有，国相富可敌国了。”齐桓公说，然后得意地看着管仲。

“臣蒙主公赐以富、贵，然疏不能治亲。”管仲谢恩后又提出了第三个要求。

齐桓公一听，愣住了。齐国姜姓，高、国二氏及其他大夫，要么出自公族，要么有联姻之亲，虽齐国任人用政不像鲁国那般强调亲贵，但以管仲贫寒世族出身，族中又无近亲与权贵联姻——在宗法关系尚存的时代，起用一个八竿子打不着的外人来主管事务，周围这些沾亲带故的大臣们会怎么想？

齐桓公沉吟了一下，突然想到齐国开国之君太公姜尚的故事，当年太公为周文王师，后又辅佐武王，一个外姓人，后来被武王尊称为“尚父”，可依此例吧。“这样吧，寡人敢称国相为‘仲父’，寡人执晚辈子侄之礼，命国人不得称国相之名，皆称字，国相以为如何？”

霎时间，一股从心底最深处涌动的热血，在管仲胸膈之间开阖鼓荡，以致言语艰难：“昔日罪臣，辱蒙主公托付国事，逾格恩宠，粉身难报。”

当时间过去两百多年后，孔子如此评价这个历史片段：“管仲之贤而不得此三权者，亦不能使其君南面而伯。”——即便如管仲之贤，如果不能得到这三大权力，也不能使齐国面南称霸。

称霸是前无古人之事，当用非常手段。管仲这么想，可以理解。齐桓公能答应这三个“离谱”的要求，就很令人深思了。不仅是他个人性格使然，当时，天子式微，礼崩乐坏，宗法制度受到巨大冲击，在这样的社会条件下，齐桓公才敢于开先河，做前人从未做过之事。历史上，齐国曾是一个多灾的国度，齐襄公乱政更使齐国几近崩溃。当齐桓公登上了高高的君主宝座，照理讲他应该感到高兴才对，然而恰恰相反，直面齐襄公留下来的一片残山剩水，齐桓公产生了深深的忧患意识。对此，《管子·小匡》载齐桓公语曰：“昔先君襄公，高台广池，湛乐饮酒，不听国政。……是以国家不日益，不月长。”正是这种忧患意识，赋予了齐桓公敢为天下先的气势。

多少政治人物梦想着拥有施展拳脚的权力和平台，管仲奇迹般地得到了。

朝秦暮楚，飞黄腾达

其实，不仅是管仲脱颖而出，当时无数有贤才的士人，在春秋争霸的土壤里，也得到了实现自我价值的机会。不管黑猫白猫，能捉到老鼠就是好猫，而不必非得是波斯猫。

“夫争强之国，必先争谋。”这是管仲关于称霸的语录。按今天的话来理解，就是一个国家要想做大做强，首先必须争夺人才。齐桓公不计前嫌，重用管仲就是最好的例子。此举也开了春秋时期的“养士”之风。一批有志之士，纷纷成为王侯公卿竞相招揽的对象，他们朝为布衣，夕为卿相，成为春秋时期各国谋取霸主政治地位的有力援助。

后来，养士甚至成为当时上层社会竞相标榜的一种时髦风气。战国时，养士之风愈演愈烈，达到高潮，只要是有实力的国君或权臣都尽可能多地收养门客，像魏国的信陵君、齐国的孟尝君、赵国的平原君、楚国的春申君，就是以养“士”众多而著称的“战国四公子”。

春秋时期，都有哪些三教九流飞黄腾达？我们还是从管仲身边说起吧。

主管齐国经济工作的甯戚被发现和任用，比管仲的任命更具有传奇色彩。

甯戚（生卒年不详），姬姓，甯氏，名戚。春秋时期莱棠邑（今青岛平度）人，一说卫国（今河南境内）人，早年怀经世济民之才而不得志。齐桓公六年（公元前680年）拜为大夫。后长期任齐国大司田，为齐桓公主要辅佐者之一。

甯戚虽然也是姬姓，但他的出身还不如管仲，是地道的平民。

不过平民有了知识，有了才能，就成了士人。甯戚便是士人中的佼佼者，所以还未得志之时，已名声在外，引得管仲慕名而来。

管仲的车队寻到了甯戚的安身之处——一处小小土室，柴扉零落。管仲亲自上前叩门，门开了。“请问贵人有何事？”甯戚探出脑袋。

“先生就是甯戚吧？”管仲问道。

“是的，小人就是甯戚。”春秋时礼法尚严，甯戚在卫国是“庶民”，所以要自称为“小人”。

“管夷吾冒昧登门，想与先生交个朋友。”

甯戚长揖作礼，管仲见其不卑不亢，举止有度，更相信自己的判断。命随从将饮食酒肴搬入，就在甯戚家中边吃边谈。屋内极狭窄，众随从只得在门外休息，惹来一众村夫围观。门外人声鼎沸，甯戚却充耳不闻，意态安详。

管仲有心而来，于是开门见山，问道：“正要请教先生，齐国百废待兴，应从哪一方面入手呢？”

“治国纲略，仲父恐怕已早有筹谋，甯戚不敢忝言，只从一些末技来谈吧。”甯戚本有统筹全局的宏论，却怕时间仓促，难以细谈，而且他要用一些时务实用之学，来回答管仲的“考核”。

“甯戚一入齐国，就听闻百姓交口称赞仲父的新政，尤其是不侵夺农时，改公田为赋租，实在是安国富民之策，这些想必已在仲父意料之中。只需区区数年，齐国将粟米满仓，民众繁衍。但粟虽为固国之本，但还不足以使民众安居乐业。”甯戚稍微停一下，再说，“百年之前，农夫使用的农具是木、石所制的耒、耜之类。农夫一户只能耕种百亩（约合今三十亩），亩收四斛。后为铸铁发明，价廉物美，用于农具后，农夫一户可耕种两百亩（约合今六十亩），亩收十斛。人口繁殖后，自然又有了余力开垦荒地。今仲父新政，更使农夫不遗余力，外民迁入。可数十年后，齐国已无可开垦之地，民多地狭，岂非乱之源？仲父不可不虑。”

“哦？请先生畅言。”管仲仔细聆听着。

“此时应奖励农夫不离乡土，谋求副业。近海之滨的蓬莱一带，渔获丰盛，可使民入海捕鱼而向国库纳海租。而在营邱之带，夏秋高热少雨，可煮海为盐。故近海之男，可为鱼盐之业，内陆之处，应使之育养六畜。我观齐国六畜之种，不如关中、河北之带的肥壮，可遣商贾前往引入种群，逐步改良。”

原来甯戚的观点是在农业之外，另开辟副业生产。

管仲发现甯戚在经济方面很有见地，有心向齐桓公举荐，于是问起甯戚的身世。甯戚苦笑一下说："先祖亦曾位列大夫，然国破之后，人为藏获（即战俘奴隶），没入卫国野鄙，世为庶民。先父在日，家道尚为小康，亲授圣王治道。后变卖家产，作为旅资，命甯戚行游各地，留意山川形势，民生风俗，期待日后为明主所用，光复家声。前年甯戚远游回家，方知先父已经贫困病逝，家徒四壁，栖遑孤独。后闻齐国礼贤下士，今日得见仲父，可见此言不虚。"

试问千百年来，天下多少君子贤才，有大智慧而无小机运，徒然埋没乡间，而身在高位，识见不能谋其政者，则误国误民。甯戚出身贫贱而志存高远，比照自己曾为桎梏之囚，管仲感同身受，更能体会个中滋味，于是修书一封，让他去找齐桓公。

次日一早，甯戚依旧穿着短褐单衣，驾着牛车，怀端管仲的荐书直入齐都临淄。他边走边想：自己出身低微，虽获管仲赏识，却不知齐桓公是个怎样之人，若以荐书入禀，即使能获官职，他日岂不被人讥讽攀援富贵？于是打定主意，直奔宫门外，放开嗓门唱道："南山灿，白石烂，中有鲤鱼长尺半。生不逢尧与舜，短褐单衣才至骭。从昏饭牛至夜半，长夜漫漫何时旦……"

歌词传到齐桓公耳中，他心想：奇怪啊，一个车夫也感叹怀才不遇，就将他召入。经过交谈，齐桓公确信自己淘到了一块真金，于是任命甯戚为大司田，掌管农业生产。当时的齐国虽地广、资源丰富，但人少，土地需要整治，农业既是国民经济的薄弱环节，又是极有潜力的领域。在甯戚的努力下，数十年后，齐国农业取得突飞猛进的发展，形成了成熟的农业生产管理经验，为国家的崛起打下了扎实的经济基础。管仲死后，甯戚接任相国。

这就是甯戚的才能，这就是士人的才能。和天子诸侯大夫相比，他们可以一无所有，但他们只要有一条就足够了，那就是：本事。

甯戚可以说代表了春秋时期一大部分士人的特点：有能力，没负担，有自由。当时尚未形成民族的概念，这决定了他们可以东奔西走，在自由宽松的氛围中，齐人去魏，魏人入秦，燕人南下，楚人北上，人才频繁流动。有才能的士人择主而事。谁赏识他们的才干，谁给的报酬待遇高，他们就为谁效力。合则留，不合则去。士为知己者死而不是为国死，成为很平常的事情，也并不被看作是道德上的缺陷。至于家庭出身、个人品行，自然也被淡化了。

从春秋到战国，士人作为一个特殊的阶层而崛起，成为当时社会的中坚力量，尤其是那些重量级的士，投身到哪个国家，哪个国家就会兴旺发达；离开哪个国家，哪个国家就内外交困。正所谓“贤才之臣，入楚楚重，出齐齐轻，为赵赵完，畔魏魏伤。”（《论衡·效力》）

一个有西周遗风的人

齐桓公执政集团的另一位重臣是鲍叔牙。鲍叔牙可以说是最富有西周遗风的士人，在他的身上，体现出的是道德至上的上古风格，也可以说是贵族气质。这也许同鲍叔牙出身较好，家境殷实有关吧。

鲍叔牙最主要的工作就是与人“抬杠”，以性情耿直，犯颜直谏著称。他对齐国的许多政策和人事提出了中肯、尖锐的批评。齐桓公在霸业已成后，常常显露骄矜之色，甚至觉得自己功勋可比尧舜。齐桓公曾经计划铸造大钟，用以铭记自己的功德。鲍叔牙知道后，主动去和齐桓公谈大钟铭文的事情，一件一件地述说齐桓公的过错，结果说得齐桓公恨不得找个地洞钻进去，铸造大钟的事情也就无从谈起了。

还有一次，齐桓公和管仲、甯戚、鲍叔牙四人同饮。酒酣耳热的时候，齐桓公责问鲍叔牙：“大家都向我祝酒了，为什么就你坐着不动呢？”鲍叔牙捧杯起身说：“那我也来向国君祝酒，希望国君不要忘记当年流亡莒国的贫困担忧，希望管仲牢记曾在鲁国的囚徒生活，希望甯戚记得夜里车下喂牛的时候。”一席话说得大家都感叹不已。齐桓公离席，向鲍叔牙郑重行礼说：“我和两位大夫若不忘你的话，国家就一定没有危险了。”

“管鲍之交”，意为至交的朋友关系，这一成语便出自鲍叔牙的知人和自知。

管仲病重后，齐桓公考虑他将不久于人世，便问，可否让鲍叔牙接替他为相？管仲说，鲍叔牙善恶过于分明，以善待善尚可，以恶对恶谁能忍受得了？“他是位君子，但不可以委以国政。”有人将管仲这些话告诉了奸臣易牙，易牙以为这正是离间管仲与鲍叔牙的好机会，遂到鲍叔牙面前挑拨离间。没想到鲍叔牙听了非但没有生气，反而笑道：“这正是我推荐仲父为相的原因。仲父忠于国家，没有私心。若让我为相，我岂能容忍你们这些小人？”

从鲍叔牙的身上，人们看到了春秋时期士人思想上的变化和冲突，那就是“道”和“德”的交锋。周武王、周公等用“以德配天”“天以德择主”来解释夏、商、周的历史之变，“德”一直是为政治服务的一个标准价值观，无论是君主还是大臣，“德”是第一位的。鲍叔牙有这样的思想，因为他有西周贵族的气质。与此同时，鲍叔牙应该也认识到了所谓“道高于君”的“道”，作为一个出现于西周初期的政治概念，“道”在春秋时期得到了大发展，也成为后来百家争鸣的核心思想。这和春秋的社会剧变是分不开的，人们认识到单纯以德治国是行不通的，而“道”正符合了这样的需求，成为为政治服务的另一把利剑。

“道高于君”，这恐怕也是鲍叔牙举荐管仲而管仲并不举荐鲍叔牙的根本原因。在管仲的思想里，“法”是“道”的体现，是人类的“公”，因此要尚公崇法，依法治国。这样的思想，深深体现在管仲的治国措施中，首先就是人才选拔的“公”。

为一位农夫点燃一百根火烛

管仲知道，齐国霸业绝非一木之材可以撑起的，头一项要务，必是要广求贤达而用。已经有齐桓公的首肯，新上任的宰相虽然人事不广，但施行起来也得心应手。很快，八十位辩才无碍、聪慧敏捷的游士离开临淄城，满载财帛，向各国奔去。带着齐国求贤若渴的信息，也负有暗中打探各国情报的秘密任务，如果用现代的话来说，这是一批“外交情报人员”。由于管、鲍二人早已在各国交通要隘，设立了秘密情报点，或混迹于酒肆旅馆，或托身于商行作坊。这么多年过去，早对各国政局了如指掌，这些又为八十位游士任务的完成，提供了重要的帮助。可想而知，此后从各个地方涌来齐国的，不仅是人才，还有许许多多情报资料。

另一项求贤的政令，便是选荐“秀民”。以往各国施行的多是世官制，如齐国的上卿高、国二氏，便世代承袭、主持国政。当然同时也有任官制并行其中，比如原来鲍叔牙等人被国君任命为少傅便是例子。但被任命之人仅限于“国人”中的“士”，近十倍于“国人”的“野人”（即野鄙农夫），却因血缘出身而永远被阻挡在仕途和从军之路以外。

管仲开始撕开这张网，虽然“秀民”的人数有限，但毕竟是一个开始。这就是管仲心目中与世官制背道而驰的“贤人政治”，这开启了战国以后任人唯贤的滥觞，恐怕也是以后两千年来科举取士的源头吧。

然而在当时，这是一个不易之举，贵族就首先反对。但由于高、国二氏在之前的改革中，已获得巨大的利益。遂投桃报李，给予支持。领袖世族的二氏，赞成选荐人数区区的“秀民”，于是这项政策才得以实施。为了显示这个政策的威严，管仲选择在太庙举行朝会，要求五属大夫及其僚属，“匹夫有善，可得而举也”，当然，这也要托先王旧制的“合群叟，比较民之有道者，设象以为民纪”。集合各方老人，比较民众中有道的人，树立典范作为百姓的纲纪。有了这堂堂之言，地方官员便开始积极为齐桓公的霸业搜罗各种人才。

为了政策的持之以恒，管仲规定每年正月，五属大夫及乡长在述职时，要向国君报告举荐贤人的成效。如发现有而不报，将定为“蔽明”“蔽贤”之罪，属五刑重罪了。

以上两项都要假手于人，但庭燎取士之举，却是由管仲和齐桓公亲自执行的。

齐桓公专门设立了一个招揽人才的机构，起名“庭燎”。西周时，重视等级礼仪，如果要迎接四方之士，就要用高规格的接待礼仪。古代邦国在朝觐、祭祀和商议军国大事时，要在大庭中燃起火炬，也就是“庭燎”。

本来庭燎的数量按爵位高低是有所规定的：天子为一百，公侯为五十或三十不等。为招徕人才，齐桓公便僭用了天子的庭燎一百之数。但出乎意料的是，时间一天天过去，八十游士和地方臣工都陆续报来佳绩，但自己这一边，却连一点动静都没有。齐桓公实在想不明白，终于有一天，卫士报告有一个自称“贤才”的人求见。

齐桓公心中一喜，两月余不见动静，今番终于有戏了。“举庭燎迎接，不可怠慢，另外派人请仲父来商议。”

卫士遵令而行，燃起一百把庭燎大烛，烟火冲天。可是到了一看，是一个村野农夫。齐桓公很失望，但人都来了也不能立刻叫人走，只好敷衍地问：“你有什么本事啊？”农夫回答说：“我只会九九术算。”齐桓公一听急了：“什么，你只会九九术算？那你求见寡人，所为何来？”

只见那农夫恭恭敬敬地行过礼，慢慢地说道：“小人也不觉得会九九术算是什么本事，但却想为主公排解一件大烦恼。”

“什么大烦恼？”

“主公可曾想过，为何设如此隆重的庭燎之礼，以待贤才，却无人应召？”

此话正中齐桓公所想：“你说，这是为何？”

农夫憨憨一笑，道：“贤才之所以不来，是因为齐国是名闻天下的大国，主公又是声名远播的国君，四方之士自认为比不上主公，所以才不敢来。九九术算，本就是微不足道之技，而小人又是一个村野之夫，然主公却以庭燎之礼，厚待于我，那些真正的人才，还会担心自己不受重用吗？”

齐桓公听罢，连声赞叹：“说得好，说得好。”

管仲赶来后，一听经过，对齐桓公能从善如流大加赞扬：“泰山不拒壤石，才能成就其高；江海不拒细流，才能成就其大。主公此事处置明哲，天下贤士定会鱼贯而入。”

果然，齐桓公厚待一个只会区区九九术算的农夫的故事，如插上翅膀，传遍远近。四方前来投靠的能人贤士，纷至沓来。

通过一系列的改革措施，短短四五年工夫，齐国就兵强马壮，蓄势待发。首都临淄城的人口超过了四万户，有二十多万人口。在这样规模宏大的城市中，屹立着巨大的宫殿，里巷纵横，屋宇鳞次栉比，肆市林立，男女熙熙攘攘，商贾游人往来其间，是当时我国东方最大的经济中心。

管仲确立的广求贤达的制度，效果如此之好，以至被后世的齐国政府牢牢继承。《史记》载："齐国遵其政，常强于诸侯。"一个人，一套制度，就保住了齐国的大国地位。若这项制度与用人理念被时代所接受会怎样呢？这套制度奠定了春秋战国改革的基础。在一系列改革的推动下，列国集权程度加强了，官僚政治确立了，地主封建制形成了，小生产发展了，百家争鸣出现了，并孕育出了为即将到来的大一统专制主义集权统治服务的系统理论。中国由分权割据走向集权统一的历史条件已日趋成熟。

扩展思考：君臣相得

1. 管仲和齐桓公相互信任，共同成就了春秋首霸。他们这样的关系，史称"君臣相得"。你还知道中国历史上有哪些君臣相得、创造辉煌成绩的例子？给个小提示：诸葛亮和刘备。

2. 管仲算是知识分子。古代知识分子总是主动向公权力靠拢，"乌鹊南飞，绕树三匝，何枝可依？"像管仲那样演绎一段君臣相得的佳话，是多少读书人的梦想，似乎只有那样才能实现个人价值。试问，除了从政，古代读书人还有其他"职业选择"吗？如有，其他职业能像当官那样实现读书人的抱负吗？

河阴之变
大屠杀是如何酿成的

发生在北魏武泰元年（528 年）的河阴之变，是南北朝历史的转折点。上千名北魏宗室、朝臣和将领在黄河岸边遭到血腥屠杀，朝堂为之一空，黄河成了一条血河。它导致了北魏王朝的分裂和南北方势力的重组，对中国历史产生了重大影响。那么，河阴之变的来龙去脉如何，又是如何发展为大屠杀的呢?

原本可以和平收场

政变的源头是当时在位的孝明帝元诩。

元诩还是个十九岁的少年，却已经当了十三年的皇帝。他六岁时即由生母胡太后扶持着登基称帝，之后一直生活在母后的阴影之下。随着年纪的增长，元诩开始不甘心做有名无实的傀儡，不乐意永远当母后的“乖宝宝”。更何况，元诩对胡太后淫乱宫廷、半公开地蓄养男宠，给死去的父皇戴“绿帽子”的丑行很是厌恶。

当时北魏王朝已经陷入风雨飘摇之中，北方六镇官兵起义已经四五年了，攻城略地，战火蔓延到整个华北地区；首都洛阳府库空虚，朝廷到了没有隔夜粮的地步，胡太后还沉迷于揽权和淫乱之中，置朝政于不顾。元诩不能坐视祖宗基业荒废下去，他培养亲信，打理江山，希望有所作为。但胡太后却将元诩此举看作是背叛的信号，找个机会将儿子的亲信都杀死了。她越不希望儿子摆脱自己的阴影，元诩偏偏越要挣脱。

武泰元年（528年），母子俩的矛盾达到极点。当时元诩的妃子生下一个女儿，胡太后竟然宣称生了一位皇子，还大赦天下。元诩再也不能忍受母后伤害帝国的种种行径了，他计划驱逐朝廷中的奸佞，将母后锁入深宫。可是环顾朝廷，元诩都没有可以依靠的大臣。于是，年轻的元诩做出了一个缺乏经验的选择：招外地将领“勤王”。

元诩选中的将领是晋阳的镇北将军尔朱荣。

尔朱荣是山西北部的羯族部落首领，积极镇压六镇起义，经过多年征战基本占领了山西地区，是黄河以北最强大、尚且忠实朝廷的地方势力。他的军队虽然不满一万人，但都是勇猛善战的老兵，又有高欢、贺拔岳等干将效力，可谓是“兵强马壮”。胡太后对尔朱荣有所忌惮，把他的防区限制在山西地区。尔朱荣上表，主动要求去河北镇压六镇起义，胡太后就没有答应——这一点可能让元诩觉得尔朱荣会站在自己一边。元诩不知道，尔朱荣正在抓紧编练兵马，磨刀霍霍要逐鹿中原了。他缺的，就是一个借口、一面幌子。

接到元诩向洛阳进兵的密令后，野心勃勃的尔朱荣喜出望外，马上整军南下。就在尔朱荣大军到达上党时，元诩却犹豫起来，命令他就地驻扎。

元诩优柔寡断之间，消息早已泄露。胡太后联合情夫徐纥、郑俨两人，残忍地将亲生儿子元诩毒死。可是，胡太后这事干得太不严密，皇帝暴亡，朝野都知道是谁干的。胡太后此举不仅残忍，而且也给自己造成了巨大的麻烦。元诩没有儿子，这就为胡太后继续执掌朝政设置了障碍。按理，不久前向天下宣布是皇子的孙女应该即位为新皇帝。事到如今，胡太后只得硬着头皮准备扶持一个女娃娃继位当皇帝，可第二天她又心虚地主动宣布新皇帝是女儿身，不适宜登基（绝大多数史学家都不承认这个只在位一天、没有正式登基的女皇帝，可也有少数人认为这个公主就是中国史上第一位女皇帝，比武则天早了一百六十多年）。

胡太后选择元诩的侄子、年仅三岁的元钊为新皇帝，想平息责难。她将尔朱荣想得太简单了，尔朱荣早在起兵之时，就想做第二个董卓了。皇帝的死只是给他提供了绝好的借口而已，他根本就不承认洛阳的新政府，反而通告天下要追查元诩的死因。

尔朱荣的精兵很快逼近黄河北岸，徐纥等人并不以为意，认为“尔朱荣是马邑小胡，人才卑劣，自不量力来冒犯天颜，简直是自取灭亡。洛阳的禁卫军就足以消灭他。他不远千里挥兵南下，兵老师疲，我们不用做什么准备，以逸待劳就能打败他们”。尔朱荣率领几千人的部队长途征战，的确让人觉得不太靠谱。胡太后采纳了情夫的意见，派遣黄门侍郎李神轨为大都督；派遣郑俨的族兄弟郑季明、郑先护二人驻守黄河河桥；派遣武卫将军费穆驻守黄河渡口小平津，等着尔朱荣来“送死”。

尔朱荣想做董卓第二，却比董卓有头脑得多。他深知，要想在政坛上有大作为，政治永远比军事重要。早在起兵之初，尔朱荣就有心改立新君、独揽大权，开始物色政治盟友。他派侄子尔朱天光潜入洛阳，找到在朝中任直阁将军的堂弟尔朱世隆。后者向尔朱天光推荐了元诩的叔叔、长乐王元子攸。元子攸受胡太后一党的排挤，和胡太后等人有较深矛盾。他长期担任禁卫军将领，不仅有一帮禁卫军官兵支持他，清流世族和文官集团也拥戴他，在朝廷中有相当的根基。各方面看起来，元子攸都是不错的人选，可以让尔朱荣集团争取到洛阳禁卫军和世族大家们的支持。于是，尔朱天光秘密会见了元子攸，将尔朱荣的橄榄枝传递了过去。元子攸欣然应允，带着家眷跟着尔朱天光逃出了洛阳。

当时北方少数民族择立君主有一个传统：将所有的候选人铸铜像，请示天意，如果铜像铸成说明此人受命于天，可立为君；如果铸像不成，则表示上天不认可此人。尔朱荣手中一共掌握了六位王爷，一一给他们铸像，只有元子攸的铜像一举成功。

武泰元年（528年）四月十一日，尔朱荣在河阴（今河南荥阳市）拥立元子攸登基称帝，和洛阳的元钊对峙。元子攸即孝庄帝，封尔朱荣为都督中外诸军事、大将军、尚书令等，晋爵太原王。这是一招好棋，尔朱荣一下子从叛乱者跃升为“挟天子以令天下”的正义之师。

孝庄帝登基后，局势就明朗了。胡太后立的小皇帝元钊原本就不为朝野所接受，大臣们早就和胡太后离心离德，听说元子攸登基后，洛阳的禁卫军官兵、文官和世族大家争相出迎，向新皇帝表示效忠。元子攸登基的当天，镇守黄河的郑先护、费穆等人就主动归附，导致洛阳门户大开，大都督李神轨不战而退。消息传到洛阳，禁卫官兵四处溃散。战争不用打了，尔朱荣兵不血刃，提前锁定胜局了。

胜负已定，郑俨和徐纥两个男宠跑得比谁都快。郑俨逃归乡里，想在地方起兵，结果被部下所杀；徐纥逃到江南归降萧衍，因为好慕权力、奴颜媚骨，为时人所斥。众叛亲离的胡太后在绝望中宣称出家为尼，还强迫宫中所有的嫔妃随自己一起削发出家。她逃入佛寺，寄希望于佛祖的保佑。洛阳的皇室贵族和文武百官见状，第二天就拿着皇帝玺绂，摆出皇帝法驾，公开出城去迎接新皇帝元子攸了。

北魏朝野承认了元子攸，也就承认了尔朱荣造反的胜利果实。到此为止，尔朱荣起兵可以胜利、和平地收场了。他只要护送着元子攸进入洛阳，就大功告成了。但是，平静之中酝酿着波澜。

任何惨案都是有原因的

投降的武卫将军费穆是尔朱荣的老朋友。尔朱荣年轻时，在洛阳当过一段时间的军官，两人当时就认识。如今久别重逢，两人都很高兴，促膝长谈起来。

谈着谈着，谈出问题来了。尔朱荣和费穆很快发泄起对朝政的不满，感叹起军队地位之低、待遇之差。这一切都缘于北魏的“文武分治”。

北魏是马背上打下来的天下。自孝文帝汉化以来，“文武分治”，文官序列开始压过武将序列。文官职权上涨，发展前途广阔；武将升转、调任不易。渐渐地，朝野重文轻武，文官轻视武将，大臣都拒绝调任武职，饱受欺压的官兵们则越来越不满。孝明帝元诩时期，朝廷采纳大臣张仲瑀的意见，规定军官不能担任清要官职，不能进入权力核心。消息传出，驻扎在洛阳城中的禁卫军官兵发动骚乱，将始作俑者张仲瑀打成重伤，将其弟张始均丢到火里活活烧死，其父征西将军张彝也被打得奄奄一息，两天后不治身亡。可见当时的文武矛盾激化到了何等地步。

更大的矛盾在北方边界地区酝酿着。为防御北方强大的柔然势力，北魏在东起河北，西至黄河河套地区，延袤两千余里的边境线上设置了沃野、怀朔、武川、抚冥、柔玄和怀荒六大军镇，调兵遣将驻守，称“六镇”。初期，北魏朝野非常重视六镇。六镇的将领都从北魏贵族豪强，甚至是宗室子弟中挑选；官兵也是鲜卑族的精壮。六镇将领被视为“国之肺腑”，升迁的机会多，随时可以返回首都当京官；士兵们被视为“国家精锐”，地位崇高，待遇优厚。女子们都以能嫁给六镇的边将和士兵为荣。大规模汉化后，国家崇文轻武，游戏规则变了。在疆场上的英勇斩杀不再被人称道，诗书礼乐和朝堂上的尔虞我诈成了游戏的核心规则。六镇的政治、军事地位不断降低。六镇在汉化改革过程中被“遗忘”了，同样是鲜卑人的官兵们被排挤出权力核心，他们的升迁和待遇远远落后于内地的同族、同僚们。大多数人一辈子也不用指望升迁到内地去了。洛阳的贵族们将边将看作鄙夷的粗俗军人，傲慢得很。优厚待遇没有了，连吃穿都失去了保障，士兵们只好转而聚敛钱财，精壮的就到境外去掳掠财物，老弱的只能砍伐山林、耕种田地，辛辛苦苦一整年收入微不足道。更可悲的是，许多士兵拖家带口，常年滞留边镇，生活艰难且没有希望，类似于流放。

几十年间，六镇官兵从天堂跌入了地狱，从光荣的国家栋梁变为羞耻的监狱苦役。被背叛、被忽视的情绪和怨恨、迫切希望改善处境的思想，充斥在六镇之中，最终引发了六镇起义。尔朱荣由镇压起义起家，其间收编了许多起义的六镇官兵，后者逐渐成了尔朱荣部队的主力。此时，他们正恶狠狠地盯着洛阳城的达官显贵们。

攻击文武分治和文官集团，成了尔朱荣和费穆的共同话题。费穆不知是为了表忠心还是发泄不满，给尔朱荣出了一个残忍的主意：“您的兵马不到万人，如今轻易进入洛阳，既没有战胜之威，恐怕不能长久服众。京师之众，百官之盛，一旦知道您的虚实，必然会产生轻侮之心。如果不‘大行诛罚’，树立亲信，恐怕等您北归之后洛阳就会发生变故。到时候，您就前功尽弃了。”费穆所说的百官“轻侮之心”指的是文官集团对军官们的轻视，尔朱荣久居军阵，自然感同身受。他对费穆的意见很认同。客观上，这不费吹灰之力得来的胜利总让尔朱荣觉得不踏实，他对自身实力并不自信。

于是，尔朱荣召集部将说：“洛阳人物繁盛，骄奢成性，不除掉他们恐怕难以控制。我想趁着百官出迎新皇帝之时，‘悉诛之’，如何？”尔朱荣已经把费穆的“大行诛罚”发展为“悉诛百官”了。部将慕容绍宗反对说：“我们之所以取胜，是因为太后无道，失去了民心。主公以正义之师入洛阳，突然要诛杀百官，不是良策。”尔朱荣没有采纳慕容绍宗的意见，还是决心大开杀戒来立威。

元子攸登基的第三天，尔朱荣以“祭天”为名，命令洛阳的百官到河阴行宫的西北集合参加。文武官员陆续赶到河阴。当时的场面非常混乱，大臣越聚越多，既没有人出面组织，也谈不上任何祭天的准备工作，反而有骑兵横刀立马、气势汹汹地环绕着群臣。

宣称已经出家的胡太后被从寺庙中搜了出来，连同她立的幼帝元钊一道被尔朱荣的骑兵押送到了河阴。胡太后看到杀气腾腾的尔朱荣，“多所陈说”，试图为自己的所作所为辩解。尔朱荣没听几句就拂袖而去，下令把元钊和胡太后扔到黄河里去。于是，士兵们把胡太后和元钊装入竹笼，溺死在黄河里了。

接着，尔朱荣把宗室诸王集合起来，开始训话。他大声追问王爷们“天下丧乱”“明帝卒崩”的原因，诸位王爷无言以对。尔朱荣直言：“这都是你们贪腐暴虐，不相匡弼导致的恶果！”随即，他挥手示意屠杀在场的所有王公。高阳王兼丞相元雍、司空元钦、仪同三司元恒芝、东平王元略、广平王元悌、常山王元邵、北平王元超、任城王元彝、赵郡王元毓、中山王元叔仁、齐郡王元温等人遇害。其中，遇害的东平王元略是尔朱荣的内侄。元略平日自诩为皇亲国戚，又是清流大臣，对赳赳武夫的姑父尔朱荣很轻慢，所以他虽然是尔朱荣的近亲，也遭到无情杀戮。

宗室王公被杀，引起了云集的大臣们的恐慌。场面出现了骚动，外围的骑兵毫不犹豫地对手无寸铁的百官展开了屠杀。顿时，河阴尸体相陈，血流成河。遇害的官员人数在两千人左右，超过京官人数的一半，且都是有资格参与迎驾和祭天仪式的高级官员。被乱兵杀害的大臣不仅包括了素来为武人厌恶的众多世族大家子弟和奉行“文武分治”、鄙视虐待武人的文官，也包括了很多追随元子攸、对尔朱荣有功的大臣，比如献出黄河投降的郑季明、李遐等人。当时聚集在洛阳的汉化鲜卑贵族和出仕北魏政权中的汉族大族，无论良奸，全部被刀劈斧砍，杀个精光。

有一百多位“祭天”迟到的大臣，被骑兵包围起来。士兵们正要举刀杀戮、大臣们伏地求饶的时候，有将领高喊：“你们谁能写禅文，可以饶他一命。”所谓的禅文，自然是让北魏皇帝禅让天下给他人。当时在包围圈中的陇西李神俊、顿丘李谐、太原温子升等人都写得一手好文章，名声在外，但不愿当乱臣贼子，耻于从命，趴在地上不吭声。御史赵元则很怕死，连忙爬出来说自己能写禅文。于是，尔朱荣的将士授意他写了一篇北魏国运已绝，尔朱荣堪当大任的文章。

在屠杀之前，尔朱荣有选择地保留了一批大臣，并不是对所有人都大开杀戒。元顺是个耿直忠心的大臣，在万马齐喑的大环境中多次不合时宜地死谏。尔朱荣很赞赏元顺的品格，事先派人传话给元顺：“大人留在洛阳办公，不必去祭天。”一些曾经对外地官兵有恩或者为武人鸣不平的官员，事先也得到了关照。比如江阳王元继之前对尔朱荣多方照顾和提携，被告知留在洛阳；大臣山伟曾经建议提高北方将士的待遇，被六镇官兵们认为是“好人”，屠杀当天特意被安排在洛阳值班。

还有一点容易被遗漏的史实是：部分大臣参与了对同僚的屠杀。这些人主要是不掌权的疏远宗室和洛阳的禁卫军将领。由于宗室繁衍以及朝廷对宗室成员的恩赏随着血缘的疏远而递减，越来越多的“皇亲贵胄”被排除出权贵行列。那些血脉疏远的元氏宗室生活并不如意，充满失落和嫉妒，最终，他们加入尔朱荣的阵营，参与骨肉残杀。比如，宗室元禹早在尔朱荣起兵前就投入麾下，参与了大屠杀的酝酿和实施；并州刺史元天穆也是宗室，老早就和尔朱荣结为异姓兄弟，尔朱荣起兵后，并州的政务就全权委托给了元天穆。此外，领军将军元鸷也是宗室，投靠尔朱荣后，在大屠杀当天还和尔朱荣一同登上高冢俯看血淋淋的屠杀现场。

血债一定是要还的

在不远处行宫中的孝庄帝元子攸在屠杀中又表现如何呢？

元子攸对尔朱荣杀戮大臣的计划是知情的（尔朱荣以元子攸的名义召集群臣，事前动静闹得很大，说元子攸不知情说不过去），而且，元子攸甚至可能参与了谋划。和尔朱荣一样，元子攸也是轻而易举获得胜利，当上了皇帝。他同样对自己不自信，害怕日后被人推翻，所以赞同用杀戮来立威——他也有仇家，也有杀心。然而，元子攸万万没想到，尔朱荣的动作这么大、这么残忍。原本是一场有限的诛罚，却恶化成了一场惨烈的大屠杀，而且连忠于自己的大臣也被尔朱荣杀了，元子攸始料未及、追悔不已。元子攸知道：千万不能用血腥屠杀来立威，那样做非但对帝王的威望不利，反而会动摇人心、危及政治根本。

当声声惨叫传来时，元子攸和哥哥彭城王元劭及弟弟霸城王元子正一起走出帐外，正要看个究竟，迎面走来二三十个持刀武士。元子攸强装镇定，喝问来者。冲过来的武士借口护驾，几个人抱起元子攸就往帐里走，剩下的人乱刀齐下，将彭城王、霸城王杀死。这些武士是尔朱荣派来看管元子攸的。至此，元子攸命悬一线，就看尔朱荣的意思了。

眼看着王朝很可能要亡在自己手中，元子攸恨自己助纣为虐，又很担心自身安危。他不是一个懦弱无能、束手等死的人，他写了一道诏书，买通武士传递给尔朱荣。诏书说：“帝王迭袭，盛衰无常。将军仗义而起，前无横陈，此乃天意，非人力也。我本相投，规存性命，帝王重位，岂敢妄希？直是将军见逼，权顺所请耳。今玺运已移，天命有在，宜时即尊号。将军必若推而不居，存魏社稷，亦任更择亲贤，共相辅戴。”元子攸屈身说自己对帝位无所留恋，如果尔朱荣再紧紧相逼就将帝位传给尔朱荣，如果尔朱荣想保存北魏社稷就听任尔朱荣掌权。同时，元子攸又搬出“天意”“天命”来，提醒尔朱荣之所以能大获全胜，是天意使然，不要逆天而为。这番话柔中带刚，以退为进，把球踢给了尔朱荣。

清洗了大臣，草拟了禅让诏书，皇帝元子攸也服软了，尔朱荣接下来怎么做呢？他会不会灭掉北魏呢？

尔朱荣屠戮群臣的本意是要立威，要杀死一批老人换上亲信，可随着鲜血越流越多，他的野心也在不断膨胀。北魏的中央政府在河阴基本上被摧毁了。面对唾手而得的洛阳，畅想创建一个新王朝的美好前景，尔朱荣心想：为什么我不自己当皇帝呢？他的部下已经在高呼：“元氏既灭，尔朱氏兴！”都督高欢甚至公开劝尔朱荣称帝。

尔朱荣决定为自己铸铜像，看看天意如何。第一次，没成功，又铸了一次，还是没成功。尔朱荣寄希望于第三次，依然没成功。尔朱荣还是想当皇帝，就铸了第四尊铜像，还是失败了。“难道天意不让我当皇帝？”尔朱荣不甘心，又让平日信任的阴阳术士占卜吉凶。结果占辞说：“今时人事未可。”铸铜像不成，占卜又不吉，尔朱荣灰心丧气了。部将贺拔岳于是劝谏说：“天不亡魏，主公登基还为时尚早，不如先尊立元子攸。”

尔朱荣决心退回来，继续当北魏的“忠臣”。他赶到元子攸的营帐，“叩首请死”。元子攸自然不会让他死，“热泪盈眶”地扶起尔朱荣，说了很多安慰的话。尔朱荣又一次自我批判，还说了许多“效忠朝廷”“死而后已”的话。最后，君臣俩“皆大欢喜”，约定进入洛阳。

走到洛阳北面的邙山，尔朱荣看着洛阳城阙，心虚起来。城中家家户户几乎都有人被杀，笼罩在一片愁云凄雨之中。悲痛的气场让尔朱荣心怀畏惧，不敢上前。身旁部将苦苦相劝，尔朱荣这才答应入城。入城后，尔朱荣及其部队人不卸甲、刀不离手，连宫殿都全副武装、骑马进出——可见他们紧张到了何种程度。

尔朱荣部队怕洛阳官民，洛阳百姓更怕涌进来的胡骑，城中爆发了大规模的恐慌。大屠杀消息传来，人们惊骇万分。等到铁骑入城，谣言四起，有的说尔朱荣要迁都晋阳，有的说胡骑要大掠洛阳城，还有的说要强迫洛阳百姓迁往北方，官民人等少数闭门不出，多数人离城而逃。侥幸躲过大屠杀的文武官员更是如惊弓之鸟，携家带口地逃亡。那个受到尔朱荣尊重的元顺，事先得到通知留在洛阳，但听说大屠杀后还是吓得离城而逃，在途中被乱军所杀。“洛中草草，犹自不安。死生相怨，人怀异虑。贵室豪家，并宅竞窜。贫夫贱士，襁负争逃。”洛阳城中人口很快只剩下一二成。

元子攸回宫，发现“直卫空虚，官守废旷”，官衙和宫殿里空空如也。皇帝进宫时，只有“值班”的散骑常侍山伟一个人跪拜迎接。

河阴之变的消息传到外地，郢州刺史元显、汝南王元悦、临淮王元彧、北青州刺史元世俊、南荆州刺史元志等宗室吓得魂飞魄散，一溜烟地都向南方的梁朝投降。他们不是携家带口逃亡南方，就是割据辖区，率领军队集体倒戈。尔朱荣急需恢复洛阳的秩序、维护国家机器的正常运转。大屠杀的善后工作千头万绪，非常繁重！

正当尔朱荣四处扑救之时，元子攸偷偷向他举起了屠刀。大屠杀种下了两人分裂的种子，残存的大臣们更是怂恿元子攸铲除尔朱荣。经过两年韬光养晦，对尔朱荣言听计从的日子，元子攸在北魏永安三年（530 年）引诱尔朱荣父子入宫，亲手刺死了尔朱荣。尔朱荣最终偿还了血债。

自古以来，至高无上的皇权要巩固自身的权威，必须依靠自身力量去消灭权力威胁，而不能借助外部力量，如宦官、外戚、将领等。借助外力来巩固自己，本身就是皇权衰落的表现，“巩固”的结果必然是“驱虎吞狼”，刚出狼爪又入虎口。这是中国历史的一条规律，也是河阴之变教给后代皇帝的宝贵经验。

扩展思考：宫廷政变

1. 中国历史多宫廷政变，河阴之变既不是第一次，也不是最后一次。请按照时间先后顺序排列下列宫廷政变：夺门之变、沙丘之变、玄武门之变、高平陵政变、辛酉政变。你还能举出其他的政变吗？

2. 为什么古代历史政变频发？是野心家太多，还是缺乏制度防范，或者是封闭式的绝对权力容易引发政变呢？

真假梁武帝
无能庸劣还是战略失误

梁武帝萧衍在位四十八年，超过整个南朝历史的四分之一，不仅是南朝在位时间最长的皇帝，就是放在整个中国历史上也是少见的。他享年八十六岁，也是少有的长寿皇帝。同时，萧衍还是中国历史上最具争议的皇帝之一。拥护者赞扬他促进了江南经济的繁荣、推动了江南文化的昌盛；批评者指责他无所作为又滥用物力，最终引狼入室，招致了侯景之乱，给江南带来了浩劫。在他死时，原本富饶的江南大地满目疮痍，遍地废墟。

那么，萧衍到底是什么样的皇帝，如何评价他在位的半个世纪呢？

梁武帝的三宗罪

梳理所有对萧衍的批评，可以总结出三宗主要“罪过”。

第一宗罪：佞佛。萧衍以佛教为南梁的“国教”，热衷造寺和法会，挥霍国力。

萧衍时期，南方有佛寺近三千座，僧尼近百万人，其中大多数是在他登基后冒出来的。杜牧的“南朝四百八十寺”，都是他的杰作，只是大大低估了实际的寺庙数量。萧衍还是佛教活动的慷慨赞助者，不断召开规模空前的法会。这些大规模的造寺和法会活动，都由国家买单，逐渐掏空了国库。大批人口出家或者托庇在佛教势力之下，又削弱了国家的赋税能力。萧衍不仅不反省和补救，而且一条道走到黑，越做越过头，上演了多场“皇帝出家”的闹剧。出家的地点都是皇宫附近的同泰寺，第一次是普通八年（527 年）三月八日，萧衍舍身出家，三日后返回。第二次是大通三年（529 年）九月十五日，萧衍在同泰寺参加法会，兴之所至，脱下龙袍换上僧衣，出家了。二十五日，群臣捐钱一亿，向佛祖祷告，请求赎回皇帝，两天后萧衍还俗。第三次是大同十二年（546 年）四月十日，这回，群臣花了两亿钱将其赎回。第四次是太清元年（547 年）三月三日，萧衍在同泰寺住了三十七天，四月十日朝廷出资一亿钱赎回。这些巨款让本就枯竭的国库雪上加霜。

第二宗罪：纵恶。萧衍为政极其宽松，对宗室亲贵犯罪不加惩治，导致朝政黑暗。

比如萧衍的六弟、临川王萧宏率军北伐，竟然弃军而逃，导致数以万计的将士无谓牺牲，北伐失败。萧衍却对他不加罪责。萧宏是出名的贪污犯和高利贷者，从民间搜刮来了数以亿计的钱财。萧衍还夸奖萧宏：“小六子，很会过日子嘛！”萧宏在皇兄的纵容下，越来越荒唐，最后竟然和亲侄女、萧衍的长女永兴公主乱伦。两人怕丑事泄露，计划弑梁武帝自立。事情败露后，萧衍竟然还不追究萧宏的罪过。萧宏于普通七年（526 年）去世，萧衍追赠他为大将军，谥为靖惠王，安排厚葬。

萧衍早年无子，过继了萧宏的儿子萧正德为嗣子。有了亲生儿子后，萧衍就以长子萧统取代了萧正德的嗣子地位。萧正德心生怨恨，叛逃北魏，以“南梁前太子”自居。无奈，北魏对这样的“花瓶”不感兴趣，萧正德不受重视，又逃回江南。萧衍竟然不惩办萧正德的“叛国”，只是把他骂了一顿，而且一边骂一边抱着萧正德痛哭，真是“菩萨心肠”。萧正德继续当他的王爷，还被派到富庶的吴郡当太守。他招揽亡命之徒，公然抢劫，最后发展到光天化日之下行凶杀人，结果依然安然无恙。

六子萧纶历任地方刺史等要职，为非作歹，搜刮民脂民膏。下属向萧衍揭发萧纶的斑斑劣迹，萧纶竟然杀死了下属。萧衍只是处死了杀人的直接凶手，屡次对萧纶网开一面。萧纶贪慕皇位，两次谋划弑父。事情败露后，萧纶罪证确凿，萧衍依然不处罚萧纶。萧纶官照当，日子照样逍遥。萧衍如此过分纵容，导致王公显贵们肆无忌惮地胡作非为，同时培养出了一批丧尽天良，最后骨肉相残的兄弟子侄们。说萧衍养虎为患，一点没错。

第三宗罪：资敌。萧衍晚年诱发侯景之乱，并助长叛乱发展，使得江南惨遭战火蹂躏。

东魏大将侯景因内部矛盾起兵造反，妄图割据河南。为了拉拢西魏和南梁支持自己（起码是希望这两方中立），侯景分别向南梁和西魏两国称臣，宣布“归降”。太清元年（547 年）二月，侯景派人到建康，声称愿献出河南十三州降梁。很明显，这是侯景的幌子，是为了掩盖他借助外力与东魏抗衡，方便自己割据称王的狼子野心。不少大臣反对接纳侯景，萧衍却决然地与东魏宣战，接受侯景归降，封侯景为大将军、河南王，还派人运粮接济侯景（相反，西魏不仅不给侯景任何援助，还派兵压迫侯景，蚕食他的地盘）。

侯景同时向西魏“归降”的消息传开后，侯景向萧衍解释说：“王师未到，形势危急，我不得已才向关中求援。这是我舍弃一小块地盘为诱饵的权宜之计。”萧衍回复说：“将军做得很对，我非常理解。”他还派出大军北伐，呼应侯景。不幸的是，北伐梁军和侯景在魏军的打击下丢盔弃甲。侯景更是只带领八百残兵，一路狂奔到淮南，彻底依附萧衍。他看到萧衍麻痹可欺、梁军懦弱成性，认为：

“我取河北难，取江南易如反掌。”侯景袭取重镇寿阳，大肆扩军备战。萧衍还顺水推舟将寿阳划为侯景防地。侯景狮子大开口，向萧衍要求大量的军需物资扩军备战。比如，侯景向朝廷申请一万匹锦，说要做军袍用。朝廷如数发给。侯景又借口武器粗劣且损坏严重，申请派遣建康城的能工巧匠到寿阳直接锻造，朝廷也不拒绝。试想一下，侯景只有八百残兵，哪里需要那么多的布匹，哪里需要专门设点造兵器啊？很多地方官员察觉侯景在备战，接二连三地向萧衍报警，萧衍不相信。侯景派人携带亲笔信，约将军羊鸦仁一同造反。羊鸦仁把侯景的使者和亲笔信押解到建康，向萧衍告发。萧衍却将使者送回寿阳，对此不闻不问。萧衍还对侯景的使者说：“譬如寻常穷人家，有三五个客人，还相处得好。朕只有一个客人，惹得他生气，这是朕的过失。”

没几个月，侯景就正式造反了。萧衍满不在乎地说：“侯景有几个兵，能成什么事？我随便拿根棍子就能揍他。”结果，侯景在内奸萧正德的帮助下只花了两个半月就兵临建康城下，又在各处眼睁睁巴望着萧衍快点死的宗室王爷的注视下从容不迫地攻破台城。最后，萧衍被侯景活活饿死了。在此期间，侯景的军队肆无忌惮地横行在已经几十年未曾遭遇战火的江南地区，烧杀抢掠，甚至将百姓当作奴隶卖往北方。富庶的鱼米之乡成了人间地狱，萧衍要为此负重要责任。

萧衍在位的六世纪上半叶，北魏屡次大乱，继而分裂，南梁对北方优势明显。如果遇到雄才大略的君主，措施得当，南梁极可能大有作为，甚至灭亡北魏都不一定。可惜，萧衍无所作为，白白葬送了历史良机，还将战火引到南方，一度中断了南方的发展。

凡此种种，似乎可以认定萧衍是个昏君，资质平庸甚至还有些愚蠢。柏杨在《中国人史纲》中就认为：“萧衍在政治上的成功，全靠侥幸，是一种被浪潮推涌到浪头上的人物。但他一旦掌握大权，就开始自我肥大，形势上的因素全被抹杀，对自己的智慧能力和道德水准做过高的估价。事实上他自私而又庸劣，对于境界稍高的见解，便不能领略。”

梁武帝有真才实学

萧衍真的是一个庸劣的昏君吗？批评者似乎忘记了，萧衍虽然招致了南梁的灭亡，却也是南梁的缔造者。正如萧衍在台城失陷时感叹的那样："自我得之，自我失之，亦复何恨。"作为南梁的开国君主，萧衍自有他的过人之处。

萧衍的上半生是在南齐时期度过的。南齐时期文化繁荣，竟陵王萧子良身边聚集了一批文友，其中以范云、萧琛、任昉、王融、萧衍、谢朓、沈约、陆倕等最知名，号称"竟陵八友"，萧衍就是其中之一，是"永明文学"的重要代表。从流传下来的文献来看，萧衍的文学能力出众——南梁整个皇室都擅长文学，文人辈出。

在政治上，萧衍也表露出了不俗的见解，有过人的表现。齐明帝萧鸾篡位之前，觉得荆州刺史、随王萧子隆和豫州刺史崔慧景二人既效忠皇室，又有能力起兵与自己对抗，想除掉这两个人，又苦于没有简便的方法。时任镇西谘议参军的萧衍敏锐地发现了萧鸾的心思，建议将萧子隆免职召还京师，明升暗降为侍中、抚军将军，剥夺他的实权。接着，萧衍又自告奋勇，要求率兵戍守寿阳，夺取了崔慧景的兵权。

萧鸾死后，由始安王萧遥光、尚书令徐孝嗣、右仆射江祏、右卫将军萧坦之、侍中江祀、卫尉刘暄等人辅佐幼君萧宝卷。六人轮流入朝值班，掌握实权，被称为"六贵"。时任雍州刺史萧衍不无忧虑地说："一国三公尚且国家不稳，如今朝廷有六贵同时当权，如何才能避免动乱呢？"果然，南齐迅速在内讧中动荡，六贵无一善终。

萧宝卷亲政后，暴虐无道，领兵将领们人人自危。豫州刺史裴叔业找萧衍串联造反。裴叔业游说萧衍说，我向北魏称臣，请北魏出兵相助，这样成功了可以推翻萧宝卷，失败了还可以被北魏封个河南公。萧衍不赞成，他觉得裴叔业想得太乐观了，投降北魏了就得做北魏的臣子，北魏不是傻子，不会被牵着鼻子走。裴叔业不听萧衍的劝告，率部投降北魏。果然如萧衍所说，北魏迅速收编了裴叔业的军队和地盘，却不愿插手南齐政务。

萧衍的哥哥、益州刺史萧懿被萧宝卷解除职务召回建康，途经襄阳。萧衍拦住哥哥，不让他去建康。萧衍说，南齐内有连年灾乱，外有北方强敌虎视眈眈，已经是内忧外患，而小皇帝萧宝卷只顾专权胡为，国家大乱将至。萧衍劝哥哥萧懿一起积蓄力量，寻机推翻南齐取而代之。萧懿大怒，将弟弟痛骂一顿，要萧衍好好“反省”错误，自己毅然踏上了前往建康的道路，果然一去不复返，被暴君砍了脑袋。

萧衍则加快备战步伐，决心趁乱推翻南齐。他以防备北魏为名，大造器械，暗中砍伐了许多竹木沉于檀溪中，以备造船用。萧懿被杀后，萧宝卷派前将军郑植行刺萧衍。郑植的弟弟郑绍寂正好担任萧衍的部属，郑植便快马加鞭以探亲的名义前往雍州。当时萧懿的死讯还没有传到襄阳，加上郑植官职很高，萧衍按惯例要宴请郑植。席前，郑植怀揣利刃，决定在宴席上杀掉萧衍。郑绍寂觉察到了哥哥的阴谋，在宴会举行前将郑植的来意告诉了萧衍。萧衍得知后，还是照常举行宴会，还亲自款待郑植。宴席开始后，萧衍突然问郑植：“郑将军受皇命来杀我，今天的这酒席可是下手的好机会啊！”郑植也不是普通人物，心中虽然大惊，但面不改色，矢口否认。萧衍哈哈一笑，又像没事一样继续觥筹交错起来。郑植怀里的利刃一直没有派上用场。宴会散后，萧衍邀请郑植参观襄阳城的军备。郑植同是行伍中人，发现整座城池固若金汤，粮草充足，士气高昂。他对萧衍的治军能力大为叹服，同时也折服于萧衍坦荡的气度，便放弃了行刺的念头，并把萧懿的死讯和萧宝卷的阴谋和盘托出。萧衍正式起兵，一路势如破竹，终结了南齐王朝建立了南梁。

从萧衍的崛起之路可以看出，他绝非泛泛之辈，更谈不上资质庸劣。

问题出在基本国策上

那么，怎么解释萧衍在登基前后表现的巨大反差呢？这得从萧衍的“佞佛”谈起。

萧衍是真心信佛的。他深入研究过佛教理论，提出过“三教同源”学说，还是中国佛教吃素戒律的创立者。他本人是中国佛教早期的重要思想家。萧衍以身作则，一天只吃一顿饭，不吃鱼和肉，只吃豆类的汤菜和糙米饭，并且在五十岁后断绝房事，再也没有亲近过任何一个女子。

但是，一个皇帝不遗余力、倾尽所有地推广佛教，自然有个人信仰之外的深层次意思。

萧衍接手的半壁江山，屡经动乱，人心不安。从东晋后期开始，经过刘宋王朝再到南齐，南方地区长则十几年、短则两三年就来一场内战，不是父子反目、骨肉相残，就是君臣厮杀、文武恶斗。刘宋、南齐的皇室子弟，几乎在内战中无一幸免。此外，北方强大的鲜卑人不时杀向南方，屠戮城池，劫掠人口和物资。荒芜、饥馑、骚乱遍布南方地区，恐惧、猜忌、茫然侵蚀了人们的思想。萧衍如何收拾这么一个烂摊子？萧衍认为，安定国家就要禁绝杀戮，用共同的思想改造官民观念、统一人心。因此，萧衍要保持政局稳定，尽量不折腾，不多事，能不动刀子就不动刀子。同时，对佛教的深入了解，让萧衍相信，佛教是治国最好的思想武器。恰好，动荡和茫然是宗教蔓延的沃土，佛教已经在之前的魏晋时期开始在中国扎根，为萧衍借用它治国提供了良好的基础。

于是，南梁的基本国策“佛化治国”就正式出炉了。

萧衍的考虑不可谓不好，执行得也不可谓不真诚。江南大地迎来了将近五十年久违的安宁。佛教盖过道教和儒家学说，征服了南梁的人心，成为新的主流思想。其间，南梁获得了长足的发展，萧衍和“佛化治国”的战略功不可没。但是，萧衍做过了头，让一桩本可利国利民的好事变成了祸国殃民的坏事。比如过分崇佛变为佞佛，比如慈悲为怀异化为纵容犯罪，比如，放下屠刀被简化为放松武备，从这个角度我们可以更好地理解萧衍的三宗罪，也可以认清局势是如何一步步恶化成侯景之乱的滔天祸水的。

具体到对外战争方面，萧衍的基本方针是：少打仗，多招降。打仗杀人不符合南梁“佛化治国”的基本国策，况且，萧衍对佛光闪耀下的南梁的“软实力”非常自信，相信北方的蛮夷之辈终将被佛法所吸引，从黑暗中投奔佛光普照的南方。果然，不断地有北魏的官民投奔南梁而来，而且级别越来越高，最后连宗室亲王和藩镇大将都归降来了——只不过，他们不是被佛法所吸引的，而纯粹是因为北魏大乱，到南梁逃命来了。萧衍对南逃的北魏官民以礼相待，优遇有加。对于其中的有用之人，萧衍量材录用，利用他们“反攻”北方，试图让降将叛兵们替他开疆拓土，做无本的买卖。这有助于理解萧衍对侯景的接纳。

此外，漫长的执政生涯让步入暮年的萧衍志得意满，骄傲自负，喜欢报喜不报忧，逐渐丧失了正确的判断——这点在暮年乾隆身上也有体现。这是皇权对一个人正常思维长年潜移默化侵蚀的结果。这时候，奸佞小人闻讯而来。乾隆身边有和珅，萧衍身边有朱异。与和珅一样，朱异也能力超群，处理起政务来像流水线一样，从来不让政务出现堆积。但是他一心揣摩萧衍的心思，阿谀奉承，以献媚得宠。侯景归降时，萧衍冥冥之中也有怀疑。他召集大臣讨论，说：“我国家金瓯无缺，现在侯景献地，到底是好是坏？万一有点意外，悔之何及？”朱异揣摩萧衍内心贪恋“收复中原”的“丰功伟绩”，就说：“若拒绝侯景，恐怕之后再没有人愿意归降了，愿陛下无疑。”同样是朱异，在侯景造反后，信誓旦旦地说侯景绝对不会渡江。

后人不能说萧衍是个无所作为的昏君。萧衍选择了让南梁王朝沐浴在佛光之下，但他忽视了任何战略都不是包治百病的神药，需要其他战略和战术的配合，需要适度适量和有原则的使用。在纷繁复杂、强敌对峙的南北朝时期，一味地推行佛化政策，只会削弱自身的抵抗力。因此，萧衍也不能算是一代明君。

扩展思考：皇帝很难

1. 你觉得梁武帝是无能庸劣，还是治国战略失误？

2. 皇帝可能是天下最难的职业，责任重大，工作繁忙，而且是终身制的，没有一天节假日。其中的酸甜苦辣都要皇帝一个人来承担。如果你是梁武帝，面临内忧外患，你想怎么治国理政呢？

岳飞之死

君国困境与能臣的悲剧

绍兴七年（1137 年）九、十月间，南宋大将岳飞从湖北顺江而下，前往建康见驾。在九江，他遇到了同样被皇帝召见的随军转运薛弼。两人于是同船而行。两人聊天，岳飞严肃地说："我这次到朝廷去，将奏陈一桩有关国本的大计。"薛弼问他是什么大计。

岳飞说："先帝（指宋钦宗）即位的时候，曾在靖康元年册立皇子赵谌为太子。我军情报说，敌人已经将赵谌送回了汴京，想用他来交换我方俘虏的耳目，实际是想扰乱朝廷的皇统。所以为朝廷计，不如将建国公（指宗室赵伯琮，即后来的越昚）正式立为皇太子，这样就使敌人无计可施了。"

在船上，薛弼发现戎马数十年的岳飞把大部分时间都用来练习小楷。岳飞用小楷亲自撰写请求将建国公赵伯琮立为太子的奏章。薛弼善意地提醒岳飞："您身为大将，似不应干预此事。"岳飞正色说："臣子一体，也不当顾虑形迹。"认为在国家大事面前，不应该顾虑个人得失。

到了建康后，赵构和岳飞谈得兴起。岳飞拿出写好的奏章对赵构说："皇上，后宫一直没有太子，为了江山社稷，您应该早立一个太子才是。"对岳飞来说，赵宋皇室是国家和民族的象征，也是他在前线浴血奋战所效忠的那个对象的载体。现在宋朝的统治还算不上高枕无忧，万一赵构哪天不幸"过去"了，赵宋王朝就没办法延续下去了。从这个角度来说，王朝的确是需要有个

“预备皇帝”。还有一个朝野公开的秘密也促使岳飞这么做，那就是皇帝赵构患有阳痿，不能生育，客观上也必须将皇位传给他人。

但对赵构来说，岳飞简直是在揭自己的伤疤、窥探自己的隐私。他想都没想，就冷冰冰地说：“爱卿虽然出于忠心，但是在外手握重兵，这类事体并不是你所应当参与的。”

岳飞顿时异常尴尬，只好惶恐地告辞了。退下殿堂时，岳飞面如死灰。他终于意识到自己触犯了皇家最大的忌讳，那就是手握重兵的武将对皇位继承不能表露出兴趣来。皇权继承在历朝历代都是绝对敏感的问题，最容易让人和那些手握重权、重兵的文臣武将的政治野心联系起来。当岳飞严肃地向不到三十岁、正千方百计巩固皇位的赵构提出早立太子的问题的时候，赵构很自然地把岳飞和“心术不正”联系起来了。

薛弼接着得到召见。赵构问他：“岳飞刚才请立建国公为太子，我告诫他说有些事情并不是外将可以干涉的。”薛弼忙把自己在路上看到的事情全部告诉了赵构，并说：“臣虽然是他的属下，但没有预闻此事。岳飞的所有密奏，都是他一个人写的。”

第二天，宰相赵鼎入朝的时候，赵构依然对昨天的事情念念不忘，把事情和赵鼎说了：“他岳飞参与的事情太多了！”赵鼎也表示：“想不到岳飞他竟然这样不守本分。”

退朝后，赵鼎对薛弼说：“岳飞这么做，绝不是保全功名、善始善终的办法。”

和谈如同踩高跷

两个月后，绍兴七年十二月，金朝释放了一名扣押的宋朝使节王伦。

王伦回到南方向赵构转达了金朝的口信："好报江南，自今道途无壅，和议可以平达。"王伦还带来了宋徽宗的死讯，说金朝答应在和谈成功后送还"梓宫"（宋徽宗的灵柩）。赵构重赏了王伦，高兴地宣布："若金人能从朕所求，其余一切非所较也。"到底满足了赵构什么样的条件，其他条件他都可以不计较呢？就两个条件：第一是宋金和谈，不再处于战争状态；第二是金朝得承认赵构在南方地区的统治权。

金朝得知后，很快表示可以接受赵构的条件。金朝统治中原后，自身矛盾多多，事务重重。它的北方，以会宁府为中心的老根据地实行的还是奴隶制度，游牧习气深入骨髓；而中原地区是高度发达的封建经济，对金朝的管理能力提出了严峻的考验。有意汉化的金熙宗采纳完颜宗磐、完颜昌等人的建议，将河南和陕西的部分地区还给宋朝，换取南宋称臣进贡，定期捞取好处；同时金朝也能抽出人力和精力来强化对中原地区的统治，推动自身的汉化。

你情我愿，宋朝和金朝很快就在第二年（1138 年）十月就和谈达成一致。金朝派萧哲为江南诏谕使来到临安。因为宋朝在和议中向金朝称臣，因此萧哲要求赵构要跪拜接受金朝诏书。他也不称宋朝而称"江南"，要对宋朝"诏谕"。这样就把南宋变作了金朝的属国。

临安城一下子炸开了锅。前宰相张浚连续五次上疏，激烈反对和议；大将韩世忠奏请拒绝议和，立即决战；岳飞则奏称"金人不可信，和好不可恃"，并直接骂主持和谈的宰相秦桧"谋国不臧，恐贻后世讥"。枢密院编修胡铨上疏，请求将秦桧、王伦等人斩首示众，然后拘拿无礼的萧哲，再集合军队北伐金朝。如果朝廷不同意，胡铨说："臣宁愿跳入东海自杀，也不愿处在小朝廷中苟活。"他的奏疏获得了一片赞扬，民间刻版传诵，流布四方。赵构和秦桧面对潮水般的反对，又羞又怒。岳飞等人动不了，胡铨就成为儆猴用的那只“鸡”。胡铨被扣上“狂妄上疏，语言凶悖，仍多散副本，意在鼓众劫持朝廷”的罪名被罢官，送往昭州编管。

也有一部分人附和接受和议，原宗正少卿冯檝就上疏赞颂和议是兼具孝、悌、仁、慈等优点的事。秦桧见到有人支持，立即恢复冯檝宗正少卿的官职。中书舍人勾龙如渊向秦桧建议控制御史台，进而控制言路压制反对。秦桧大受启发，罢免反对和议的御史台官员，提升勾龙如渊为御史中丞，控制言论。朝廷听到的反对声音果然少多了。赵构则搬出“孝”“悌”之道来为和议辩解，说：“父皇灵柩未还，母后还在远方，陵寝宫庙，久稽洒扫，兄弟宗族，未得会聚，南北军民十余年间不得休息，因此我不得不屈己求和。”

宋金和议拖了两个月，最终在十二月正式签署合约。赵构还是不愿意在金国人面前跪拜接受诏书，在条约签订前得了“急病”在宫中休养；宰相秦桧主持仪式，代表皇帝跪拜在金使萧哲面前，在和约上签字画押。根据和议：宋朝向金朝称臣；以黄河旧河为界，金朝把黄河以南的陕西、河南地还给宋朝；宋朝每年进攻白银二十五万两、绢二十五万匹；金朝归还宋徽宗和太后的灵柩。和谈成功，朝廷大事庆祝，命百官进呈贺表，并加官晋爵。

许多大臣拒不上表。岳飞倒是上了一张表，他说：“今日之事，可忧而不可贺；朝廷还是不要论功行赏了，免得贻笑大方。”对于朝廷给他加官的诏书，岳飞也拒不接受。

对和约最实质的反对，不是来自岳飞等主战派，而是金朝内部的权力斗争。第二年，金朝就爆发了一场激烈的权力斗争。主和派贵族因“谋反”而被诛杀，主战派掌握了大权。主战派坚决反对把陕西、河南等部分地区交还宋朝，要求继续南下侵宋。很快，主战派的完颜宗弼就统率金军，兵分四路南侵。宋朝没有任何防备，一败涂地。不到一个月，根据和议赐给宋朝的土地就被金朝拿回去了。完颜宗弼的前锋还杀入了淮南。绍兴十年（1140 年）六、七月间，宋将刘锜率军民在顺昌城以少胜多，大败金军。金朝的南侵势头被遏制了。一直跃跃欲试的岳飞计划乘胜北伐，用实际行动表达对和谈的态度。

顺昌大捷后，赵构、秦桧则计划乘胜和谈，将胜利作为谈判的筹码。已经调任司农少卿的李若虚奉旨到岳飞军中，命令其“不得轻动，宜且班师”。李若虚来到驻地的时候，岳家军已经北进了。李若虚赶到军前，发现岳家军前进顺利，对岳飞说：“将军既已发兵，不应仓促班师。您尽管北伐，我来承担朝廷追究抗旨北伐的罪名”。岳飞谢过李若虚后，自率主力加紧北伐。岳家军一举收复了颍昌府、陈州、郑州、洛阳和永安军。完颜宗弼不得不集合中原地区的金军主力迎战。

七月八日，岳飞亲率的主力在距河南郾城北二十公里处遭遇金军，决战开始。宗弼摆出了以“铁浮图”居中、“拐子马”骑兵为两翼的阵势，凶猛又稳健地向前推进。岳飞命令儿子岳云出战，告诫说：“只许胜，不许败。如果你不用心，我就先宰了你！”岳家军每人拿三样东西：麻扎刀、提刀和大斧，冲入阵中就“手拽斯劈”，上砍骑兵，下砍马足。部将杨再兴奋勇当先，单骑闯入敌阵，到处寻找宗弼单挑。宗弼没有找到，杨再兴只身杀敌数百人，受伤数十处，仍坚持作战。郾城战斗从中午一直战到黄昏，金军大败，岳家军取得大捷。

关于当日的战况，岳飞的奏折称：“探得有番贼酋首四太子（即完颜宗弼）、龙虎、盖天大王、韩将军亲领马军一万五千余骑，例各鲜明衣甲，取径路离郾城县北二十余里。寻遣发背嵬、游奕马军，自申时后与贼战斗。将士各持麻扎刀、提刀、大斧与贼手拽斯劈，鏖战数十合，杀死贼兵满野，不计其数。至天色昏黑，方始贼兵退却，夺到马二百余匹。”

当月中旬，宗弼硬着头皮，搜刮了十二万军队，反攻临颍，再次与岳家军决战。杨再兴率三百前哨骑兵在小商桥与宗弼大军遭遇，英勇发动冲锋，杀敌两千余人。杨再兴阵亡。岳飞率主力迎战。岳云前后十多次突入敌阵，战后清点，受伤上百处；岳家军的许多步兵和骑兵杀得“人为血人，马为血马”，没有一个人后撤半步。在战斗高峰期，张宪率本部兵马赶到，加入鏖战。金军不得不主动撤退。

岳家军的胜利，极大地推动了黄河两岸的抗金形势。太行山和黄河两岸的民军始终配合岳家军作战。义军首领梁兴联络豪杰义士，在敌后的垣曲、沁水、济源接连取得胜利，收复了赵州、兴仁、怀州、卫州等地，截断了金军的后方军需通道。敌后的义军纷纷举着“岳”字大旗归附，中原老百姓纷纷拉车牵马运送粮食支援。“岳”字大旗在中原上空飘扬。

而金军蜷缩在城池中，不是收拾细软准备偷跑，就是联络岳飞，准备献城投降。金军将领乌陵思谋控制不了部队，只好公开宣布："麻烦大家少安毋躁，等岳家军到了我们就投降。"金军将领王镇、崔庆、李觊、高勇等都接受岳飞的任命，率部脱离金军。金军大将韩常统率五万金军，这时也联系岳飞，愿意反正。金朝对燕京以南地区失去了控制。宗弼还想在汉族中大规模征兵，负隅顽抗，结果不仅没有征来新兵，连派出去征兵的人也跑了。宗弼哀叹道："我自起兵以来，从没有陷入今天这样的窘境。"他把家属送回了北方，准备率残军撤出汴梁，放弃中原。

皇帝的心病

形势一片大好。岳飞按捺不住心中的狂喜，对部下说："等直捣黄龙府，我与诸君痛饮！"

岳飞向赵构报告："陛下中兴的时机已经到了，金贼必亡，请朝廷速命各路兵马火急并进，发动总攻。"岳飞进军到朱仙镇，距东京开封只有四十五里路。他的眼光已经越过了汴梁，在焦急地等待着渡河北伐的命令。

可惜，赵构和秦桧并不像岳飞那样乐观。他们倒不是怀疑宋军的胜利，只是怀疑眼前的胜利能够持续多久。因此还不如见好就收，让胜利增加谈判桌上的筹码，停战求和。

按说，宋军的胜利就是赵构这个皇帝的胜利，他为什么不愿意扩大战果，为什么没有信心，为什么一意求和呢？想知道赵构丧失斗志的真正原因，还要从他的心病入手。

赵构原本是个与皇位无缘的孩子。他只是宋徽宗众多皇子中的一个，因为在金军大举南侵的时候，被派往外地而逃过了劫难。汴梁沦陷之时，包括他父皇宋徽宗、哥哥宋钦宗在内的皇室成员几乎被一网打尽，作为仅存的嫡系皇子，赵构被宋朝剩余力量拥戴为新皇帝。应该说，这是天上掉下了一个大馅饼，正好落在赵构的手上。他老想着如何捧住这块馅饼，如何把既得利益保存下来，而不去想更大的国家利益。

首先，赵构亲眼见证了金军铁器的骁勇凶猛，看到太多宋军被金军打败的场景。金朝对南宋的军事威胁是对南宋王朝最大、最直接的威胁，也是对赵构皇位最大、最直接的威胁，是赵构最大的心病。他阳痿的毛病，就是被金军吓出来的。除了军事威胁外，金人手中握着的父亲宋徽宗和哥哥宋钦宗以及其他宗室成员也是大威胁。如果金朝把他父亲和哥哥给放了回来，他的皇位也就摇摇欲坠了。只要愿意，金军一用力，赵构就可能被推翻。

朝野上下都涌动着抗金热潮，这股热潮表面上看来有助于治疗赵构最大的心病。但朝野抗金和赵构抗金的出发点不同。赵构的出发点是权力欲，朝野抗金的出发点是报仇雪耻。大臣们接受不了王朝覆灭、先帝被俘的过去，更接受不了泱泱大国、煌煌大宋被北方蛮夷征服的现实。百姓们高呼抗金，更多的是报仇，是打回老家去和家人团聚，赵构可不想和家人团聚。

赵构的第二个心病是朝廷内部对皇权的威胁。赵构即位之后，长期在刀光剑影中度过，经历了苗刘之变、杜充叛变和武将崛起，这一切都让赵构觉得大臣尤其是武将的不可靠。乱世重兵，军队是最大的政治筹码。赵构既要借助武将抗金，治疗最大的心病，但又不能坐视武将数量膨胀而限制、消减或者威胁皇权。如何在其中寻找一个合适的“度”，这让初登皇位的赵构很难办。这也是所有权力所有者的通病。

随着宋金战争的不断推进，以岳飞、韩世忠等人为代表的前线将领的实力不断壮大。他们拥有的部队占政府军总兵力的绝大部分，且处于不断扩充壮大之中。在战争背景下，前线各部的统帅固定了下来，一般兼任宣抚、制置、招讨等职务，在一定区域内集军政、民政、财政大权于一身。最后导致一些部队的官兵不以番号相称，而以长官的名号相称了，如岳飞的“岳家军”。为了对付金军，赵构又不得不允许前线将帅“便宜从事”。这就离宋朝抑制武人，重文轻武的立国方针越走越远了。

早在建炎四年（1130 年）五月，御史中丞赵鼎就上奏提醒赵构：“祖宗于兵政最为留意”，“太祖和赵普讲明利害，著为令典，万世守之不可失。今诸将各总重兵，不隶三衙，则民政已坏”。赵鼎的意思是要重申立国之初文官指挥将领，军队隶属中央的制度，“千万不能让祖宗之法，废在我们这一代人手里啊”！赵构从这时开始有意识地限制将领们的权力，故意将前线指挥权分裂为多份，让岳飞、韩世忠、张俊等人各管一方，同时开始收地方兵权、大力扩充禁军，对岳飞等人的扩军请求一概不理。

在需要防范的各大实力派中，岳飞无疑是重中之重。“岳家军”约占前线军队总额的三分之一，更重要的是，它主要由北方沦陷区的农民组成，是赵构的非嫡系部队。赵构的嫡系部队是原来河北兵马大元帅府的军队。

岳飞的战绩越辉煌，“岳家军”声望越高，就越刺激赵构的心病。经历十多年风风雨雨的赵构，最需要的是一个稳定的皇位和一个和平的国家，他不想再有任何变故了，他迫切想把从天上掉下来的馅饼合法化。而趁金军遭受惨败之际，见好就收，恰好可以治疗赵构的心病。那么做，既可以解除金军的威胁，又可以遏制前线实力将领的壮大，一举两得。至于宰相秦桧，他赞同赵构，除了没有必胜的信心外，取悦皇帝、巩固相位可能是更大的考虑。

于是，赵构、秦桧下达了全军撤退的命令。他们知道最不听话的肯定是岳飞，所以先急令听话的张俊、杨沂中等部从淮河撤军；接着命令韩世忠、刘锜等军撤回，使岳家军陷入孤立；再以“孤军不可久留”为理由勒令岳飞退兵。岳飞上疏力争：“金贼锐气沮丧，内外震骇，已经准备放弃辎重，渡河逃跑了。而且现在豪杰云集，士卒用命，天时人和，强弱已见，功及垂成。时不再来，机难轻失。”岳飞不说中原的喜人形势还好，一说倒让赵构想到了中原的军民现在认的都是岳飞，而不是赵构。那些越聚越多的抗金武装高举的都是“岳”字大旗，而不是“宋”或者“赵”字大旗。赵构的胸中原本就积累着很多对岳飞的成见、猜忌和不满，现在岳飞再一次抗旨，不仅功高震主，而且有成为“中原王”的趋势，赵构怎么能不勒令他撤军呢？

于是乎，后人熟悉的情节出现了。赵构和秦桧一天之内连下十二道金牌[①]，

---

① 所谓金牌可不是黄金做的牌子，而是朱漆黄金字的木牌，皇帝专用它传送最紧急的军令诏令。使者举着牌疾驰而过，车马行人见之，都得让路，一天要走五百里。

迫令岳飞退兵。岳飞悲愤交集，慨叹道："十年之功，废于一旦！"对朝廷的忠诚最终战胜了北伐的壮志，岳飞不得不准备撤退。他先佯言要渡河进攻，使金军不敢乱动，再突然下令撤退。朱仙镇的百姓拦住岳飞的马说："我们端茶运粮，迎接官兵，人人尽知。岳将军走后，我们怎么办？"岳飞痛心得无言以对，不得不延迟五天撤退，保护愿意南撤的百姓撤离。

那一边，完颜宗弼已经做好了放弃汴梁的撤退准备，有人拦住了他的马。拦马的是一个书生。他说："元帅不要走，岳飞马上就会撤退的。"宗弼说："岳飞连破我军，胜利已经近在咫尺，怎会主动撤退？"书生一语道破天机："自古没有权臣能够长久居内的，同样，没有任何大将能够在外独占大功，岳飞也逃不出这个历史规律，怎么可能取得更大的成功呢？"宗弼猛然醒悟，决心留守汴梁。

岳家军撤退后，郑州、颍昌等大片土地重新落入金军手中。岳飞退回鄂州，情绪很差，上表请求辞职，得不到批准，岳飞便去觐见赵构。赵构很客气地慰问了几句，君臣相对无言。

战争既然打赢了，那就要论功行赏。赵构就把韩世忠、张俊、岳飞三人召到临安，任命张俊、韩世忠为枢密使，岳飞为副使。这是典型的明升暗降，一举解除了三人的兵权。赵构又下诏罢免了为抗金设置的宣抚司，将三人的军队收归中央直辖。为了防止出现新的大将，朝廷还分割了三人统帅的军队，任命中级军官指挥分割后的小部队，直接对皇帝负责。"重文抑武"的传统又恢复了。

在张俊、韩世忠和岳飞三个人中间，赵构和秦桧觉得最容易摆平的就是张俊。赵构对张俊说："你读过郭子仪传吗？郭子仪功勋卓著，在外掌握重兵，但始终心尊朝廷，只要皇帝一有诏书颁布，他马上就赶去见皇帝。郭子仪算得上是武将的表率。如果武将倚仗兵权之重而轻视朝廷，有事情不禀报，不仅不能让子孙享福，自身也可能有不测之祸。"张俊马上表示自己要学郭子仪，依附秦桧主和。

那么处罚的矛头就对准了主战的韩世忠和岳飞。

在议和使臣北上的问题时，韩世忠说："从此以后朝廷要大挫士气，国势萎靡，很难重振了。等北方来使后，我要和他们面议。"赵构自然不允许韩世忠插手对金外交。韩世忠又上疏弹劾秦桧误国误民。韩世忠反对议和，自然被秦桧看作是大敌。秦桧反对韩世忠的攻击，赵构也将韩世忠的奏折留中不发。韩世忠看破官场，于是接连上疏请求解除自己的枢密使职务，接着又上表要求退休。当年，韩世忠就被免去了职务，顶着福国公的爵位，退休了。从此，韩世忠闭门谢客，绝口不谈国事，整天在家诵读佛经。

岳飞必须死

宋金和谈重启，完颜宗弼对赵构、秦桧二人明确提出："你们朝夕请和，岳飞却正在图谋河北，必杀岳飞，才可议和。"

绍兴十一年（1141 年）七月间，秦桧开始了对岳飞的迫害。秦党的右谏议大夫万俟卨首先上章弹劾岳飞。万俟卨首先弹劾岳飞爵高禄厚，志得意满，生活颓废，不思进取。谁都知道岳飞根本就不是这样的人。后来，秦党又给岳飞强加上了"不战"和"弃地"的罪名，弹劾坚持抗金的岳飞不抗金，要求罢免岳飞的枢密副使职务。秦桧控制的御史台官何铸、罗汝楫等接连弹劾岳飞，要求尽快处分。岳飞因此被罢官。秦桧要置岳飞于死地，还需要寻找更大的罪名。"消极抗金"的罪名是"杀"不死岳飞的。于是，一场政治谋杀展开了。

岳飞有个部下叫作王俊。王俊在绍兴五年（1135 年）就担任了湖南安抚司统制。岳飞进驻湖广的时候，王俊调入岳家军，只担任前军副统制。此后数年，王俊因为无功，岳飞一直没有给他升官。秦桧看出王俊对岳飞有不满心理，伙同张俊以观察使的职位引诱王俊，指使王俊出面"告发"张宪与岳云谋反。

谋反是大罪。现在有官员出面检举，张宪、岳云立马被逮捕入狱。岳飞随即受到牵连。十月，朝廷张榜宣布张宪一案"其谋牵连岳飞，遂逮捕归案，设召狱审问"，将岳飞逮捕入狱。岳飞入狱时长叹道："皇天后土，可以证明我岳飞对朝廷的忠心。"

岳飞入狱后，赵构派大臣出使金朝，希望缔结和约。宋朝使臣在宗弼面前再三叩头，哀求议和。宗弼同意讲和。十一月，金朝使臣萧毅到江南册封赵构为宋国皇帝，并带来了最后的和议文本。宋朝向金称臣，赵构向金熙宗发誓：“臣赵构蒙大金朝恩典，才能够成为大金朝的藩属，臣世世子孙都谨守臣节。”每年金帝生辰或元旦，南宋都向金朝遣使送礼祝贺；宋朝每年向金朝进贡白银二十五万两、绢二十五万匹；边界线从黄河南移，两国以东起淮河中流、西至大散关一线为界，地跨边界线南北的唐、邓、商、秦四州的大部分土地给划给金朝；南宋不得随意更换宰相。

萧毅还带来了宗弼的一个“口信”：岳飞必须死！

赵构和秦桧加快了岳飞案件的“审理”进度。最开始负责审理工作的是大臣何铸。开堂审理时，岳飞撕开自己的衣裳，露出背上“精忠报国”四个大字给何铸看。何铸看到四个字字字深入肤理，又遍阅案宗没有发现确实的证据，知道这是一个冤案，顶住不办。秦桧马上撤掉何铸，改命万俟卨审理岳飞案件。万俟卨随即整理出了岳飞的“罪状”：岳飞和张宪等人虚报战功，窥探朝廷虚实，意欲谋反。万俟卨还逼迫孙革等“证人”指证岳飞时常抗旨。但是岳飞一案始终缺乏确凿的证据。

已赋闲的韩世忠跑去质问秦桧：“岳飞到底是犯了什么罪？”秦桧敷衍道：“岳飞和儿子岳云、部将张宪的罪过虽然尚未查明，但事体莫须有（或许有，也可能没有的意思）。”韩世忠愤愤地说：“朝廷以‘莫须有’三字处置岳飞，何以服天下？”

十二月，赵构下旨：“岳飞特赐死，张宪、岳云并依军法施行。”当天，大理寺执法官遵旨逼岳飞在供状上画押。一生光明磊落的岳飞在供状上写下八个字：“天日昭昭，天日昭昭！”岳飞服毒酒身亡，时年三十九岁。

民间传说则有所不同：转眼就到了寒冬腊月，秦桧一天独自在书房里吃橘子。他用手指划划橘子皮，若有所思。秦桧妻王氏看出秦桧想杀岳飞又不敢下决心的心思，讪笑着说：“老汉怎么一直没有决断呢！捉虎容易，放虎难哪！”秦桧听懂了王氏的意思，写了一张小字条交给狱吏。当日监狱就回报：岳飞、岳云、张宪三人已死。

岳飞死后，岳家被抄，家属被流放岭南。幕僚六人株连被杀，多名部将罢官，支持岳飞出兵的李若虚也被羁管。和谈终于成了，兵权也收了，内部基本稳了，赵构大大松了口气。

无论是从个人作为、品行，还是从宋朝的法律各方面来说，岳飞都是冤死的。

岳飞不仅精忠为国，个人品行也毫无可批之处。岳飞出身寒微，飞黄腾达之后依然清廉自守。朝廷将岳家抄没后，仅得到金玉犀带数条及锁铠、兜鍪、南蛮铜弩、镔刀、弓、箭、鞍辔等军装，家用财产只有布绢三千余匹，粟麦五千斛，银钱十余万贯，书数千卷而已。而地位相当的张俊拥有田产六七十万亩，年收租米六十万斛。有一次，赵构驾临张家，张俊设宴接驾，饭桌上仅上等酒食果子等就有几百种；张俊又进献多种珍品，内有黄金一千两，珠子六万九千余颗，玛瑙碗三十件，各种精细玉器四十余件，绫罗缎绵等一千匹和大批名贵古玩、书画等。另一个将领杨沂中，在西湖建造豪华住宅，竟然引西湖水环绕宅院四周，院里有私人歌手和舞女。武将大臣们是竞相奢靡，岳飞可谓是个特例。大将吴玠见岳飞生活朴素，连个像样的女用人都没有，就挑选了几个漂亮的姑娘送到岳家，想结交岳飞。岳飞不接受姑娘，说："现在难道是大将安乐享受的时候吗？"他又对那几个姑娘说，"我岳家生活清苦，你们如果生活不惯，可以自行离去。"吴玠听说后，更加敬佩岳飞。

岳飞和士卒同餐共饮，一杯酒，一小块肉都要分给部下。有的时候，酒太少了，他就加水，力争每个人都能尝到；每逢出师，如果士卒露宿街头，岳飞有房也不住，和大家一起露宿街头；遇到将士们婚丧嫁娶或者有个人困难、疾病，岳飞就和妻子一起亲自照顾，亲为调药。

岳飞从戎十余年，大小数百战，从未败北。张俊曾嫉妒地询问岳飞的用兵之术。岳飞说："很简单，五个字：仁、信、智、勇、严，五者不可缺一。"张俊问："'严'字怎么解？"岳飞说："'严'，就是有功者重赏，无功者罚。"岳飞治军，部下凡立有战功的，即使是无名小卒，也论功行赏，从不遗漏。而对于儿子岳云，岳飞却违背了"严"字原则。平定杨幺、收复襄樊的时候，岳云功劳第一，但岳飞战后却把岳云从上报请赏的名单中勾掉了，最后还是朝廷按照铨叙的规定，任命岳云为武翼郎。后来，朝廷又特旨将岳云连升三级。岳飞力辞说："士卒们斩将陷阵，立奇功才提一级。岳云只因是我岳飞的儿子就得到高升，同军不同赏，我将何以服众？"因此，岳云始终没有得到提拔。

然而，作为政治人物，仅仅有功绩、品行出众是不够的。他们还要照顾到更多的内容。比如，岳飞出身普通农家，身上始终保持着单纯、真实、善良的农民品质。这放在农民身上是优点，但对拥兵一方的大将来说，却是缺点。他可能理解不了政治的复杂，同时不利于自我保护。岳飞的耿直、忠言，得罪了不少人，包括同为主战派的战友们。前述岳飞奉劝赵构早立太子的言行，也是单纯、耿直的表现，却破坏了岳飞在赵构心中的良好印象。此外，岳飞敢爱敢恨的个性，也不适应政坛。比如，在淮西兵变前后，朝廷背信弃义，没有将淮西军队交由岳飞统辖，同时又没有听取岳飞有关人事的建议，导致了兵变和降敌的严重后果。岳飞气愤难当，以“居母忧”的名义擅自脱离军队，跑到庐山为母亲守墓。湖广前线的军政大事，岳飞擅自交给了亲信张宪。这够得上擅离职守、将公权力私相授受的罪名了。更严重的是，当赵构非但不予追究，还下诏让岳飞复职之后，岳飞愣是待在庐山上不下来，这就算是抗旨了。后来还是赵构发下狠话，加上地方官员苦苦哀求，岳飞这才去复职。

岳飞言行的最高准则是国家利益，他真正做到了“精忠报国”。同时，他和古代的臣民们一样，将国家和君王等同了起来。在他眼中，赵构就是国家。但是，皇帝和国家并不是一回事，皇帝的利益和国家的利益常常是不一致的。比如，收复失地符合国家的利益，却不符合赵构的利益；削弱前线军队，抑制前方将领，符合赵构的利益，却不符合动荡的南宋的国家利益。岳飞认识不到这一点，就会在“君王”与“国家”之间出现认知混乱，进而导致行为的矛盾，最终导致了个人悲剧。有人把它称为“愚忠”，我把它视为“君国困境”。只要君主专制依然存在，只要皇帝宣称“朕即国家”，这种困境就不会破除。

话说金军听说岳飞死了，摆酒庆贺。这实际上是对岳飞的极高评价。

千百年来，岳飞都被视为忠君报国的楷模，接受一代代后来者的顶礼膜拜。但他面临的“君国困境”，千百年始终没有化解，岳飞式的能臣悲剧，也一再上演。以岳飞为榜样的明代于谦，就遭遇了同样的悲剧。挣扎在“忠君”与“爱国”之间的人，犹豫在“崇上”和“干事”之间的人，始终不绝于史，而且为数众多。

扩展思考：家国轻重

1. 近年来有观点认为“岳飞必须死”，或者说岳飞是“帝国的敌人”。即使没有北伐，即使不推进到朱仙镇，岳飞迟早也会被赵构找理由给杀掉。欲加之罪，何患无辞？你同意“岳飞必须死”吗？

2. 皇帝和臣子思考问题的立场和思路都不同。皇帝站在自家江山永固的立场，要消除皇权的威胁、消灭潜在的敌人，而大臣们考虑更多的是国计民生。皇帝是将家凌驾到国之上，大臣们是将国优先于家，尤其是在南宋初期这样的乱世，大臣和皇帝的矛盾就更突出了。除了岳飞，你还能找出类似的悲剧吗？给个提示：明中期的于谦。

绍熙内禅

孝治语境下的皇帝不孝风波

淳熙十六年（1189 年），南宋第二位皇帝、孝宗赵昚宣布退位，做起了太上皇。

身心疲惫只是赵昚退位的原因之一，主要原因还是太子赵惇的逼位。

赵惇是赵昚的第三个儿子，赵昚当初认定这个儿子品行出众，“英武类己”，毅然破格封他为太子。事实证明，赵昚看走了眼。赵惇是个“表演艺术家”，在父皇赵昚面前，赵惇毕恭毕敬。赵昚高兴的时候，赵惇也“喜动于色”；赵昚遇到烦恼的时候，赵惇也随着“愀然忧见于色”。但他不是真的和父亲同喜同悲，而是一味揣摩迎合。表演得久了，赵惇的太子地位也就完全巩固了，他的心理也起了变化。当赵惇迈过四十岁门槛的时候，他着急了。赵昚的身体一直很好，如果按照自然规律发展下去，赵惇即使如愿登上了皇位，也做不了几年皇帝。

于是，赵惇经常有意无意地在赵昚面前露出自己的满头白发。尽管侍从和官员们纷纷向赵惇进献黑发的特效药，但赵惇都拒绝使用。他就是要让父亲知道：儿子已经白发上头了，也应该做皇帝了。赵昚特别反感赵惇的做法。他本人也做了几十年太子，也是在不惑之年登基的。有一次，当太子赵惇故意暴露自己的白发时，赵昚忍不住发火了。他严肃地对儿子说：“人多生几根白发，不是什么坏事，相反能证明一个人的老成稳重。”这么一来一去，赵昚、赵惇父子心里都留下了阴影，父子关系也不那么和谐了。

淳熙十四年（1187 年）十一月，赵昚决定来个了断。他创建议事堂，下诏由皇太子赵惇参决庶务，让大臣们将政务都呈送给太子。这是他公开表示要将皇位让给赵惇了。赵惇喜出望外，立即开始总理朝政。当时大臣杨万里上疏赵昚力谏，同时上疏赵惇说："天无二日，民无二主，一履危机，悔之何及！与其悔之而无及，孰若辞之而不居？"赵惇闻之悚然，但强烈的权力欲促使他毫不迟疑地接受了父亲的安排。

一年多后，赵昚正式召集三省、枢密院执政大臣，告知欲行内禅之举。群臣都交口赞同这意料中的结果，知枢密院事黄洽却一言不发。赵昚感到奇怪，点名征询他的意见。黄洽回答说："太子可负大任，但太子妃李氏不足以母仪天下，还望陛下三思。这本不是微臣应该说的，但既然陛下询问，臣不敢不答。恐怕他日陛下想起臣的这番话时，却没有机会见到微臣了。"赵昚沉默不语。他不是不知道种种隐患，可他希望自己的退位能够调和父子关系。

事态发展证明，赵昚的希望是一厢情愿的幻想。

见不见太上皇，这是个大问题

赵昚退位后最担心儿媳李氏作乱。

李氏名凤娘，性情妒悍，新皇帝赵惇偏偏又是极端怕老婆的人，听任李氏为所欲为。赵惇曾经宠爱一个黄姓妃子，李氏很嫉妒，趁赵惇外出的时候将黄氏打死，对外宣称暴毙。赵惇贵为天子，回来后也无可奈何；又一次，赵惇洗漱时发现一位侍候宫女的双手洁白可爱，非常喜爱，盯着看了几眼。几天后，李氏派人给赵惇送去一个食盒。赵惇打开一看，差点晕厥过去，原来食盒里装着当天那个宫女的双手。久而久之，赵惇对李氏产生了不敢割离的恐惧感。史载赵惇“不视朝，政事多决于后矣”。李凤娘掌权后，没有丝毫作为，却骄奢无比，只知道为自己李家牟利。她封祖宗三代为王，家庙规格逾制，卫兵比太庙还多。李凤娘还风光地归谒家庙，推恩亲属二十六人、使臣一七二人，连家里的门客也都补了官职。

赵昚对儿媳妇李氏的所作所为很不满，曾严厉训斥她说：“你应该学太上皇后的德行。如果你若再插手东宫事务，朕就要废掉你！”很自然地，李凤娘那样的人对公公赵昚怀恨在心。赵昚退位后，李氏很少去看望闲住重华宫的太上皇，即使去了不是不冷不热，就是傲慢无礼。赵昚的皇后、太上皇后谢氏好言规劝李凤娘要注意皇后身份，要谦恭懂礼。李凤娘当场翻脸，讽刺谢氏说：“我可是皇上的原配妻子，是明媒正娶的皇后！”谢氏出身侍女，最初侍奉宋高宗吴皇后，后来才被赏给赵昚，逐渐得到赵昚的宠爱，晋封为皇后。李凤娘当众讥讽太上皇后谢氏身份卑微，谢氏大怒，继而大哭不止。赵昚震怒之余，决定废黜李凤娘。他召来老臣史浩商议废后之事，史浩劝谏道：新皇赵惇即位尚短，骤行皇后废立大事，恐怕会引起天下非议，不利于社稷江山的安稳。他坚决不同意废后。赵昚只能再物色其他大臣作为依靠，可惜他已经退位当了太上皇，除了几个老臣，再也找不到有力的支持者了。赵惇对此装聋作哑，废后一事最后只得不了了之。

太上皇赵昚和儿媳妇的关系算是彻底破裂了。他讨厌李凤娘来到重华宫，但有的时候他又盼着李凤娘的到来。因为只有那时候，儿子赵惇才敢跟着来看退休的赵昚。

赵惇也想过要改变被老婆控制的局面。古代皇后不仅衣食住行离不开太监的伺候，弄权干政更是需要太监的协助。赵惇就想釜底抽薪，将李凤娘的亲信宦官全部杀死，解决受制于李氏的窘境。关键时刻，性格懦弱的赵惇当断不断、犹豫不定。太监们也不是省油的灯，他们探听到赵惇的秘密计划后，更加依附于李凤娘以求自保。每当赵惇流露出憎恶太监的言行，李凤娘就加以包庇。因为"母老虎"李凤娘的保护，赵惇最终没能铲除哪怕是一个小太监。太监们认定只有维持甚至加剧皇帝的家庭矛盾，他们才能长久平安。于是，太监们险恶地在赵惇和李凤娘之间、赵昚和李凤娘之间、赵昚和赵惇之间挑拨离间，唯恐天下不乱。

夫妻矛盾、父子隔阂使得赵惇承受了巨大的心理压力，身心劳顿，患上了一种"怔忡病"。赵昚听说儿子生病了，爱子心切，将太医们都叫到重华宫来，给赵惇配药抓药。因为他不愿意去见那凶恶的儿媳，就坐等赵惇前来请安时，将药给儿子服用。太监们趁机在赵惇和李凤娘面前搬弄是非，说："太上皇制药，欲待皇上前去问安，即令服饮。倘有不测，岂不贻宗社之忧吗？"他们竟然中伤赵昚在重华宫给赵惇配药是别有用心。赵惇听了，不肯去重华宫服药。赵昚看到一个玉杯很好玩，就让太监送给赵惇。赵惇一时没有拿稳，玉杯落地摔碎了。太监们就向赵昚造谣说："皇上一见太上皇赏赐的玉杯，不知道为什么非常气愤，把玉杯摔碎了。"赵昚一片好心，换来这样的结果，不免对儿子不满且猜忌起来。慢慢地，赵昚和赵惇之间的常规联系也都断绝了，连礼节性的定期请安都没影了。

在宣称以孝治天下的传统王朝，赵昚父子之间的隔阂注定要成为政治大事件。

"孝"不仅是维护纲常伦理的基础，还衍生出"忠"的概念，是传统王朝政治观念的核心。历朝历代都异常重视孝道，不仅要求天下百姓"百善孝为先"，而且统治者以身作则，大力弘扬孝道。知识分子们在这点上更是敏感。宋朝恰好又是个重文抑武的王朝，文官集团的力量异常强大。文官集团把赵惇不给宋孝宗请安的事件称为“过宫事件”，一致把批评的矛头对准赵惇。一次，赵惇率领后宫嫔妃游览聚景园，而没有邀请太上皇赵昚一起游览。群臣纷纷上疏，有的旁征博引，有的春秋笔法，有的指桑骂槐，都是批判赵惇的。赵惇本来心里就不痛快，精神压力大，现在见到雪片般飞来的指责奏章，更不高兴了，与赵昚的感情又少了一分。

赵惇明显不孝，又不听劝谏，文臣们只好来最后一招，那就是“伏阙泣谏”。也就是一大帮文官显贵齐刷刷地跪在皇宫里，哭得稀里哗啦地请皇帝答应他们的要求。这一次，群臣们的要求很简单，就是要求赵惇抽空去看看重华宫里寂寞的太上皇。绍熙三年（1192 年）十二月，赵惇在群臣苦谏下推辞不过，当场勉强答应去向赵昚请安。拖了几天，赵惇还没有实际行动。群臣又要苦谏，赵惇这才去了重华宫，象征性地探望了赵昚一次。之后的长至节和元旦，赵惇先后到重华宫给赵昚问安。

这是赵惇最后两次前往重华宫，之后他再也没有踏进重华宫半步。其间，在“母老虎”李凤娘的凶残霸道下，赵惇还抑郁成疾，病情相当严重。赵昚听说后，爱子心切，从重华宫赶过来探视。病榻上的赵惇已经不省人事了。赵昚新仇旧恨涌上心头，训斥李凤娘说：“皇帝病得如此严重，都是你这个皇后没有照顾好丈夫。如果皇帝有什么不测，我就族诛了你们李家！”李凤娘害怕了。不久，赵惇病情有些起色，她就在丈夫面前造谣说太上皇在皇上生病期间有所“异动”，劝赵惇千万不要去重华宫，如果去了，没准就被太上皇给扣留了。赵惇也不仔细思考，轻信了李凤娘的话，更加不敢见赵昚了。

皇帝和太上皇长期互不相见，使得“过宫事件”继续膨胀。朝野上下议论纷纷，临安内外沸沸扬扬。不仅朝廷大臣纷纷劝谏赵惇，临安的太学生们也都集会呼吁。学生一向是最激情的人群。他们动辄联络上百人联名上疏，要求皇帝过宫，给整件事情加薪浇油。赵惇对待劝谏的态度是，奏章我看，但就是不听。绍熙四年（1193 年）九月的重明节，是赵惇的生日。临安的宰执、侍从和太学生们决定在这一天联合发动大规模劝谏活动，逼他去重华宫向赵昚请安。当天早朝的时候，大臣们当朝死谏，侍从们传递进来数以百计要求皇帝向太上皇请安的奏章。书写奏章的人几乎包括了临安城所有的太学生。赵惇经不住朝野群山海啸一般的劝谏，准备去拜见太上皇。就在准备出发的时候，李凤娘拉住赵惇的胳膊，借口天气寒冷要回宫饮酒。百官在外面恭候多时，见此情形面面相觑，中书舍人陈傅良急火攻心，冲上前去拉住赵惇的龙袍，不让他回后宫。皇帝、皇后和陈傅良三个人拉扯起来，僵持在一起。李凤娘厉声呵斥陈傅良，陈傅良最终放手，大哭着退出宫去。李凤娘则暴跳如雷，竟然传旨，今后永不再见太上皇。

太上皇尸骨难安

绍熙五年（1194 年）春天，太上皇赵昚的生命走向尽头。

赵昚病重的三个月间，赵惇没有探望过一次。相反，他天天在宫中与李凤娘游宴。赵惇如此行径，完全丧失了人心。皇帝不孝，又不听劝谏，群臣只能将此归咎于自己没有做好大臣职分。他们纷纷上疏弹劾自己，请求罢黜。在奏章中，大臣们指出朝廷出现了道德危机，一向提倡的孝道没有得到执行，感到自己列位朝堂对此负有不可推卸的责任，应该受到惩处。奏章呈上去后，官员们按惯例都居家待罪，不去办公了。但另一方面，所有大臣都“待罪在家”，荒废了朝政，也是变相地劝谏皇帝，类似于今天的集体罢工。于是，朝廷上出现了“举朝求去，如出一口”、朝政无人打理的现象。赵惇依然对此置若罔闻。

六月，赵昚已经到了弥留之际。临死前，他特别想见儿子赵惇一面，顾视左右，泪流满面，却说不出话来。消息传出重华宫后，舆论大哗。宰相留正、兵部尚书罗点、中书舍人陈傅良、起居舍人彭龟年等人不得不再次进谏，力劝赵惇过宫去与太上皇诀别。其中，彭龟年跪在地上不断地磕头，头破血流，满身满地都是鲜血。留正则拉住皇帝的衣裾不放，哭着恳请赵惇一定要去见太上皇最后一面。赵惇只反复说“知道了，知道了”，一点没有起驾去重华宫的迹象。最后拗不过大臣的死劝，赵惇让唯一的儿子、嘉王赵扩代为前往探视。

六月戊戌日，过了五年寂寞、无奈、伤心的太上皇生活的赵昚去世，终年六十八岁。

死前，宋孝宗一直深情地注视着宫门，希望儿子的身影能够出现。重华宫那遗憾的长瞥，深深投射到了帝国政界中，随即掀起了汹涌的波涛。

太上皇死后，重华宫的内侍没有首先向皇帝赵惇报告，而是先去找了朝廷的重臣们。他们先去了宰相留正的私第和知枢密院赵汝愚的官邸，通知噩耗。赵汝愚闻讯，制止了内侍去皇宫报告。他担心李凤娘知道消息后，可能阻拦赵惇上朝，甚至是封锁消息。赵汝愚要求重华宫当天秘不发丧，隐瞒太上皇崩逝的消息。

第二天入朝，赵汝愚当着赵惇和满朝文武的面，将太上皇驾崩的消息禀告了皇帝，公之于众。大臣们边哭边请赵惇速去重华宫主持太上皇安葬的事宜。对于丧事，赵惇没有任何理由推托，不得不答应下来。这一次，群臣觉得赵惇怎么也得去重华宫主持父亲的丧事了吧。大家在宫门外列队等候了多时，直等到中午，还不见皇帝的影子。原来赵惇怀疑这是大臣们为了要让自己去见父亲，伪造父亲的死讯，下套让自己去重华宫。他心底里还是不愿意去那个并不太远的地方。就当群臣望眼欲穿之时，后宫传来消息说，皇上生病了，最近不处理政务。也就是说，赵惇不出宫了，太上皇的丧事没人主持了。

宋王朝的政界就出现了危险的一幕：太上皇停尸重华宫，因为没人主事而无法入殓；原本应该主持一切的赵惇称病不出宫门半步。不知道赵惇到底是不相信父亲真的死了，还是被李凤娘所胁迫，或者两者都有。相反，北方的金国得到赵昚的死讯后，马上派遣使者前来吊唁。赵惇作为家属和君王，理应出面接待。但尴尬的是，因为赵惇躲在深宫中，金国的使团竟然无人接待。一两天之内，东南骚动。“时中外讹言汹汹，或言某将辄奔赴，或言某某辈私聚哭，朝士有潜遁者。近幸富人，竟匿重器，都人皇皇。”临安城里谣传满天飞，人心惶惶，有的人还收拾细软离开了临安。恐慌情绪还传播到了军队中。

宰相留正和知枢密院事赵汝愚无可奈何，只好跑去请八十多岁高龄的宋高宗的皇后、太皇太后吴氏出面主持丧礼。吴氏是驾崩的赵昚名义上的母亲，开始以“没有先例”为由一口拒绝为儿子主持丧礼，但禁不住留正和赵汝愚两人苦苦哀求，也考虑到局面已经到了无法收拾的地步，只好勉为其难，挣扎着出面主持了太上皇赵昚的丧礼。

赵昚停尸的尴尬终于解决了，但朝政的困局依然存在。朝廷政务不能没有人决断，太上皇入葬时不能没有后代出席，这些都怎么办呢？

尚书左选郎官叶适向宰相留正提出了一个大胆的建议：拥立嘉王赵扩为太子，监国代理皇帝职务。叶适说："帝疾而不执丧，将何辞以谢天下，今嘉王长，若预建参决，则疑谤释矣。"留正采纳了这个建议，由他领衔、朝廷宰执多人附署，上奏说："皇子嘉王，仁孝夙成，宜早正储位，以安人心。"大臣们对赵惇已经失望了，他们现在希望他能够允许赵扩以太子的身份出现在朝堂和葬礼上，缓解政治危机。

奏章递进宫去六天，没有任何回应。群臣都急了。六天后，那份奏章带着赵惇的批示从宫中出来了。上面多了八个字：历事岁久，念欲退闲。

这是一句文不对题的回答。赵惇没有说是否同意立赵扩为太子，反而透露出了自己退位的意思。他真的是精疲力竭了。短短的四年皇帝生涯中，家庭不幸，政务荒芜，民怨沸腾，赵惇却没得到一丝的宽慰和休憩，怎么能不渴望退闲隐居呢？

宰相留正本来是希望赵惇早定太子，缓解政治危机，却不料引出了皇帝退位之意。这时候，留正身上暴露出了读书人的弱点：懦弱，不敢承担责任。他不敢再在临安的政治乱局中坚持下去了，更不敢在没有太子的前提下主持皇帝的退位仪式。留正隐约感觉到现在的困局，除非来一场宫廷政变，不然是难以破除的。从皇宫里出来，留正假装摔倒，扭了脚腕。一瘸一拐地回到家后，留正马上以受伤为由，上疏请求辞去宰相职务。不等朝廷回复，留正就在第二日的五更天，潜逃出了临安城。宰相逃跑，临安人心更加浮动，朝政运转完全停滞。时人指责留正开溜是"擅去相位"。

赵昚与赵惇的家庭危机终于扩展成了整个宋王朝的政治危机。

打破僵局的关键任务落在了赵汝愚身上。

赵汝愚走上宋王朝的政治舞台，是一个例外。他是宋太宗之子汉恭宪王赵元佐的七世孙。他是赵昚的远房侄子、赵惇的远房堂兄弟。北宋开国的时候就规定宗室成员不能出任朝廷的宰执。帝国为宗室确立了优厚的待遇，用以交换他们手中的权力，压制他们的政治欲望。宋朝的宗室贵胄在享受丰富的物质同时，被温和地排斥在政治之外。但赵汝愚凭着真才实学和突出的政绩，考中了状元，还逐步升迁为掌握兵权的知枢密院事。尽管有人对他的升迁提出质疑，但皇室和多数大臣都支持赵汝愚担任这个职务。赵汝愚也兢兢业业，赢得朝野的赞誉。面对赵昚死后的危险乱象，赵汝愚觉得自己有必要出面解决皇室家务事，一来他是朝廷重臣，二来他是皇室远亲。

赵汝愚怎样才能打破皇帝撒手不管、太上皇尸骨难安的困局呢？

唯一的方法：换皇帝

赵汝愚判定政局乱象非下猛药不能治愈。他和几位大臣密谋后，认为赵惇已经失去了在位的合法性，只有推举嘉王赵扩即皇帝位，才能打破混乱，更新朝政。问题在于赵惇自己不会出来禅位给赵扩，而赵扩又不是太子，这一套程序没法完成。赵汝愚决定以政变的方式，请出太皇太后吴氏，直接下诏宣布赵惇退位，赵扩即位。赵汝愚的政变计划得到了多位大臣的赞同。

发动宫廷政变离不开守卫宫廷的将领的配合。当时指挥禁军的是殿帅郭杲。赵汝愚尽管掌握着天下兵权，也需要联合他解决危机。但赵、郭二人彼此并不熟悉，关系更谈不上亲近了。赵汝愚怕郭杲到时不配合，很发愁。恰好工部尚书赵彦逾来访。赵汝愚和他聊起时局，谈到伤心处，相对而泣。赵汝愚想起平日里赵彦逾和郭杲关系不错，就向他透露了一点政变的意思。想不到，赵彦逾非常赞同发动政变。赵汝愚故意忧愁地说：“只怕到时候郭杲不同意，率军反对，怎么办？”赵彦逾拍拍胸膛说：“我愿意去劝说他，知院大人就等着好消息吧。”他决定晚点去找郭杲，第二天再来向赵汝愚复命。赵汝愚着急地说：“此等大事既然已经说出了口，岂容有所耽搁？”的确，政变是流血杀头的大事，哪还容得你过一天再去办。片刻的迟误都可能威胁身家性命。

赵彦逾马上去办，赵汝愚紧张得都不敢退回内宅，而是坐在大厅的屏风后，焦急地注视着大门，等待赵彦逾的身影出现。好一会儿，赵彦逾急匆匆地赶回来了。看到他那兴高采烈的样子，赵汝愚明白政变是箭在弦上，不得不发了。

至此，政变的关键工作只剩下太皇太后吴氏这一关了。政变集团不仅需要吴氏的支持，还需要她按照祖制出面垂帘听政、废黜皇帝、新立赵扩。但是吴氏深居慈福宫中，极少与外臣交往，怎么才能让她赞成并配合政变呢？赵汝愚与徐谊、叶适等人商量，判断吴氏也对赵惇不满，极有可能赞同外臣的安排。问题是找谁去慈福宫里争取吴氏？

徐谊推荐了知阖门事韩侂胄。知阖门事是宫中管理宫门的中级官员，通常是由外戚担任。韩侂胄的母亲是太皇太后吴氏的妹妹，所以担任了此职，可以随便出入宫廷。由他去做说客的确是再合适不过了。韩侂胄爽快地接受了外臣们的嘱托。他也对赵惇的所作所为不满，更重要的是他一直希望建功立业，做一个有所作为的外戚。他不敢怠慢，马上进入慈福宫，将外臣们的计划一五一十地告诉了吴氏，劝吴氏答应。太皇太后吴氏当初答应主持赵昚丧礼就已经是勉为其难了，现在听说要她出面“主持”废黜皇帝的政变，便一口拒绝：“既然皇帝不答应，这件事情还能说什么呢？”

韩侂胄不死心，第二天又到慈福宫再次劝说姨妈吴氏。老太太还是不同意。

正当韩侂胄焦躁无奈地在慈福宫门口团团转，无计可施的时候，重华宫提举关礼正好经过，询问起来。韩侂胄支支吾吾，闪烁其词。关礼指天发誓：“韩公尽管直言不讳，关礼如果能够效力一定帮忙。如果力不能及，也绝不会泄露出去！”韩侂胄就把政变计划和遇到的困难讲了一遍。关礼当即表示要入宫劝说太皇太后。

关礼拜见吴氏后，二话不说，先泪流满面。吴氏问道：“你这是怎么啦？”关礼哭着回答：“我是在哭现在朝廷的乱象。即使是圣人在世，也不会料到会出现如此混乱的局面啊。”吴氏生气地说：“这不是你们这些小臣应该知道的。”关礼力争说：“此事天下妇孺皆知。今日宰相去位，朝廷所依赖的就只有赵知院了。赵知院早晚也会挂冠而去，到时候朝廷可怎么办啊？”吴氏闻言大惊：“赵知院本是宗室同姓，怎么会同普通大臣一样逃跑呢？”关礼就说：“赵知院之所以没有离开，就是因为还仰恃太皇太后您啊。如果您今日不出来主持大计，赵知院无所适从，也只有请去了。知院一去，天下复将如何，请太皇太后三思！”

吴氏被深深触动了，联想到韩侂胄之前三番两次劝自己出面主持内禅，她决定配合群臣的计划。吴氏叹气说："大臣们想做大事，事顺则可。你传谕韩侂胄，要好自为之，务必仔细。"吴氏决定明日上朝，配合大臣们行动。关礼赶紧传旨韩侂胄，韩侂胄立即告诉了望眼欲穿的赵汝愚。

当时，星星已经慢慢爬上天空，临安城中炊烟四起。赵汝愚迅速发动所有力量，完成剩余的政变准备工作。他派人告诉殿帅郭杲和步帅阎仲，让他们连夜召集所部兵士分别守住南北内宫，以防不测；又通过关礼布置宣赞舍人傅昌朝等摸黑赶制龙袍。至此，政变准备工作全部完成了。现在，赵汝愚反而担心赵惇突然出现在朝堂上了。

第二天，皇室贵胄和文武百官都聚集到太上皇赵昚的灵柩前。赵惇和李凤娘依然没有出现，赵汝愚松了口气。

事情变得非常简单了。赵汝愚率领百官恭请太皇太后吴氏垂帘听政。吴氏同意。赵汝愚再拜跪在地启奏说："皇帝疾，不能执丧，臣等乞立皇子嘉王为太子，以安人心。"刚刚垂帘的吴氏现在已经有了处理朝政的权力，批准立赵扩为太子。

赵汝愚第三步是将赵惇几天前御批的"历事岁久，念欲退闲"八个字公布于众，并上奏吴氏："皇上决意退位，请太皇太后恩准。太子当为新皇。"吴氏说："既有御笔，卿当奉行。"赵汝愚说："内禅事重，须议一指挥。"吴氏说："好，大臣们拟定诏书吧。"赵汝愚不慌不忙地从袖子里抽出早已拟定好的诏书呈上。吴氏接过来一看，诏书上写着："皇帝以疾，未能执丧，曾有御笔，欲自退闲，皇子嘉王扩可即皇帝位。尊皇帝为太上皇，皇后为太上皇后。"阅毕，吴氏说："甚善。"赵汝愚随即传令将诏书内容公布天下。

至此，赵惇在毫不知情的情况下被废黜，成为太上皇。宋王朝的皇位实现了更替。

赵汝愚捧着诏书和龙袍去见皇子赵扩，迎接他登基称帝。这时候发生了一点小状况，也是整个政变过程中唯一的一处意外：赵扩坚决推辞，不愿意当皇帝。赵汝愚等人也不答应，簇拥着赵扩来到大殿。赵扩挣扎起来，最后以至绕着大殿的柱子逃跑。他一边躲避，一边大喊："儿臣做不得，恐负不孝名。"赵汝愚在后面边追边劝说："天子当以安社稷、定国家为孝，今中外忧乱，万一变生，置太上皇何地！”最后，又是吴氏出面，呵斥了赵扩这个曾孙子。赵扩才极不情愿地停止了不成体统的奔跑。

众臣将赵扩扶入素幄，披上龙袍。赵汝愚率领文武大臣，列队再拜。赵扩正式登基，改元庆元，史称宋宁宗。太皇太后吴氏随即宣布撤帘归政，结束了只有一天时间的垂帘听政生涯。赵扩登基后，宋朝的政治乱局迎刃而解。赵昚的丧礼由新皇帝、孙子赵扩出面主持，朝政也得以继续运转。这次政变史称“绍熙内禅”。

当赵惇在宫中听到外朝皇帝朝会的钟鼓声响起时，他非常清楚那不是自己吩咐下去的。到底是谁，敢大胆地动用天子礼乐呢？

不多时，有几个大臣过来拜见赵惇。他们称赵惇“太上皇”。赵惇这才明白：原来我已经不是皇帝了啊！这几个大臣是遵照新皇帝赵扩的意思，“恭请”太上皇出宫。赵惇没有反抗，也没有大吵大闹，只是平淡地说了一句：“怎么事先也不告诉我一声啊？”

赵惇无可奈何地收拾起行囊，搬出皇宫。李凤娘也随丈夫搬出宫去，成为太上皇后。即位前，赵惇对皇位充满了期待，甚至有些急不可耐。但在位的五年间，他毫无作为，没有从皇位中得到丝毫的享受或是快慰，只有无聊的辛苦和疲倦。当车驾缓缓离开皇宫的那一刻，赵惇有了父亲赵昚当年那种如释重负的感觉。赵惇过了六年单调的太上皇生活后，郁郁而终，史称宋光宗。

宋光宗赵惇是古代唯一一个因为不孝而失去合法性，被大臣们废黜的皇帝。

扩展思考：孝治天下

1. 古代王朝多宣称“本朝以孝治天下”。孝，有着天然的道德优势，也是和宗法制度紧密相连的。皇帝自然要在孝顺方面给天下人做表率。请结合理论和史实，思考一下这套做法是否有助于皇帝统治。

2. 虽说官方宣传“孝治”，但皇家常常出骨肉相残、父子猜忌的丑闻。除了赵惇，你还能举出其他的例子吗？

步步惊心
康熙的意愿和雍正继位之谜

康熙六十一年（1722 年）十一月十二日清晨八点钟左右，雍亲王胤禛急匆匆地赶到北京西北郊的畅春园。按照胤禛日后的说法，他是奉诏去见卧床不起的父皇康熙的。康熙对他说："朕病势日渐好转。"可是，等胤禛告辞离开畅春园后，康熙的病情急转直下。他紧急召三阿哥胤祉、七阿哥胤祐、八阿哥胤禩、九阿哥胤禟、十阿哥胤䄉、十二阿哥胤祹、十三阿哥胤祥以及步军统领兼理藩院尚书隆科多到御榻前，"口谕"传位于没有在场的胤禛。胤禛在当天夜里再次匆忙赶到畅春园，听到隆科多"转达"康熙的口谕，自述悲伤莫名，几乎昏厥倒地。第二天（十三日）凌晨，康熙皇帝病逝，享年六十九岁。

胤禛立即下令隆科多在北京地区戒严，关闭京城九门，断绝内外交通；同时严密监视诸位阿哥，不许任何人随便进出皇宫。最后，胤禛下令秘不发丧，依然用正常皇帝出巡的仪仗，把康熙遗体运回城内，自己则抢先回城，控制局势……胤禛最终在康熙末年的皇位争夺战中胜出，继位成为雍正皇帝。不过，从康熙病逝到雍正继位后残酷镇压兄弟，很多事情疑点重重，人们一直怀疑雍正得位不正，甚至可能是弑父篡位。

雍正皇帝继位成谜，他是合法继位还是阴谋篡位，在当时就惊动朝野，之后几百年争议继续发酵，成为街头巷尾的谈资和民间文艺的重要内容，至今仍是清朝历史疑案。二百多年来，民间传说、文人戏曲，对雍正夺嗣一事津津乐道，拿着放大镜不放过任何蛛丝马迹。曾一度热播的电视剧《步步惊心》再次掀起了后人对此事的兴趣。那么，到底四阿哥胤禛是怎么当上皇帝的呢？其中又有怎样的"步步惊心"呢？

遗诏都不是原创的

支持胤禛正当继位的最大证据，是《康熙遗诏》。如果遗诏指定胤禛继位，那么雍正当皇帝就名正言顺了。而反对者则抓住遗诏的种种疑点，穷追猛打，试图推翻这个核心证据。

《康熙遗诏》的真假，是弄清胤禛继位之谜的首要问题，也是关键问题。

现存于中国第一历史档案馆的《康熙遗诏》，用汉、满、蒙三种文字书写，是两百多年前那场权力更迭留下的重要实物，支持雍正的人长期将它作为铁证；反对者则斥之为假遗嘱。

汉文版的《康熙遗诏》以“从来帝王之治天下，未尝不以敬天法祖为首务”开首，先自述（康熙）数十年来殚心竭虑治理天下的历程，倒在情理之中；接着强调“自古得天下之正莫如我朝”，让反对者联系到是雍正借此来类推自己“得位之正”。遗诏最要害、最关键的内容是最后一段。它是雍正皇帝继位合法性的唯一的、排他性的来源。内容为：“雍亲王皇四子胤禛，人品贵重，深肖朕躬，必能克承大统。着继朕登基，即皇帝位，即遵舆制，持服二十七日，释服布告中外，咸使闻知。”

不同时期的传说、戏剧、小说、影视剧中都说康熙皇帝临终前的确留下了遗诏，不过是“传位十四子”，结果被雍正篡改为“传位于四子”。“十”改为“于”，意思完全变了。姑且不论其他理由，仅仅根据现存的遗诏原件，这个流传甚广的“段子”就站不住脚。其他理由包括当年书写是用繁体字，不可能“十”变“于”；当时称“皇几子”，四阿哥、十四阿哥应该称“皇四子”“皇十四子”，汉文可以改，蒙文和满文难改，等等。所以，胤禛篡改遗嘱称帝的说法，在现实中不可操作。因此，很多反对者并不纠缠于《康熙遗诏》的细节，而是从根本上不承认遗诏，认为康熙压根就没留下遗诏。

反对者可以从原始档案上查到有力证据：遗诏是在康熙死后，由雍正颁布的。

康熙驾崩的第二天，胤禛命令隆科多“起草”遗诏。隆科多一个人躲在小屋子里，撰写了现存《康熙遗诏》的草稿，经雍正审阅后，再交内务府、翰林院“会同撰写”。诏书的第一和第二部分，是群臣根据康熙皇帝在几年前的口述内容编辑而成的，第三部分要害内容则是大臣们字斟句酌出来的。三天后，胤禛向全国公布了遗诏。可见，《康熙遗诏》压根就不是康熙自己写的或者口述的，而是隆科多以康熙的名义“补写”的。其中每个环节，胤禛都插手了，大权在握的他完全可以做足手脚。这些都记录在雍正朝的历史中。既然遗诏是雍正写的，那就不能成为雍正继位的合法依据。

其实，历史上的皇帝遗诏都不是皇帝本人写的。当一个皇帝还在梦想长生不老、身体无恙的时候，他专权和享受还来不及，怎么会预先留下遗嘱呢？当一个皇帝病入膏肓、奄奄一息的时候，他哪里还有体力和精力来写遗嘱？所以，皇帝们总是在不得不承认快不行的时候，才仓促找大臣们“口授”遗诏，大臣们难免在其中加入自己的创作，垂死的皇帝也没有能力去审阅、改正了。于是，有所作为的顾命大臣们常常利用撰写遗诏的机会，假借先皇的身份，革除弊政，推行改革。在明朝，杨廷和、徐阶等几代大臣就假借先皇遗诏，让皇帝“自我检讨”，调整施政思路，推行自己的改革。在清朝，康熙的父亲顺治就在“遗诏”中“罪己”，否决生前的诸多言行。不用说，这是孝庄太后和顾命大臣们的意思。所以，皇帝遗诏一直都是后人的政治工具。

同时，皇帝遗嘱自然要在皇帝死后公布，胜出的皇位继承人有机会在公布前得知遗嘱，并且做出修改。《康熙遗诏》也不例外，要体现雍正皇帝的意旨和利益。

“康熙遗嘱”最大的可能就是，康熙当天病情急速恶化，临终时没有能力书写或者口述长篇遗嘱，只是简单地交代了由谁继位。然后，伴随身边的隆科多，根据康熙的意思撰写了《康熙遗诏》。

目前围绕《康熙遗诏》的攻防战都只是口水战，反对派还没有找到确凿的证据推翻康熙皇帝遗诏。在没有其他证据的情况下，现存的《康熙遗诏》是唯一的物证。但是，支持胤禛的人，也同样不能仅靠现存的遗诏来证明他是合法继位。

皇帝的意愿并不重要

那么，康熙皇帝本人的意愿如何？他生前想把皇位传给哪个儿子呢？

根据雍正日后在《大义觉迷录》里的说法，康熙驾崩的当天，隆科多口述了遗诏，九阿哥胤禟听完，冲到胤禛的面前，叉开腿大剌剌地坐下，对即将登基的胤禛怒目而视；原本呼声很高的八阿哥胤禩则装出悲痛万分的样子，夺门而出，跑到院外一个人依柱凝思，别人叫他，他理都不理；十七阿哥胤礼当天在大内值班，听到胤禛胜出后，竟然吓得擅离职守，飞也似的逃回府邸去了。其他皇子也惊愕异常，或惊讶或愤怒。权力赌局的胜负揭晓后，人生百态、世态炎凉，都在这一刻暴露无遗。

康熙刚死，二十几个儿子没有一点的悲哀，有的都只是有关得失的喜怒、对日后荣华富贵的打算，康熙生前教导的恩爱孝悌看来都没有植根诸皇子心中。

康熙显然也预料到了最坏的局面。为了防止胜出的胤禛为难或者迫害兄弟侄子们，他在临终前对胤禛说（胤禛自述的）："废太子、皇长子性行不顺，依前拘囚，丰其衣食，以终其身；废太子第二子朕所钟爱，其特封为亲王。"皇长子胤禔和废太子、二阿哥胤礽在之前的皇位争夺战中提前出局，遭到禁锢。康熙不想二人遭到进一步迫害，所以特地"保"了二人。同时，康熙不希望废太子一系彻底沉沦，还为废太子的儿子讨封。康熙也知道几个儿子为了争夺皇位，闹得关系紧张，临终前还要挣扎着打好招呼。

父皇的面子，胤禛还是要给的。所以，大哥胤禔和二哥胤礽在雍正年间得以善终。胤礽的二儿子，胤禛也给封了王，不过舍不得封亲王，降一等封为理郡王，算是打折扣执行了康熙的遗愿。至于那些康熙没有关照过的兄弟们，胤禛登基后就不客气了。胤禛登基后，不允许所有兄弟的名字用"胤"字，强迫改为"允"字。兄弟们都遭到了严密监视，十四阿哥被派去守陵，形同软禁；八阿哥胤禩被革除宗籍，称"阿其那"，九阿哥胤禟也被革除宗籍，得名"赛思黑"，前者是"狗"后者是"猪"的意思。

康熙临终前希望儿子们能够和睦相处的愿望，也落空了。就像生前阿哥们都争着孝顺康熙，死后却没有一个人真正悲伤一样，康熙生前，阿哥们都忌惮他的权力，对他言听计从，他一旦驾崩，就没有人再听他的话了。在皇位继承战中失败的阿哥们不会听康熙的话，胜出的胤禛更不会听。

事实上，康熙还活着的时候，阿哥们就觊觎皇位，展开了明争暗斗。表面上风平浪静，暗地里波涛汹涌，恶化了政治风气和清朝吏治。有史家将康熙后期的夺嗣之争，认定为吏治由好变坏的根源。

二十多位阿哥中，参与皇位争夺的主要有九个人：大阿哥胤禔、二阿哥胤礽、三阿哥胤祉、四阿哥胤禛、八阿哥胤禩、九阿哥胤禟、十阿哥胤䄉、十三阿哥胤祥、十四阿哥胤禵，史称“九子夺嗣”。随着力量的分化组合，九阿哥和十阿哥转向支持八阿哥胤禩，形成“八爷党”；十三阿哥支持四阿哥胤禛，形成“四爷党”。十四阿哥胤禵和四阿哥胤禛是同父同母的亲兄弟，却倾向“八爷党”，同时又想自己当皇帝，姿态比较游离。大阿哥胤禔、二阿哥胤礽、三阿哥胤祉三人，年纪最大，资历也老，交结朝野大臣，拉帮结派，互不相让。至于其他阿哥，有的因为年纪太小，自知无望，就选择在各个帮派之间虚与委蛇；五阿哥胤祺、七阿哥胤祐、十二阿哥胤祹等人虽然有可能争位，但料想争不过实力强的几位兄弟，对皇位断了念想，态度超然，一心就想着当王爷。如此混乱的派系，怎么能让兄弟们保持良好关系？

在皇位争夺战中，二阿哥胤礽早早就被立为太子，长期处于领跑地位。但只要他还没登基，其他皇子就不是没有机会。

胤礽是康熙的第一位皇后赫舍里的嫡长子。赫舍里和康熙的关系很好，生胤礽的时候难产死了。康熙悲痛异常，把爱意都转移到了胤礽身上。胤礽仅仅一岁，就被康熙立为太子。康熙花了大力气来教导胤礽。在父皇的严格训练下，胤礽早早就显露出聪明才干来，他精通满汉双文、文武全才，而且长得仪表堂堂，得到康熙的赏识。但是当了几十年太子后，胤礽放松了警惕，恃宠而骄，变得骄纵、暴戾，引起了康熙的不满。康熙四十二年（1703 年），胤礽的叔外祖父、权臣索额图在政治斗争中失败，被扣上“谋逆”的罪名遭到囚禁。胤礽失去外援，地位进一步动摇。

康熙四十七年（1708 年），十八阿哥胤祄病重，康熙忧心忡忡，亲自回銮探望。其他阿哥和大臣们也跟着表现出悲伤之情。九月，胤祄病死。作为太子的胤礽在弟弟病重和逝世前后，都没有表现出悲痛之情，导致了康熙对他的厌恶。康熙把太子叫过来，痛骂了一顿，要他反躬自省。不想随即又发生了“偷窥帏幄”事件，康熙在行猎途中，发现太子胤礽屡次无故接近自己居住的帏幄，扒着缝隙窥视自己的行动。康熙感到非常不安，痛下决心废黜了胤礽的太子位。

胤礽被废，夺嗣之争迅速白热化。各个有意皇位的阿哥，铆足了劲，展开了生死搏杀。

大阿哥胤禔最先跳了出来。他自以为是长子，言谈傲慢，咄咄逼人，不想遭到康熙的痛斥。胤禔又自作聪明，向康熙自告奋勇要去杀害废太子，结果反被重感情的康熙囚禁。大阿哥胤禔被明确排除在太子考虑范围之外，他转而支持八阿哥胤禩，并且向康熙推荐。

胤禩是各位阿哥中名声最好的一位。他出身低微，生母是奴婢出身，所以他从小受到歧视。胤禩奋发图强，练就文武全才，为人处世、待人接物都非常注意，且刻意笼络朝野大臣和士绅，人们对他评价很高，盛传“八王最贤”。康熙身边的重臣，也有向康熙推荐胤禩的。康熙的哥哥福全，临终前还郑重向康熙推荐胤禩，认为八阿哥可以继承大统。康熙对八阿哥的印象也很不错。

提前出局的大阿哥胤禔在推荐胤禩的时候，特意提到太监张明德曾经给胤禩看相，认为他有天子之相。这触发了康熙的敏感神经。康熙最恨大臣和阿哥们结党营私。张明德看相一事，让康熙认为八阿哥胤禩暗中勾结宫廷太监，拉帮结派，对胤禩的印象大坏，还予以训斥。然而，还是有人冒险向康熙逆言，推荐胤禩。

针对诸位阿哥夺嫡之心纷起，大臣们在各位阿哥之中左右为难，朝堂上暗藏波涌，康熙多次专门下旨，禁止人们谈论立嗣一事。不过，夺嗣一事，关系多少人的恩怨荣辱，人们该争的还要争，该斗的还得斗。康熙反复颁布圣旨，都没什么作用。毕竟，皇帝的意见并不重要。人们早学会了阳奉阴违。

九兄弟同室操戈

为了终止乱局，康熙皇帝不得不重新恢复胤礽的太子位，但这一举动丝毫不起作用。

阿哥们的野心被挑逗起来了，不可能马上黯淡下去。同时，康熙对胤礽已经失去了信心，重新立他只是利用他，并不想真的传位于他。胤礽的表现也很糟糕，骄纵、暴戾的脾气没有改正。康熙五十一年（1712年），皇太子胤礽再次被废。康熙明确说："祖宗弘业断不可托付此人。"自此，废太子胤礽被圈禁，黯然度过余生。

二废太子，纷争更盛。诸臣纷纷向康熙谏言早立太子，其中以三阿哥胤祉、四阿哥胤禛、八阿哥胤禩呼声最高。就在康熙犹豫的时候，又发生了一件疑点重重的事件，导致八阿哥胤禩一蹶不振。

康熙五十三年（1714年）十一月，康熙前往热河巡视。胤禩本该随从前往，但因为是生母去世两周年的祭日，所以他中途去祭奠母亲，不能亲自随侍，就派了一个太监去向康熙请假。谁知道，那个太监带了两只将死的老鹰送给康熙。康熙极为愤怒，认为胤禩在诅咒自己快死。他当即召集诸位皇子，痛骂胤禩"贱妇所生，自幼心高阴险。听相面人张明德之言，遂大背臣道，觅人谋杀二阿哥，举国皆知""与乱臣贼子结成党羽，密行险奸，谓朕年已老迈，岁月无多，及至不讳"。最后，康熙撂下狠话："自此朕与胤禩，父子之恩绝矣。"老皇帝也不想想，胤禩如果真的要咒他死，会当面送奄奄一息的老鹰给他吗?

看来，胤禩在皇位争夺战中提前出局了。他为此大病一场，眼看就要死了，康熙也不去探望，反而下令将病危的胤禩抬得远远的，不能冲了御驾。后来胤禩虽然侥幸活了过来，但大势已去。

接下来，十四阿哥胤禵成了一匹黑马，跑到了皇位争夺战的前列。青海战乱，康熙任命胤禵为抚远大将军西征。胤禵出师时，礼节极为隆重，用正黄旗纛、亲王体制，胤禵称"大将军王"。人们普遍猜测胤禵最有可能继位。失利的"八爷党"转而支持胤禵继承大统，来和其他派别抗衡。

其间，三阿哥胤祉看到骨肉相残，政坛险恶，萌生退意，放弃了夺位之心。他退回书斋，一心以编书、写字自娱，最后得以善终。

就在胤禵还在外面征战之时，康熙六十一年（1722 年）十月底康熙去皇家猎场南苑行围，十一月初因病住进畅春园。十一月初九，因冬至将临，康熙命四阿哥胤禛到天坛，代自己行祭天大礼。人们不禁迷惑起来：康熙到底是要选择胤禵，还是胤禛?

胤禛每天遣侍卫、太监等至畅春园请安，康熙都传谕“朕体稍愈”。可就在十三日，康熙病情突然恶化。之后的情形，就完全按照胤禛的意思，顺利展开了。也就是本篇开头我们看到的情景。胤禛在最后一个月内，突然后发赶超，笑到了最后，出乎所有人的预料。胤禛尚未正式登基，命八阿哥胤禩、十三阿哥胤祥和大臣马齐、隆科多四人总理事务。同时，胤禛加封竞争对手胤禩为和硕廉亲王。喜讯传出，胤禩福晋的母家赶来称贺，福晋却说：“何喜之有，不知陨首何日。”

如果胤禛真的是康熙的选择，那么康熙为什么选择他呢？最常见的解释是，胤禛常年注意韬光养晦，不露声色，勤慎敬业。在康熙晚年，康熙交代胤禛办理了很多事情，胤禛珍惜每一次机会，把事情都干得不错，得到了父亲的赞许。随着主要竞争对手的失利，胤禛就成了最现实的选择。不过，这样的解释毕竟是纯主观的推理。同时，胤禛继位后迫害兄弟和大臣们的行为，也不禁让人联想到他得位不正。

不过，“疑似”得位不正的胤禛，继位后年号“雍正”，疑似是雍亲王得位正、为君正之意。这是多此一举，还是此地无银三百两?

话说回来，中国古代那么多次皇位更迭，完全没有异议、没有疑点的能有几次？又有几个皇帝的家族内，没有爆发出同室操戈、争夺最高权力的闹剧?清朝相对还算是好的了。

一直到雍正朝，清朝都没有明确的皇位传承制度。在努尔哈赤和康熙死后，皇室内部都掀起了激烈的皇位之争。雍正亲身经历了残酷的骨肉相争，汲取教训，认为皇位传承是国之大事，应由皇帝独断，不用群臣参与；同时担心过早挑起继承话题，容易引起皇子们明争暗斗，大伤人伦。因此他一登基就建立了秘密立储制度。就是皇帝偷偷选定继承人，亲写两份诏书，一份随身携带，另一份密封在锦匣里，放置到乾清宫“正大光明”匾额后面。皇帝死后，由宗室、大臣们共同开启、核对。此一做法后成清朝立储惯例，清朝之后再也没有出现过骨肉相残争嗣的闹剧。这也许是中国历史上最好的传位制度。

扩展思考：夺嗣之争

1. 为什么说一切皇帝遗诏都是“伪造”的？

2. 为了防止诸位皇子争位，皇帝们没少费心思。有的皇帝早早就确立了太子，加以培养，断了其他皇子的念头；有的皇帝则故意在皇子之中制造竞争，营造你追我赶的氛围，让脱颖而出者继位；更多的则是犹豫不决，拖到自己快不行了，才临时指定或者以“遗诏”的形式确定继承人。不过，经历过夺嗣之争的雍正皇帝却创造了新的立储方式，打破了夺嗣困局。请问，雍正用的是什么方法？

反腐困境

乾隆的“腐败福利”和“反腐工具”

在乾隆手下当贪官污吏，绝对是拿生命当儿戏的高危行为。乾隆皇帝掀起了轰轰烈烈的反贪风暴，他在位时期是清朝反腐败力度最大、惩处腐败官员最多的时期。

清王朝在从顺治元年（1644 年）至宣统三年（1911 年）的二百六十八年中，共查处一、二品官员（中央侍郎以上、地方巡抚以上）的经济犯罪案件一百零八件。被判刑的一、二品高官共一百五十七人，其中死刑立即执行的六十八人，死缓（斩监候、绞监候）四十七人，受到其他刑事处分的四十二人。而仅仅是贪腐的地方督抚，乾隆就惩治了三十六人，占整个清朝同类高官总数的百分之二十三。其中即行正法五人，迫令自尽七人，死缓七人，惩贪的力度不可谓不大，就是放在历朝历代中也是罕见的。

但是，乾隆时期又是清朝腐败现象急剧膨胀、官场走入黑暗的时期之一。政坛由清入浊，到乾隆晚期，高层腐败、窝案串案层出不穷，不查不要紧，一查就能牵出一连串的贪官污吏来。钱粮亏空是衡量腐败程度的重要指标，乾隆后期各地普遍出现了严重亏空，大省大亏，小省小亏，钱粮名实相符的州县寥若晨星。其中山东省巨亏二百万两之多，福建亏空二百五十万两以上。随着乾隆在位时间越来越长，反腐行动不断推进，落马高官名单越拉越长，官场腐败却越发严重。乾隆掀起的反腐风暴，以失败而告终。

乾隆晚年承认："各省督抚中廉洁自爱者不过十之二三，而防闲不峻者，亦恐不一而足。"他想不明白：为什么上有皇帝高度重视，下有严刑峻法伺候，达官显贵们依然前赴后继地腐败呢？

乾隆的反腐组合拳

乾隆四十九年（1784年）春，乾隆在巡幸江南途中，召见江西巡抚郝硕。乾隆问他江西官员谁贤谁愚，郝硕支支吾吾，让皇帝很不满意。乾隆又问到江西的具体事务，郝硕也不能给出清晰、有条理的回答。事后，乾隆传旨申饬郝硕，让他“进京候旨”，事实上革了他的职。

按说，郝硕都这样了，倒霉运也到头了。但是，乾隆皇帝却在几句问答中敏锐地察觉到郝硕不仅仅是业务不精通、工作有疏忽，很可能还有腐败问题。于是，乾隆下令让两江总督萨载借机去江西密查郝硕。五月，萨载回奏郝硕果然有腐败行径，一是向下属官员勒索钱财，二是收受馈送，涉嫌受贿。郝硕随即被正式革职，并被抄没家产。很快查明，郝硕贪污、受贿八万余两白银，初审判决死刑立即执行。乾隆让他自尽。

事情到这一步，可以圆满收尾了。但乾隆又从郝硕的腐败，联想到了整个江西官场。他在江西继续深挖蛀虫。很快，江西布政使冯应榴、按察使吴之甫、饶九道额尔登布等人因为对巡抚郝硕的贪婪劣迹不据实参奏，或者向郝硕行贿，全部革职，发往军台效力。其中有行贿情节的江西各道府州县官员七十一人，还被勒令按照行贿银子的多少和品级的高低缴纳行贿金额数倍的罚款。负责查办此案的两江总督萨载负有领导责任，革职留任，被扣罚养廉银三年。

不经意间的一段对话，牵出了一个腐败大案。有人也许会觉得乾隆有点小题大做，但它体现了乾隆反腐的许多特点：雷厉风行、时刻留意、广泛牵连、惩罚严峻等。

乾隆朝的反腐、惩贪的法律制度是清代最严厉的。[①] 乾隆的一个基本观点是，

① 观点出自陈宏《乾隆朝预防及惩治高官贪贿犯罪简论》，载于《人民论坛》2010年第8期。

不能让官吏因为贪污腐败而获利，要让一切腐败者都付出惨重的代价。为此，乾隆规定贪污可以追惩，即便腐败分子死了，也要追究责任，还要其子孙清退赃款。乾隆十二年（1747 年），刑部上报宁海县原知县崇伦永亏空库银，但人已病故，奏请限期向其家属追赃。乾隆大笔一挥，决定将已故人犯崇伦永的儿子崇元诵监禁，代父受罪，逼其赔补其父侵贪的公款，并将此作为新条款增入《大清律》。

之前，清朝规定贪官清退赃款，可以减罪。乾隆认为这条规定纵容姑息贪贿犯罪，重新规定贪官即使主动吐出全部赃款，也不能减轻罪责。此外，乾隆还根据督抚贪腐犯罪的具体情况，有针对性地制定了新禁令，例如，禁止督抚收受礼品，禁止官员让下属代为采购物资，禁止封疆大吏设立管门家人、收受门包，等等。乾隆希望繁密的法网能够震慑贪腐，达到“天下无侵员并且无贪员矣”的效果。

对于腐败分子，乾隆惩办起来毫不手软。在乾隆朝，罪犯是官宦子弟，不但不能减免惩罚，还要从严从重判决，哪怕他的父兄是在位的达官显贵。比如，甘肃冒赈案发生后，闽浙总督陈辉祖的弟弟陈严祖是甘肃知县，贪污三千七百两银子，两江总督高晋的儿子成德也是甘肃知县，贪污了四千三百两银子。当时，其他涉案的知县，凡是贪污在一千两以上一万两以下的，全部判处了死缓。陈严祖、成德二人初判也是斩监候。如果陈辉祖、高晋出面“运作”一下，他们的弟弟、儿子估计很快就能出狱，说不定还能重获一官半职。但是，乾隆将二人改判为“斩立决”，立即处死了，一点都没给陈辉祖、高晋面子。对犯罪的官宦子弟，乾隆从严从重判决，不单单是为了照顾朝野舆论，也表明了对高官腐败绝不手软姑息的姿态。

乾隆办起案来从不投鼠忌器，也不讲究什么“办案范围”，不避讳矛盾。一个官员出问题了，就处理这个官员；一个班子出问题了，就撤换整个班子。乾隆二十二年（1757 年），朝廷查出云贵总督恒文低价向下属强买黄金，少付银两，同时有数万两银子的财产来源不明。进一步的审理查明云南全省有五十六名道、府、县各级官员牵涉其中，有些是恒文纵容家人勒索的贿赂，有些是恒文出巡州县时直接敲诈的，有些是下属官员到昆明求见时被勒索的，最后，恒文被“谕令自尽”，当在情理之中。和他“搭班子”的云南“省级领导”也被“一锅端”了：巡抚郭一裕参与强买黄金，被撤职、充军；布政使纳世通、按察使沈嘉征知情不报，还一味迎合上司的不法行径，被革职。有主动行贿行为的剑川州知州罗以书，革职，杖责一百；临安府知府方柱等三十七名在任知府、知州、知县，在初判中被认为是遭恒文勒索，事后主动交代问题，被认定“自首”，免除处罚。但是，乾隆皇帝认为这三十七人在被勒索的时候人人隐忍，没有一个人告发，直到恒文被撤职之后他们才纷纷出来说明问题，不能算是自首，全都有罪。结果三十七人全部被“降一级留任”。

又比如，乾隆五十八年（1793 年）判决的浙江巡抚福崧、两淮盐运使柴桢侵挪国库案，福崧在被押送北京的途中自尽，柴桢就地正法，也在情理之中。而卸任浙江布政使归景照知情不报，充军伊犁；现任浙江布政使王懿德刚刚到任两个月，和福崧并不熟，也被认为“溺职”，革职，降职为道员，分配到新疆哈密戴罪立功。时任浙江按察使顾长绂革职，发遣军台。整个浙江“省级行政班子”全军覆没了。闽浙总督伍拉纳没有及时发现福崧的罪行，负有领导责任，被扣罚养廉银三年；杭州织造对福崧等人的罪行没有及时参奏，被降为笔帖式。其他十一名浙江道府官员因为失察、徇隐等分别受到革职、降级、充军等处分。

乾隆的“株连处罚”在甘肃冒赈案中表现得最突出。甘肃冒赈案涉及官员有二百一十多名，其中判处死刑的总督、巡抚、布政使有三人，判处死刑的道府县官员有六十六人，判处杖刑流放到三千里以外边远地区服苦役的有六人，发遣戍边的有五十多人，另外革职并追罚银两的有五十多人。甘肃各级衙门几乎为之一空，全省官员大换血。如此重罚，整个清代似乎仅此一例。

乾隆的反腐行动有两记铁拳，第一拳是严密的法网，第二拳是严峻的惩罚。此外乾隆警惕的双眼、敏锐的联想，始终关注着朝野的高官显贵们。在一连串组合拳的打击下，乾隆朝的腐败行为不能说绝迹，也理应偃旗息鼓才对。事实却正好相反。反腐风暴刮得最剧烈的乾隆朝，恰恰是腐败最严重的时期。

乾隆四十年（1775 年）以后，腐败公行，“州县有所营求，即有所馈送，往往以缺分之繁简，分贿赂之等差。此等赃私初非州县家财，直以国帑为夤缘之具。上司既甘其饵，明知之而不能问，且受其挟制，无可如何”。官场已经和市场无异，政务也变异为了商品。到乾隆末期，官吏的腐败堕落呈恶性膨胀之势。上至王公大臣，下至细微吏员，玩忽职守、敷衍怠政，“岁久相沿，几成积习”。

乾隆中期后，高官的恶性腐败呈现井喷之势，而且每一个落马的督抚都要牵出共同腐败的整省官员，乌纱帽一摘就是几十甚至上百顶。比如，乾隆四十六年（1781年）甘肃冒赈案、乾隆四十七年（1782年）山东巡抚国泰案、闽浙总督陈辉祖案、乾隆四十九年（1784年）江西巡抚郝硕案以及乾隆六十年（1795年）的闽浙总督伍拉纳、福建巡抚浦霖案等，案情都震惊世人。乾隆的反腐组合拳再厉害，也敌不过汹涌的贪腐势头。

制度逼良为娼

反腐风暴永远是庞大的政治体制中的一阵凉风，是繁杂的政治活动中的一个内容而已。再周密的反腐法律，也只是现行“游戏规则”的组成部分之一。所以，我们不能脱离大的政治环境，把反腐败孤立出来谈。

乾隆朝越反越腐的疑问，要从政治制度中去寻找答案。尽管乾隆制定了一系列法律法规来预防、惩治腐败，但他也推出了更多的制度，把官员们往腐败的道路上推。这些制度包括臣工贡献、皇帝出巡、议罪银、赔补亏空、官员公捐等。

臣工贡献就是达官显贵们向皇帝进贡，是“送礼”的文雅说法。在地方上任职的督抚要员们不定时地送给皇帝一些地方特产，可以联络感情，但要建立在自愿的基础之上。可雍正朝将“臣工贡献”定为一项制度，把它确定为地方督抚要员的一种政治义务。到乾隆时，乾隆皇帝更是把地方高官进献贡品的多少、好坏、周期长短，和他们的“忠诚度”联系在了一起。他的逻辑为：既然你口口声声说效忠皇上、为皇上尽心办事，就要在物质上有所表现。于是，乾隆把臣工贡献制度严密化、系统化，扩大了直接向皇帝进贡的大臣的范围，并且默许一些中下级官员逾制、越级进贡；进贡的周期越来越短，之前一般是端阳、万寿、元旦的时候大臣们进贡，乾隆朝又规定上元、中秋等节也要进贡，而且平常要有“非例之贡”。仅有制度可循的，乾隆时期的天下总督每年进“例贡”一百八十三项、巡抚进“例贡”二百七十七项，这还不包括制度之外的“非例之贡”。

乾隆二十二年（1757 年），粤海关监督李永标、广州将军李侍尧进献了一批贡品，计有：“紫檀镶楠木宝座一尊、紫檀镶楠木御案一张、紫檀镶楠木五屏风一座、紫檀天香几两对、镶玻璃洋自鸣乐钟一座、镀金洋景表亭一座、镶玛瑙时辰表两块、黄猩猩毡五匹。”这次贡品送上之后不久，乾隆皇帝给二李发了一封圣旨：“此次所进镀金洋景表亭一座，甚好，嗣后似此样好看者多觅几件。再有此大而好者亦觅几件，不必惜价，如觅得时于端阳贡进几样来。”因此，李永标、李侍尧两人敢不再送？敢不出去四处寻摸更“大而好”的西洋钟表？

进贡虽然是地方高官的私人行为，但钱却是地方政府公款支出的。乾隆朝的闽浙总督伍拉纳就承认：“我们并不自出己资买办物件，乃婪索多银自肥囊橐。”比如，浙江巡抚福崧到任后，马上吩咐盐运使柴桢“代办”贡品，有玉器、朝珠、手卷、端砚、八音钟等件。这一次进贡花费白银三万八千余两，全都计在盐运司衙门的公款上。客观地说，如此频繁的进贡、如此昂贵的贡品，完全超出了地方督抚的经济承受能力，逼着他们不得不去违规、违法筹措资金，勒索下属、收取贿赂等。

乾隆皇帝是聪明人，自然知道进贡给下面造成了巨大的压力。但他更关注封疆大吏们的忠诚度，他不在意贡品是怎么来的，而在意什么时候来、来的是什么。事实上，乾隆拿到的贡品太多，塞满了整个紫禁城，最后造成了仓储难题。他儿子嘉庆继位后，发现“内府所存陈设物件，充离骈罗，现在无可收贮之处”。绝大多数贡品，乾隆压根就没看过，更没碰过，“所贡之物，视之真粪土之不如也”，直接扔到哪个不知名的角落去了。但是，嘉庆皇帝认识到了问题，还是继续让大臣们贡献“粪土不如”的贡品，这只能理解为皇权的自私了。

乾隆是中国古代出了名的喜欢出巡的皇帝。他在位的这六十年中，外出巡幸超过了一百五十次，平均每年两次半还要多。皇帝走出紫禁城、到北京之外的地方看看，客观上有利于了解真实情况，还可以收揽人心、笼络官绅、整饬吏治等。但乾隆的出巡过于频繁，且热衷游山玩水，地方官绅投其所好，不惜耗费巨资“接驾”。他们大兴土木，建造行宫，修葺园林，建设御道，收罗奇珍异宝、文物古玩进献给乾隆。在富庶的江南地区，盐商等富裕阶层或者主动捐献，或者被官府勒索，承担了主要成本；而在经济欠发达地区，则完全是动用公款，压迫百姓来伺候乾隆，腐败官吏趁机中饱私囊。乾隆本人也承认此举劳民伤财，在晚年说：“朕临御六十年，并无失德，唯六次南巡，劳民伤财，作无益害有益。”

议罪银，是指根据官员犯罪情节的轻重，缴纳相应数额的银子来免除一定的刑罚。封疆大吏犯了错误，缴纳从几百两到几万两不等的银子，以罚代法，或者被扣发一定时限的俸禄，作为惩戒，有一定的合理性。但乾隆把这个做法制度化、扩大化了，频繁地罚地方高官们银子，还允许督抚们提前缴纳一笔钱“备罚”。例如，浙江杭嘉湖道台王燧在负责西湖工程等事上，侵吞工程款，并有大量财产来源不明，总计查出有二十万两白银的不法财产，被“即行正法”。浙江巡抚王亶望负有领导责任，对王燧“唯言是听”“不行参奏”，“自认罚银”五十万两。乾隆皇帝批示“只可如此”，对王亶望不加追究。乾隆利用地方督抚、盐运使、海关监督、织造等要职、肥缺的“过失”，通过公开的程序，或者干脆让亲信奴才“密谕”暗示，让犯错者、违法者“自行议罪”、主动缴纳议罪银，且金额越来越高。地方要员不堪重负。浙江巡抚福崧担任地方官多年，俸禄、养廉银和灰色收入丰厚，但历年来共罚银二十七万八千两，中间还连续多年被扣发养廉银，等于收入全无，只有支出。这让他如何维持体面的生活和工作？只能转嫁压力，勒索敲诈、挪用贪污，最后被乾隆要求“自行了断”。

议罪银制度加剧了清朝官吏的腐化。尹壮图等官员向乾隆指出过这项制度的弊端，认为此举让贪者有恃无恐、廉者无处容身，乾隆也认为其意见“固属不为无见”，但他在位期间就是没有废除此项制度。后人只能将此项制度也看作是皇权的自私。乾隆除了可以借此制约地方大员外，还能敛财。要知道，所有的议罪银不是缴到国库，而是进入内务府——皇帝的小金库的。

府库亏空，是指官库钱粮实际情况与账面不符，甚至入不敷出、寅吃卯粮。这是清代社会普遍存在的问题。导致亏空的原因很多，有官员决策失误的原因，也有自然灾害的原因，但主要还是官员贪污、挪用公款和挥霍造成的。乾隆时期的地方官员要进贡、要接驾、要罚钱，手头紧张就挪用官银，相互之间心照不宣，前后相继。大家都抱着侥幸心理，祈祷自己任内平安无事，亏空事发在谁的任上算谁倒霉。很多人还把黑手伸向早已千疮百孔的官库，贪污侵吞。乾隆时期，每一件贪污案揭露出来后，必然牵出案犯所在衙门的巨额亏空。乾隆治理亏空的做法是“赔补”，谁造成的亏空谁拿钱补上，难以确定责任的就由相关的官员按照职位高低、在任时间长短“照股分赔”。乾隆五十一年（1786 年）查出浙江省亏空十三万九千两官银，令前后三任巡抚富勒辉、雅德、福崧分赔。此举有一定的合理性，不能让贪官获利，要把财富物归原主。但是，亏空是历史积弊，不能让少数几个人承担责任，而且那几个人也赔不了那么多钱。怎么办？只能继续拆东墙补西墙，有的官员耗尽了做官的积蓄、祖先的遗产，变卖田地房屋，有的官员则一级级向下属衙门摊派，勒索银两，甚至敲诈贪污。不过，更多的官员干脆再次挪用公款，“赔补亏空”变成用官银赔官银，用新亏空来补上旧亏空。

乾隆本人也承认此举有可能让“廉者为贪者受罚”，但就是不取消赔补的做法，还将此举扩大化，将一些在财务上的“无着款项”也勒令相关官员赔补。比如，乾隆四十七年（1782 年）镇压回民起义后查出“军需断难开销各款”，一共有二十七万七千两白银难以核实，勒令发生地的甘肃总督的俸禄和养廉银都扣二成，实发百分之八十，直到补足款项为止。这又是一项让地方要员不堪重负的制度。

最后，人们只知道老百姓要缴苛捐杂税，却不知道乾隆时期的大小官员头上也有苛捐杂税，类似于公费摊派、强制捐款等。当时的说法叫“公捐”，乾隆强制要求官员为某事捐钱。比如，乾隆下江南，官员要捐款凑份子；修建海塘、河工，举办庆典、征伐，官员也要捐钱。浙江省改筑大石塘工程，缺口银子二百万两，乾隆令浙江全省官员捐出一半的养廉银，分二十年捐完。福建省也照此办理，不过因为浙江海塘毕竟和福建关系不大，福建官员只要捐十年就行了。乾隆五十五年（1790 年），乾隆皇帝要办“八旬万寿庆典”，内外大小臣工纷纷“踊跃捐款报效”，共计捐款一百一十四万四千二百五十七两白银。其中在任的二十六位地方督抚，人均捐款超过三万两。各级官员“自请捐廉”，但钱也不是自己出，照样有各种手法转嫁压力。

在这些制度高压之下，封疆大吏们不可能保持廉洁，不得不勒索、挪用，把腐败的压力转移到下级官员头上，最终导致整个地区、整个系统的集体腐败。进入官场的任何一个人，“独善其身”只能是美好的幻想。聪明如乾隆者，都发现了问题，有的人是无力改变，而乾隆是不想改变。因为除了官员的廉洁与否，他还看重其他内容，其他更重要的内容。

腐败的根源在专制

上述逼良为娼的制度是皇权的产物。只要它们还有利于维护皇权，乾隆皇帝就不会废除它们。因此可以这么认为：是乾隆在逼封疆大吏们腐败！

每一个皇帝都希望自家的统治“千秋永固”，这也是乾隆皇帝一切行为的根本目的。

治贪的法网再严密，反腐的“罚网”再严酷，都只是拽在乾隆皇帝手中的工具而已。向何处撒网，什么时候收网，怎么处置落网官员，都是乾隆说了算。因此，反腐受乾隆皇帝的主观意志、一时好恶影响很大。反腐要服务于皇权，服务于乾隆统治天下的整体需要。

皇帝对臣下的要求，首先是忠诚。只要乾隆认为一个官员忠心耿耿，那么即使发现贪污贿赂行为，有时也可以容忍；相反如果一个官员被认为“欺罔君上”、对皇权不敬，那么他即使略有腐败行径，也会遭到严惩，甚至被树立为“反腐典型”。

云贵总督李侍尧挪用、勒索银两，两淮盐政高恒挪用、受贿银两，都是金额巨大，完全够得上死刑标准。大臣们建议将李侍尧从重处理，斩首示众。但是，乾隆念李侍尧效力多年、征战四方，办的差使、进贡的贡品都不错，于是驳回判决，让大臣们“再行商议”。有大臣心领神会，认为李侍尧“勤劳久著”，建议“秋后处决”。乾隆欣然同意，将李侍尧缓期执行，后来又让他戴罪立功。

李侍尧很快就做回了总督。而高恒是名门之后、乾隆的大舅子，他案发后求情的人很多。乾隆却大义灭亲，将高恒斩首示众，抄没家产。同样的罪行，为什么一个善终一个惨死呢？因为李侍尧贪污、勒索钱财的罪行，乾隆没有体会，在他看来仅仅是一纸描述而已；而李侍尧的老实听话，认真办事，乾隆却是深有感受的。至于高恒，他在办理乾隆南巡事的时候挪用了“交官项内巨银”，事情牵涉到乾隆本人，让皇权尊严受到了损害。乾隆要杀高恒，免得人们继续联想、引申下去。还有，高恒自恃是皇亲国戚，在江南以为皇帝办事为名谋取私利，让乾隆有被利用、当冤大头的感觉。

高恒的儿子、叶尔羌办事大臣高朴，奴役三千百姓开采玉石，销售获利，被当地百姓告发。按说，高朴的罪行和涉案金额动辄几十万两、上百万两银子的封疆大吏相比，算是小的，但乾隆迅速命令将高朴就地正法，而且还要召集百姓公开行刑。因为乾隆发现，高朴进贡的玉石质量远远比不上在高家查获的玉石。“高朴这小子，竟然把好东西藏在家里，不给我！”乾隆恨得牙痒痒，接到高朴伏法的奏折后亲笔批了一句：“着实便宜他了！”

其实，只要还有一个人站在朝堂上，就意味着乾隆朝的反腐工作是彻底失败的。这个人就是和珅。

和珅是一个很高调的腐败分子，贪污受贿、挪用侵占、结党营私、权钱交易等行径一样不落，金额过亿。他宅邸所在的胡同，每天挤满前来行贿、请托和密谋的官员，熙熙攘攘，如同闹市，一眼望过去都是官服上的补子，人称“补子胡同”。有外地知县跪在门口，将几千两银子的银票举过头顶，求见和珅，希望拜入和珅门下。和珅压根就看不上这点“小钱”，大喝：“知县是何虫豸，也来见我！”就这么一个高调嚣张，几乎人所共知的大贪官，却在乾隆后期扶摇直上，权倾一时，被乾隆倚为左膀右臂。是乾隆不知道和珅的贪腐，还是从来没有人举报、弹劾过和珅？都不是！而是乾隆离不开和珅，离不开和珅精明干练的处理政务能力、离不开和珅帮他管理日益庞大的小金库、离不开和珅出面办一些皇帝难以启齿的“小事情”。更何况，和珅一副忠心耿耿的样子，精于溜须拍马，很讨乾隆的欢心。于是，“一分为二地看问题”的道理就被乾隆用在了和珅身上。他觉得和珅的成绩是主要的，错误是难免的，辩证地讲：“和珅还是一位好干部！”

只要有和珅在，很多案子的线索查到一定地步就断了，很多腐败分子都得到了庇护羽翼；只要有和珅在，就大长腐败分子的志气，打压了反腐行动的底气。和珅的存在，注定了乾隆的反腐不彻底，不会成功。

但是，乾隆不这么看。天下太平、社会稳定和一批腐败分子被惩处，让他志得意满，粉饰太平。乾隆当皇帝的时间长了，开始给自己拼凑出“十大武功”，要当“十全老人”。他听不进去忠言，容不得臣下的一点不同的声音。乾隆五十五年（1790 年）礼部侍郎尹壮图上疏指出：“各督抚声名狼藉，吏治废弛。臣经过地方，体察官吏贤否，商民半皆蹙额兴叹。各省风气，大抵皆然。”尹壮图这话，基本上否定了当时的官场，对官吏群体评价很低。这明显是给“乾隆盛世”抹黑。果然，乾隆看后大怒，以“挟诈欺公，妄生异议”罪判尹壮图“斩立决”。后来，乾隆为避免成全尹壮图“忠谏美名”，免去死罪，降职处分。如此一来，乾隆的反腐更是水中月雾中花、盛世的点缀了。

反腐失败的根子在乾隆身上，缘于他自私的思想，系于皇权。其实，腐败的根源何尝不在他身上，何尝不系于皇权。只要专制皇权存在，不正常的君臣关系、上下级关系和考核制度就不会改变，逼良为娼的制度就不会取消，腐败就将长存。

乾隆算是比较矫情、喜欢粉饰的皇帝，他不承认这一点，他的父亲雍正就坦率、直白得多了。雍正皇帝曾御笔朱批了一句大实话：“朕说你好，你才得好。”[①] 这句话可以分两层来理解：第一是政绩也好、操守也好、能力也好，最重要的也是唯一的评价标准是皇帝。皇帝说你行，你就行，不行也行；皇帝说你不行，你就不行，行也不行。第二是官场中人所有的好处、未来的好日子，都来自皇帝。皇帝让你得到好处，你才能拿，拿了没事，不然就出事。不仅是仕途沉浮，就是个人生命也都掌握在皇帝手中，大臣们哪敢不唯皇帝马首是瞻。皇帝高于一切法律、一切制度，官员们只要揣摩好皇帝的心思、让皇帝高兴了，就能升官发财，就有荣华富贵，哪还管什么廉洁自律，还要反腐惩贪干什么？

---

① 见中国第一历史档案馆编《雍正朝汉文朱批奏折汇编》第六册，第 782 页。

当反腐沦为权力工具

乾隆时期，每隔两三年，朝廷都会有一次雷厉风行的反腐败大行动，揪出一两个巨贪和反面典型来。据说，这是乾隆皇帝授意、和珅揣摩配合的结果。

外省封疆大吏如果不定期给和珅孝敬，几乎没有能长期做官的。其中贿赂最重的人，和珅往往破格提拔，授予高位。为了孝敬和珅，也为了能进步，底下的官员们不得不腐败敛财。等到这个人贪声日著，臭名远扬了，和珅就将他定为反腐败对象，用迅雷不及掩耳之势逮捕查抄他。这个周期就是两三年。

浙江巡抚王亶望被朝野认为是“和相第一宠人”，权势一度炙手可热。王亶望每年给和珅的炭敬、冰敬以及一切孝敬等，总数超过三十万两银子，此外王亶望还不定期地向和珅孝敬珍奇古玩。可王亶望在浙江巡抚任上，被乾隆公开下诏、和珅亲自下手查办了。结果，王亶望成了乾隆—和珅“反腐周期”的一个牺牲品、一大反面典型。

和珅另一亲信国泰的遭遇类似，却更具戏剧性。据说国泰本是一个巨商，一次在扬州花酒丛中挥金如土时结识了一个人。两人朝夕相处。恰好遇到漕运总督经过扬州，仪仗威严，车骑盛大。国泰啧啧称道，艳羡不已。新朋友就说：“这有什么好惊羡的？十万银子就能购得他的顶戴。”国泰惊问：“大官也能买？”朋友说：“行！我就能替你办妥。你跟我到京城见一个贵人，不出三个月就能做到道台。”国泰取上三十万两银子，高兴地跟着他进京去了。抵京后，朋友带国泰拜入和珅门下。原来，国泰的这个朋友就是受和珅委托，在外招徕巨富买官的。为了保险，国泰与和珅等约定，先将钱存入某店，得官后和珅才能提取。

没几天，朝廷就任命国泰为江苏省粮道。后来，和珅又活动国泰调往山东（据说是国泰能力太差，而江苏事情多，和珅怕他应付不过来）。山东政务简单，国泰渐娴吏事，三年内就当到了巡抚。

为了报答和珅，国泰自然是倾尽全力，将百万家产都耗尽了。国泰就寻思着在山东大行敲剥以补偿损失。很快，国泰声名狼藉，传到了北京，被御史弹劾。弹劾奏章内容牵涉到和珅，乾隆竟然让和珅“检举”。和珅又派了一个人去试探国泰的底细，看他还有多少钱。那人告诉国泰，如果要想将弹劾的事情摆平，少说也得百万银子贿赂满朝高官。国泰东拼西凑，才挤出了二十万两。和珅知道国泰已经囊空如洗，马上请旨查办国泰。国泰入狱，追悔莫及，知道自己绝无好下场，在狱中自杀了。从他买官到被和珅奏请查办，正好是三年。国泰自然是冤，被和珅给利用了；可放大了看，和珅何尝不冤？他也被乾隆给利用了，最后当成一个大反面典型被查办了，万贯不义之财最终进了皇帝的腰包。

于是，老百姓有理由相信，来自乾隆皇帝的周期性反腐败行动，极可能是皇帝控制文武百官的手段。如前所述，腐败已经成为乾隆朝制度性的、全局性的问题，每个官员都不能保证自己是绝对清廉的。皇帝可以随时以“反腐”的名义将官员惩办，并将此作为悬在官员头上的一把利剑。结果，官吏们对皇帝的反腐行为战战兢兢，不得不刻意效忠、讨好皇帝来保障自身安全。而皇帝高调的反腐行为惩治的通常都是没有多大权势的中低级官员，或者是自己讨厌的、已经失势的高官，这也坐实了人们的猜测。和珅在乾隆、嘉庆父子时期境遇的反差，就是很好的例子。同样，人们将官府的许多反腐败行为也理解为内部的权力斗争。

只要公权力还能获利，腐败现象就不会绝迹；只要没有制约的君主专制体制还存在，大规模的腐败就不会消失。当反腐沦为权力工具，就没有真正的反腐败可言，腐败就会像癌细胞一样在政治体制乃至社会躯体中蔓延、恶化，侵蚀财富和世道人心。

很多统治者都明白这个道理。在专制政体下，腐败癌症是治不好的。《官场现形记》中说，有人揭露浙江官场弊端，慈禧太后挑选了一位老京官去做钦差大臣。她说：“某人当差谨慎，在里头苦了这多少年，如今派了他去，也好叫他捞回两个。”圣旨一下，这名京官忙向慈禧身边的太监打听上头派他这个差使的真实意思，应该怎么查案。太监扑哧一笑道：“查案有什么难办的？佛爷早有话：‘通天底下一十八省，哪里来的清官？但是御史不说，我也装作糊涂罢了。就是御史参过，派了大臣查过，办掉几个人，还不是这么一件事？前者已去，后者又来，真正能够惩一儆百吗？’这才是明鉴万里呢！你如今到浙江，事情虽然不好办，我教给你一个好法子，叫作‘只拉弓，不放箭’。一来不辜负佛爷栽培你的这番恩典；二来落个好名声，省得背后人家咒骂；三来你自己也落得实惠。你如今也有了岁数了，少爷又多，上头有恩典给你，还不趁此捞回两个吗？”京官听了，马上心领神会。慈禧的态度可能代表了许多统治者对反腐败的态度：睁一只眼闭一只眼，只要没人揭发就当不存在，并且将反腐败当成负责官员的“福利”。

乾隆和慈禧不同，他爱慕虚荣，也爱折腾。他不把腐败当作驾驭臣下的“福利”，而是掀起了一波波的反腐风暴。但乾隆始终逃不出“反腐工具论”的影响，根治不了腐败，连遏制腐败势头都做不到。折腾的结果是，人杀了不少，腐败却越来越严重，清王朝由盛而衰。

扩展思考：反腐难题

1. 反腐败是人类历史上的永恒难题之一。严刑峻法不能断绝腐败，道德说教也不能断绝腐败。乾隆的困局则表明，皇权专制似乎是腐败的根源。为什么古代的腐败不能断绝，黑暗的源头在什么地方呢？

2. 你是如何理解“腐败福利论”的？为什么腐败能成为古代官员的“福利”？

天津教案
曾国藩的挫败

第二次鸦片战争之后，基督教在中国广为传布。一座座尖尖的教堂在广袤的乡间拔地而起，代表的不仅是一种新宗教的传入，更是对中国人民族情感的深深刺痛。十九世纪后半期，中国官民屡次与天主教会发生冲突，史称“教案”。天主教堂为什么会伤害中国人的民族情感，中国人又是如何处理教案的呢?

天津教案是怎么回事

在华基督教最大的“原罪”就是它是跟在坚船利炮后面，侵入中国的城市和乡村的。

在中国人看来，基督教是侵略者的宗教，本身就是侵略的标志。这样的宗教，怎么能让中国人心平气和地对待呢?

更何况，晚清时期的中国刚刚经历了从天朝上国、泱泱中华到割地赔款、任人宰割的巨大变化。原来引以为豪的国家和文化，被蕞尔小国和野蛮文化打败。眼看着祖国滑向被人殖民的黑暗深渊，没有人能承受如此剧烈的心理落差。中国人迫切需要发泄苦闷与愤慨，最先深入中国社会的基督教势力首当其冲，“不幸”成为目标。一座座教堂在中国出现，无数仁人志士扼腕叹息，视为奇耻大辱。

早期来华西方人的优越感和粗暴跋扈无疑激化了中外矛盾。1861年，法国天主教贵州区主教胡缚理在贵阳街头乘坐紫呢大轿，带人游行“庆祝”《天津条约》签订，引起中国官民义愤，被群殴致死。之前，列强逼迫清政府赋予在华外国人“治外法权”。在华外国机构和洋人的特权过多过滥。一旦发生中外纠纷，外国人就倚仗特权逃脱中国法律追究，反过来压迫中国官府严厉惩处中方事主。更严重的是，一些外交官不问是非黑白，一味包庇不说，还习惯于将单纯的宗教问题、民间纠纷上升为政治问题。他们动辄就威胁清朝官员要“派兵来华保护”“自行缉凶”，强迫中方妥协。

基督教来华后并没有融入中国社会，相反，中西思想观念的差异造成了中国百姓和教会组织的严重对立。中国人普遍无法理解陌生的西方信仰和建立在信仰之上的一系列言行，进而排斥甚至仇视。比如，神父对婴儿的洗礼，在中国人看来就不人道；男女杂处和沉默的苦修也不为人理解；至于人体器官标本更是让笃信“身体发肤，受之父母”的中国人感到震惊。而教会不断吸收教民，破坏了由乡绅主导的传统社会结构，威胁到了各个社会阶层的稳定和利益。不少地方上的无赖地痞混入教会，挟洋人威风欺负同胞，遭人鄙弃，被蔑称为“吃教者”。凡此种种，莫不给中国人的民族情绪火上浇油。

面对严重的仇视情绪，教会组织并没有积极做好解释和沟通，他们忽视了周围广大中国人的观感。比如，中国百姓怀疑教会挖人的“眼珠”泡在玻璃瓶里，其实那是神父和修女们在腌制大蒜。如果平日注意交流，类似的谣言根本就不会兴起。

当时中国士大夫阶层的做法颇令人玩味。可能是在历次战争中被列强打怕了，凡是遇到教案，官府中人几乎都采取息事宁人、委曲求全的做法。但不在位的士绅阶层，则“不谋其政”，一心维护既有的社会结构和自身特权，或隐身幕后怂恿、或走到台前鼓动百姓反洋排教。他们喊起民族主义口号来，比基层民众更漂亮、更响亮。

于是，我们看到自从《北京条约》赋予列强“自由传教权”后，教案在大江南北层出不穷。从1860年至1899年的四十年间，仅控诸官府而有文献可寻的教案就有二百起以上。[①]其中最著名、对中外双方伤害最大、在中国被长期当作“爱国主义教材”的就是1870年的“天津教案”。

同治九年（1870年）夏天，天津城内发生了多起拐匪用迷药诱拐小孩的事件。

这原本是普通的刑事案件，官府无暇侦破，事主和乡绅们就自发组织起来，捉拿人贩子。一名叫武兰珍的迷拐犯很快就落网了。在愤怒民众的严刑拷问之下，武兰珍供称其作案所用迷药为法国天主教堂的王三所提供。[②]于是，群情愤怒，人们将怒火转移到了天主教堂身上。

人们有“充分”的理由相信法国天主教堂就是所有迷拐案件的幕后真凶。天主教堂办有育婴堂，收容了不少无家可归或者病重的中国孩子。可人们只看到了孩子进去，没看到过孩子出来，也很少看到教堂中孩子们欢蹦乱跳的情景。相反，有人在教堂里看到许多玻璃瓶子，里面装着各种器官，其中有的酷似人的眼睛。当年夏天，疫病伴随着酷暑侵入天津城，天主教育婴堂收留的儿童大

---

① 见章开沅、刘家峰《如何看待近代历史上的教案》，载于《人民日报》2000年9月29日。

② 1870年6月21日，静海知县刘杰带武兰珍去天主教堂对质，发现“堂中之人，该犯并不认识，无从指证”，也没有武兰珍所供的王三这个人，更没有他所供称的地点、物件等。后来曾国藩在武兰珍的身上发现了“跪伤”“棒伤”和“踢伤”，因此认为，武兰珍纯属屈打成招、信口攀附。

多是遭遗弃的病孩，死亡者自然多于往常。人们看到教堂后面突然出现了不少新坟，自然心存怀疑。教堂因为和民众不睦，不敢在白天掩埋，选择在夜间草草下葬，埋得很浅，加上棺木短缺，又让两三具尸体挤在一口棺材里，野狗轻易就能刨开坟墓拖出小孩子的尸体，暴尸地上，舆论早就为之哗然了。所以，武兰珍的招供根本不用核实，义愤填膺的群众就认定天主教堂是罪恶的根源。

很快，天主教堂用药迷拐孩子、挖眼剖心制药的消息在天津地区不胫而走，群情激愤。我们分析晚清的重大教案，会发现谣言起到了决定性的传播作用。诸如“挖眼剖心”“迷拐幼童”“诱奸妇女”等始终是动员群众的最佳武器。

天津乡绅在孔庙集会声讨，学子在书院罢课声援，天主教堂外很快聚集了超过一万名愤怒的百姓。百姓和教民发生了口角，进而推搡。出离愤怒的人们开始向教堂抛掷石块。

危急之下，教堂内的修女计划邀请百姓派代表进入教堂，实地验证传言的真伪。这不失为解决问题的好方法，但是被法国驻天津领事丰大业阻止（法国领事署在教堂的隔壁）。丰大业非但不想和平解决，还穿上礼服，挂上配枪，带人气势汹汹地闯入三口通商衙门，要求通商大臣崇厚调兵镇压群众。崇厚事后这样描述丰大业：“神气凶悍，腰间带有洋枪二杆，后跟一外国人，手持利刃……（我）告以有话细谈，该领事置若罔闻，随取洋枪当面施放，幸未打中。”崇厚惹不起，暂且退避。丰大业便“将什物信手打破，咆哮不已”。崇厚“复又出见，好言告以民情汹涌，街市聚集‘水火会’已有数千人，劝令不可出去，恐有不虞。该领事奋不顾身，云我不畏中国百姓，遂盛气而去”。

在衙门开枪逞威风后，丰大业又在返回的途中遇到静海知县刘杰。双方没说几句话，丰大业又是拔枪向刘杰射击，当场打死刘杰的家人刘七。

“法国领事开枪杀人了！”围观的百姓蜂拥而上，将丰大业及其随从西蒙群殴致死。消息传来，百姓呼喊着冲入天主教堂，扯烂法国国旗，打死法国神父、修女多人，并焚烧了教堂、育婴堂、法国领事署。英、美两国教堂受到池鱼之殃，也被愤怒的百姓烧毁。此外，骚乱波及外国商行，演变成全面的排外事件。外国外交官、神职人员、商人及其妻儿等，共计二十人被杀，还有数十位受雇于外国人的中国百姓遇害。遇害的外国人都被肢解，投入河中。震惊中外的天津教案至此酿成。

曾国藩的忍耐与务实

当时天津属于直隶省管辖。教案发生后，省城保定的直隶总督府就收到朝廷的急令，要求总督曾国藩速速前往天津查办刚爆发的大骚乱。

天津教案的关键人物——曾国藩就要登场了！

曾国藩，湖南湘乡人，是一个资质平庸的农家子弟。他原本极可能老死乡间，之所以能够飞黄腾达、位极人臣，主要得益于两点个人品行：一个是严格自律，另一个是积极务实。

曾国藩思想的底子是程朱理学，他“日三省吾身”，真正做到了“存天理灭人欲”的理学要求。后人纷纷叹服曾国藩的极端自律：如果恋床贪睡，不能黎明即起，曾国藩就骂自己“一无所为，可耻”；有时吟诗作赋、寻章摘句，没把精力用于经史等有用之学，他就骂自己好名，“可耻”；给地方官吏写信，亲切一点，就是“意欲饵他馈问”，“鄙极丑极”，提笔重写一封语气平淡的回信；有时和人清谈，争口头便宜，曾国藩则认为自己妄语，如果再犯“明神殛之”；听到黄色段子，“闻色而心艳羡”，曾国藩痛骂自己是“真禽兽”；如果看到女子在座心里激动，难免说笑了几句，曾国藩就自责：“放荡至此，与禽兽何异！”即便如此自律，即便在外人看来他已经是一个非常勤奋、刻苦、认真的人了，曾国藩依然始终处在谨小慎微、惊恐万状之中。他深知勤能补拙，于是手不释卷，“不敢片刻疏懈”；处理政务极为小心认真，“寸心兢兢，且愧且慎”。

正是凭借常人难以想象的忍耐力，曾国藩从小官下僚一步步升到了封疆大吏。当太平天国运动兴起时，清朝给许多人下达了办理团练的旨意。但只有曾国藩凭着“打碎牙齿和血吞”的忍耐，历经外人无从窥探的艰辛与挫折，硬是从无到有编练了湘军，镇压了太平天国。之前，太平天国占领了清朝的半壁江山，还派出北伐军直捣北京城，急得咸丰皇帝不得不抛出重赏，撂下狠话：不管是谁，无论是满人还是汉人，也不论是主子还是奴才，只要能攻克天京，就封他为王，哪怕是“铁帽子王”也可以封！如今曾国藩消灭了太平天国，按说要封他一个“世袭罔替”的王爷了，结果，咸丰的遗孀、掌权的慈禧太后反悔了，只封曾国藩为一等毅勇侯，而且老是担心湘军尾大不掉。掌权的慈禧太后见到曾国藩，最关心的就是：“你的湘军裁得怎么样了？”曾国藩见自己功高震主、遍布天下的湘军势力引起了朝廷的猜忌，他马上自我谦损，主动裁撤湘军，又顺从地离开南方老巢，出任直隶总督。他由此得到了朝野的一致称赞，到达了声誉的巅峰。

曾国藩把他的忍耐和务实，移植到了对外交涉中。身逢“三千年未有之大变局”，眼看着西方列强裹挟着坚船利炮和现代外交体制汹涌而来，曾国藩常常“忧患之余，每闻危险之事，寸心如沸汤浇灼”。

残酷的事实让曾国藩不得不承认中国落后了，没有实力与西方争取平等的地位，也没有实力去废除侵略者强加在中国身上的不平等条约。既然如此，曾国藩就主张遵守现有的条约、保持和局。他认为：“夷务本难措置，然根本不外孔子忠、信、笃、敬四字。笃者，厚也。敬者，慎也。信，只不说假话耳，然却极难。吾辈当从此字（信）下手，今日说定之话，明日勿因小利害而变。”弱者不要轻易挑战强者，不然挑战不成反而再取其辱。我们与其盲动，招惹更大的打击和屈辱，不如遵守现行外交制度，利用新的游戏规则来保护自己。这就是他信奉的“信”。

但是，曾国藩的思想超前了，沉浸在强烈民族情绪中的同胞们理解不了。

“信”，在时人看来是妥协、是退让，甚至是投降的代名词。即便是主流知识界也不认同曾国藩的外交思想。绝大多数人把对现实的排斥表现为对外国的仇恨，认为一切条约都是不平等的、一切西方外交制度都是不公平的，有些人甚至盲目排外。对列强愤怒的声讨、对外交不切实际的构想常常赢得一片喝彩，而大讲“诚信”“恪守和局”的曾国藩自然就不为多数人所认同。

但是，曾国藩不是投降派，他所说的“信”不是一味地退让，不是永远遵守强者的逻辑，而更像是韬光养晦。他说：“既已通好讲和，凡事公平照拂，不使远人吃亏，此恩信也。至于令人敬畏，全在自立自强，不在装模作样。临难有不可屈挠之节，临财有不可点染之廉，此威信也。”的确，一国的国际地位不在于装模作样，不在于华丽的口号或强硬的声明，而在于自立自强。曾国藩希望国家能够在和平的环境中，埋头发展，卧薪尝胆，以待来日。他之前低调地兴办洋务、引进火器、派遣留学生，都是在这一思想指导下进行的。

可惜，在朝野大多数人眼中，曾国藩的唯一缺点恰恰就是他的“恪守和局”“媚事外夷”。

接到朝廷的急令时，声望正隆、有“天下第一督”美誉的曾国藩已经五十九岁了，健康情况极为糟糕。他右眼失明，肝病加重，经常出现眩晕乃至昏厥。曾国藩在给儿子曾纪泽的家信中坦言：“十六日余患眩晕之症……十七、十八日病状如常，登床及睡起则眩晕旋转，睡定及坐定之时则不甚眩晕，仍似好人。”他的日记则记载：“床若旋转，脚若朝天，首若坠水，如是者四次，不能起坐。”这位叱咤政坛几十年的股肱之臣已然到了油尽灯枯的时候。

亲友、幕僚和下属纷纷劝曾国藩不要赴津。“阻者、劝者、上言者，条陈者纷起沓进”，幕僚史念祖提醒曾国藩天津骚乱异常复杂，“略一失足，千古无底”，去是下策，拖才是上策。曾国藩有充分的理由不去天津。当时，曾国藩正在“病休”之中。丰富的政治阅历和敏感的直觉已让曾国藩预感到天津险恶，查办骚乱毫无把握，弄不好就会惹祸上身，甚至拼却一生的功名。

但是，曾国藩抱着“我不入地狱，谁入地狱”之心，不顾身染沉疴，怀着深深的隐忧，开始了悲壮的天津之行。在出发的前两天，曾国藩写信给两个儿子说：“余此行反复筹思，殊无良策。余自咸丰三年（1853 年）募勇以来，即自誓效命疆场，今老年病躯，危难之际，断不肯吝于一死，以自负其初心。”

不可能的任务

教案发生后，慈禧太后给曾国藩下达了两项任务：“和局固宜保全，民心尤不可失。”既不能得罪洋人，又不能委屈百姓，这是多么冠冕堂皇的要求，又是多么美好的愿望啊！遗憾的是，它是不可能完成的任务。

远在北京城里的衙门老爷们，考虑问题“全面、细致、周到”，只要能推卸自身责任和压力，他们根本不考虑底下的实情和经办人的苦衷。他们虽然让曾国藩去第一线主事，却并不授予他全权。曾国藩没有直接的外交权力，每件事情都要“请旨办理”。朝廷为了表示“高度重视”此事，平均三四天就给曾国藩颁布谕旨，指手画脚。事实上，谕旨已经给曾国藩规定了具体善后措施：查办焚烧教堂、杀害洋人的凶手；查办处置不力的地方官员。

法国方面也提出了非常明确且异常强硬的要求。法国公使罗淑亚不仅要求惩治凶手，而且明说此案是天津地方官员主使行凶的，要求曾国藩交出天津知府张光藻、静海知县刘杰及天津总兵陈国瑞三人给丰大业抵命。如果不交人，罗淑亚扬言法国政府要派遣舰队远征中国，“便宜行事”。罗淑亚再三照会曾国藩要求上述三名中方官员抵命，并派翻译官德微里亚前来交涉。曾国藩置之不理，反问：“法使称府县主使，究有何据？”德微里亚口塞不能回答。

1870 年 7 月 8 日，曾国藩抵达天津。当时，教案虽然已过去二十天，但天津百姓依然激奋不已，满城嚣嚣。官民上下都强烈呼吁对外强硬，拒绝退让妥协。曾国藩的轿子在街头压根就走不动，拦轿递禀的官绅百姓填街溢市。曾国藩“每收一禀，其衣冠而来者，必数十或数百人”。潮水般涌来的人们不知道，在朝廷和法国的双重压力下，曾国藩并没有多少自主的余地。

曾国藩好不容易到衙门坐下来，天津地方官员又集体进谒。他们无一不主张排外，请求不惜一战，“或欲借津人义愤之师，以驱洋人；或欲联俄、英各国之交，专攻法国；或欲劾崇厚，以伸士民之气；或欲调兵勇，应敌之师”。曾国藩深切感到“天津士民与洋人两不相下，其势汹汹”。这是第三股压在曾国藩肩头的巨大压力。

不仅是天津官民，全国舆论都要求对外强硬。天津教案成了同胞们发泄积怨，倾吐对中外现状不满，表达对强盛的渴望的窗口。很多达官显贵看到民心激昂，还主张利用民心，干脆撕毁之前的一切合约，与列强再决雌雄。比如，皇叔、醇亲王奕譞就信心十足地认为，可以借教案激起的民间激情，将国土上的所有洋人都赶下海去。曾国藩先前镇压太平天国的丰功伟绩，在人们看来是可以复制到对外战争中去的。他们对曾国藩的“驱洋”“灭鬼”寄予了厚望。天津街头巷尾就到处传言，说皇上调曾国藩前来是为了驱赶洋人的。为此，曾国藩不得不贴出告示，表白自己此行只是“奉命查办”，绝对“不开兵端”。他希望能够“稍靖津人跃跃欲试之心”。舆论对曾国藩现在的期望有多高，日后的失望就有多深。

清廷似乎对全民舆论一无不知，屈从法国公使的要求，决心牺牲天津知府、知县。曾国藩只好遵命，“奏请”将天津知府张光藻、静海知县刘杰革职，交部治罪。暗地里，他吩咐善待两位官员，又让幕僚给二人家里送去三千两银子，作为一时之需。

当时天津百姓团结一心，气势如虹。不少涉案百姓被捕入狱，城内外都视之为英雄，人人为之串供；没有被捕的涉案之犯，家家为之藏匿。曾国藩抓捕凶手一事，万分棘手。民间却已经将天津教案作英雄史诗般理解，画图刻版，印刷斗方、扇面，到处流传。有人还将之编成戏曲演出，虽然很快被曾国藩查禁，但人心的向背可见一斑。

曾国藩设立发审局，日夜悬赏线索、缉捕犯人、审犯求供。即便如此，案件审讯进展缓慢，就连被审之人的口供都不能敲定。审案官员千方百计、严刑峻法，都不能让犯人供认一语，即便供认了犯人也时供时翻。涉案百姓表现出了崇高的民族气节，勇于担当，纷纷说：“只要杀我便能了事，将我杀了便是，何必拷供。”又说，“官办此案是国家的事，我等虽死亦说不得，但不能令洋人来辱我。”曾国藩为百姓们大无畏的爱国精神所折服，可又苦于百姓们设置的重重障碍，他感觉此案“节节棘手，越办越窘”。

北京衙门对曾国藩的劳累、苦楚视而不见，只看到案件迟迟不能了结，于是一日一函，语气越来越重，催促结案。“又要速，又要实，又要多，又要机密”，曾国藩的幕僚都认为朝廷“信笔豪言”，“何异痴人说梦”！

被抛弃、被唾弃的曾国藩

曾国藩已经决定牺牲百姓，来满足列强的要求了。他的内心经过了一番纠结和斗争：“吾辈身在局中，岂真愿酷虐吾民以快敌人之欲？徒以边衅一开则兵祸联结，累岁穷年而未有已。”他没有被狂热情绪所左右，依然冷静地做出务实的选择。

1870年7月25日，曾国藩的《查明天津教案大概情形折》送抵北京。

在奏折中，曾国藩虽然将板子打在了天津百姓身上，但同时提出了五个“质疑点”，详细解释了谣言越传越盛、天津绅民“积疑生愤”的原因。他从中西方文化差异的角度为天津官民辩护。比如，曾国藩指出西式建筑均设有地窖，这些地窖和中国人的地窖并无区别，但因为不是本地匠人建造，以讹传讹，天津绅民最后相信“地窖深邃，各幼孩幽闭其中”。又比如，曾国藩提到天主教的施洗仪式。教民死后，神父“以水沃其额而封其目，谓可升天堂也”。习惯用哭丧来表达悲伤的中国人对此无法理解，并且觉得洋人诡异、鬼祟。

应该说《查明天津教案大概情形折》大致是公允、客观的，然而，慈禧太后看了奏折后，表示“此事如何措置，我等不得主意”，下令将奏折公开发布。发布之时，慈禧故意删除了曾国藩为天津官民辩护的五点意见，导致整个奏章都在将责任推给天津百姓。奏折一公布，原本对曾国藩寄予厚望的舆论迅速转向，“卖国”“投降”“卑躬屈膝”等骂声劈头盖脸地向曾国藩扑去。

可见，慈禧并非“不得主意”，而是极富心机。她急令曾国藩去天津查办，将曾国藩推到台前，既为了解决棘手难题，又可让他替自己和朝廷承担所有的压力和指责，借此打击声望正隆的曾国藩和异军突起的湘军势力，可谓一箭双雕。慈禧轻轻地删除几段话，就把曾国藩钉在了“卖国”的耻辱柱上，洗刷了自己卖国的嫌疑，反衬出自己的“公正”与“爱国”来。至于之前催逼曾国藩查办天津官民的朝廷衮衮诸公，如今都三缄其口，任由曾国藩一个人陷入旋涡之中。曾国藩被身后的朝廷抛弃了！

曾国藩有口难言，无法自辩。他又不能说朝廷公布的奏折篡改了自己的意思，只好再一次“打碎牙齿和血吞”。亲友和幕僚则纷纷劝告曾国藩转换态度，讨好舆论。毕竟最终的处理结果还没有敲定，曾国藩还有奋力逃出旋涡自救的机会。曾国藩沉默了。

九月，曾国藩还是奏报清廷，定首批“要犯”三十二人，其中十五人正法，十七人流徙；十月又将九名“要犯”上奏，其中正法五人，四人充军。曾国藩根据“一命抵一命”的原则法则，拿二十条中国人命给被杀的二十名法国人一个

“交代”。朝野直斥此举荒谬。行刑之时，百姓万人围观，为就义之人壮行。市民高呼就义者“好汉”，“好汉”们也引吭高歌。屠刀一落下，举国哗然，可同时也堵塞了法国人的嘴。暗地里，曾国藩又派人一一抚恤死者家属[①]。地方官员张光藻、刘杰二人被革职发往黑龙江充军，曾国藩就写信给盛京将军、吉林将军，请求沿途予以照料；又写信给黑龙江将军，托付加意优待。此外，曾国藩还筹银一万余两，作为二人赎罪之费。

曾国藩自然料到自己忤逆民意大开杀戒，必将得罪舆论。但是他横下一条心，“但令大局不致从此决裂，即为厚幸；一身丛毁，实由智浅不能两全，亦遂不复置辩”。但是他没有料到，自己从此由道德圣人沦为举国口诛笔伐的对象。“诟詈之声大作，卖国贼之徽号竟加于国藩。京师湖南同乡尤引为乡人之大耻”，虎坊桥长郡会馆中悬挂的曾国藩“官爵匾额”被人击毁。湘籍士大夫集会，一致决定将曾国藩名籍削去，不承认他是湖南同乡。一个举子撰写了对联，刻薄挖苦曾国藩：“杀贼功高，百战余生真福将；和戎罪大，早死三年是完人。”湘军出身的王闿运对曾国藩也不理解，写信给曾国藩说：“国体不可亏，民心不可失，先皇帝之仇不可忘，而吾中堂之威望不可挫！宗社之奠安，皇图之巩固，华夷之畏服，臣民之欢感，在此一举矣。……倘中堂不能保昔日之威，立今日之谋，何以报大恩于先皇，何以辅翼皇上，何以表率乎臣工，何以惩乎天下后进之人！”在王闿运看来，曾国藩辜负皇恩与百姓，简直就是个士林败类、朝堂奸臣。

可是，激怒的同胞们似乎忘记了所有的措施都是经过朝廷“恩准”的。除了曾国藩这些无奈又严酷的措施，旁人身处他的位置又会如何作为呢？

曾国藩遭到了全国上下的唾弃，顷刻间从政治巅峰迅速滑落。他的身体状况也更加糟糕，晕眩加重，每日有精力的时间越来越短。可是他还不能休息。天津教案尚未完全料清，朝廷又急令曾国藩调任两江总督。原来，前任两江总督马新贻被刺身亡。这被普遍认为是一起政治谋杀，两江地区出现动乱征兆。慈禧太后又要曾国藩去当救火队员，把他推入满布荆棘的前台……

曾国藩在两江总督任上极少对外交涉，也极少发表见解，每天除了养病，

---

① 有传言说，被斩首的百姓中有自愿顶替赴死的死囚。

就是翻阅经书和史书。两年后（1872 年），曾国藩死在了任上。

时间往往是消除误解最好的工具。三十多年后，无论是中国人还是外国人都慢慢学会了如何理性相处。新一代的中国人意识到了西方文化和观念对中国发展的推动作用，付出一次次昂贵的“学费”后了解了“弱国更要讲外交”；而西方列强也认识到在中国简单粗暴地行事只能激化中外矛盾，有百害而无一利。进入二十世纪后，西方列强政府明令禁止本国传教士在中国“包揽词讼”，要求在华侨民自律。法国政府则宣布放弃对在华天主教堂的保护权。在华教会势力深入中国村社，注意缓和与中国人的矛盾，教案在中国也越来越少。

扩展思考：近代教案

1. 教案是近代史上的关键词之一。近代教案频繁发生，有的说是列强侵略造成的，有的说是中西方文化差异造成的，有的则指斥教会组织破坏了中国原有的社会结构。你如何理解教案频发的原因？

2. 如果你是曾国藩，请问该如何处理天津教案？有什么办法可以做到让朝廷、列强和激愤的老百姓三方都满意？

祸自内生
清王朝覆灭的三大内因

辛亥革命是一场相对和平的“低烈度革命”，对社会造成的破坏较小。一个突出的例子就是，革命席卷全国，但大江南北遭受战火的城镇极少，绝大多数人都是看客，平静地经历了末代王朝的倾覆和中华民国的诞生。枪响后，各级官府土崩瓦解，官员非降即逃，少数人还吓得不战不跑、手足无措，等着当俘虏。个别有想法的官员，试图抵抗一下，马上就被人围住了，不是手下人要求投降，就是立宪派们齐力鼓动他响应革命，咸与维新。没有人珍惜清王朝，更没有人流血流汗，捍卫这个王朝。

一个王朝覆灭的原因有很多，但王朝本身肯定出了严重的问题。内因决定事物的变化与发展。对于清王朝为什么覆灭，我们也要从清王朝身上去寻找原因。为什么当革命爆发后，偌大的王朝在几个月内就被朝野上下抛弃了?

晚清官僚的“殉节”

疾风知劲草，板荡识诚臣。艰难困苦，尤其是危急关头，特别能考验一个人对国家、对体制的忠诚。在君主专制的体制下，士大夫们食君之禄就要忠君之事，既然享受了体制的种种好处，就要为君主体制流血流汗。当王朝面临生死存亡、自己又无能为力之时，之前嚷嚷着“鞠躬尽瘁”“精忠报国”的“奴才”们，理应追随旧王朝、老主子而去，断不能生活在“不共戴天”的新王朝中。不管是上吊、跳崖，还是抹脖子、喝毒药，唯有如此才能表达自己高调挂在嘴边的“忠君爱国”之情，才能言行一致。在古代，这种自尽行为有种文雅的叫法：殉节。

对一个王朝来说，既然你宣称把老百姓从前一个朝代的“水深火热”之中解救了出来，爱民如子、发展国家，因此就应深受爱戴，既然你宣传本朝的思想观念深入人心，那么当你走向覆亡的时候，就一定会有官员、百姓为你挺身而出，慷慨就义或者从容赴死。不然的话，难道全天下人都是白眼狼，都忘恩负义？因此，王朝危亡之际殉节人数的多寡，关系到王朝的脸面，甚至是成败。这也是检验王朝是否得人心的试金石。

中国历史上，一朝亡一朝兴，有太多次的朝代更替，按说会涌现出很多的“忠臣”。可惜的是，每一代王朝覆灭之时，最稀缺的恰恰是“忠臣”。明朝崇祯皇帝吊死在景山上后，据说只有太监王承恩陪着上吊。全北京有超过三万名有正式编制的官员（超编的更多），为明朝殉节的还不到四十人——其中绝大多数还是被起义军杀死的，严格来讲算不上殉节。大多数官员争相迎接李自成入城，将之前口诛笔伐的“流寇”尊称为“洪武（朱元璋）再世”；没过几天，又是这批人，抬着皇帝仪仗去迎接入关的满人，向昨日的“蛮夷”下跪磕头了。明朝如此，其他朝代也好不到哪里去。南宋末期，元军兵临杭州城下，七十二岁的太皇太后谢道清，抱着六岁的宋恭宗赵㬎，看着一天比一天零落的上朝队伍，泪流满面，在朝堂上张贴出一道“前无古人，后无来者”的诏谕：“我朝三百余年，待士大夫以礼。现在皇上有难、朝廷岌岌可危，士大夫们降的降、跑的跑，尚在临安城的也在谋划着半夜携带家眷、细软跑路。你们平日读圣贤书，自诩如何如何忠君、如何如何爱国，却在这时做这种事，活着还有什么面目见人，死了又如何去见列祖列宗？”平日献忠心时，大小官吏们一个比一个会表现，恨不得“死”给上司和皇帝看，可真要他们为政权去死的时候（其实仅仅是“可能”去死），溜得一个比一个快。

大清王朝的最后时刻也同样凄凉。隆裕皇太后和溥仪小皇帝这对孤儿寡母，可怜兮兮地坐在空旷旷的太和殿上，主持了最后一次“朝会”。内阁总理袁世凯请了“病假”没来，由民政大臣赵秉钧代劳，带着屈指可数的几个大臣上朝。朝会只有一项内容，就是赵秉钧等人讨要小皇帝的退位诏书，说是“逼宫”可能更确切。接过退位诏书，赵秉钧等人没有哭，也没有下跪磕头，而是鞠了三躬后，不言不语就轻松地转身而去，只留下孤儿寡母继续孤零零地呆坐在大殿之上，眼看着紫禁城那厚重的大门缓缓地关闭，将清王朝推入无边的黑暗之中。

在紫禁城外，摄政王载沣高高兴兴地回家“抱孩子”去了，庆亲王奕劻父子带着搜刮的金银财宝逃往天津享福去了，肃亲王善耆几个月前就溜到“龙兴之地”奉天（1928 年后始称辽宁）“怀古”去了，其他皇亲国戚纷纷躲进东交民巷。袁世凯则从容剃去发辫，摇身一变成了民国的临时大总统；几天前还通电誓言“保大清保皇上”的北洋将领们正忙着量体裁衣，准备换装；至于北京城的一大帮子京官，则在关心自己在清朝的履历和奖励能否被民国政府承认。清王朝“恩泽广布”两百多年，临了却没有几个人为它殉节。

当然了，清朝的遗老遗少在编撰《清史稿》的时候可不这么想，他们罗列了不少“忠臣义士”来给逝去的王朝脸上贴金。不过细细考究起来，注水严重，其中不少人算不上是殉节。比如，辛亥年间，刚刚到任、坐上轿子还没来得及摆威风就被革命党人的炸弹炸得粉身碎骨的广州将军凤山，本质上是被暗杀的，不算殉节。又比如在起义中被乱兵打死的云南布政使世增、新军统制钟麟同等人，虽然算阵亡，但也是被动的，严格来讲也不算是殉节。必须是主动与革命为敌，顽固维护清王朝的统治，失败后被杀或者走投无路后自杀的，才算是殉节行为。由于在辛亥革命期间为清朝殉节的官员人数极少，所以我们能够在一篇文章中将这些人一一简介。

最应该殉节的是各地的封疆大吏们，包括总督、巡抚、将军、都统、提督、总兵等。他们受恩最重，得到的好处多，且守土有责。遗憾的是，他们中的多数人都像湖广总督端澂那样，还没见到起义军的影子，就带着家眷和细软开溜了；少数人则剪掉辫子，跳入革命阵营，咸与维新了。

地方大员中为清朝殉节的第一人是西安将军文瑞。他是满族人，在西安光复后固守旗城顽抗，城破后又组织满人巷战，战至八旗子弟死伤惨重。部下见败局已定，劝文瑞逃跑。文瑞说："吾为统兵大员，有职守不能戡乱，重负君恩，唯有死耳！"文瑞口授遗疏后从容整理衣冠，投井自杀。文瑞是清朝的世袭男爵，殉节是理所应当的。辛亥革命前后，社会上反满排满情绪严重，一度流传"杀尽满人"的谣言，因此不少地方的满人虽然早已不习鞍马，但为了身家性命依然拼命抵抗。文瑞的殉节可能也带有"自卫"的功利目的，"忠君报国"的色彩没有想象的那么浓。如果革命党人做好解释工作，礼遇满人，说不定文瑞也会选择和平缴枪——就像绝大多数满族军官所做的那样。西安左翼副都统克蒙额、右翼副都统承燕也自杀殉节。

辛亥革命中，满人激烈顽抗的另一座城市是福州。八旗子弟和起义新军在城内外爆发激战。满人、闽浙总督松寿在清军失败后，吞金自杀殉节，谥"忠节"。福州将军朴寿兵败后被俘，企图逃跑被即行正法，也算是殉节，谥"忠肃"。此外，珍妃的堂兄志锐在革命前夕出任伊犁将军。别人劝他别去上任，志锐毅然决然地跑到新疆上任，积极武装满族人和蒙古人，监视、压迫新军官兵，结果激发矛盾，在新军起义中被杀，也算是殉节。

在富庶的江浙地区，只有镇江副都统爱新觉罗·载穆一个人殉节。载穆是皇族，在辈分上还是溥仪的叔叔，殉节本是应当的。其实在八国联军攻破北京的时候，载穆就殉节了一次，只是被人及时救了回来，没死成。这一次，镇江城内外都热情响应革命，麾下的满族官兵都一心开溜或者投降，就剩载穆一个人还效忠皇帝，所以当载穆自杀的时候，再也没有人来救他了。据说，载穆死前还对左右说："吾上负朝廷，所欠止一死耳！"他可能是革命中唯一殉节的皇族成员。

署荆州左翼副都统恒龄的殉节，最热血激昂。当湖北革命旗帜飘扬的时候，恒龄选了一个早晨，穿戴好官服，端坐在堂上，拔出手枪对着胸口就是一枪，堪称壮烈。清朝追谥他“壮节”。他死后第三天，他的上司荆州将军连魁与同事右翼副都统松鹤就大开城门，投降革命党人了。同省的安陆知府桂荫顽抗了很长时间，最后起义军围攻知府衙门，劫走了他的印信，桂荫带着妻子富察氏逃入文庙，夫妇俩一同缢死在文庙大殿中。以上说的都是殉节的中高级满族官员。

第一个殉节的汉族地方大员是山西巡抚陆钟琦。不过，陆钟琦不是自尽，而是被起义军乱枪打死的。其实，陆钟琦在太原起义爆发时刚刚到任一个月，一直徘徊在顽抗、响应起义和挂印逃跑三个选择之间。突然起义爆发了，陆钟琦、妻子唐氏、儿子陆光熙和多名仆人被杀，孙子也被刺伤。陆钟琦阖门遇难，立刻被清政府树立为“正面典型”，说他“满门忠烈”。陆钟琦获谥“文烈”，陆光熙获谥“文节”，唐氏也得到旌表。其实，陆钟琦的儿子陆光熙是留学日本的新派人物，赞成革命，是来山西劝说父亲起义的，结果被起义同志误杀，还被清政府拿来当典型用了。

江西巡抚冯汝骙是个“淡定哥”。革命爆发后，他不战、不降、不跑，待在南昌纹丝不动。一方面，冯汝骙知道无力阻挡革命，不愿意与革命为敌；另一方面，他又念及朝廷的“恩遇”，不愿意响应革命，干脆以不变应万变。江西独立后，各派势力不仅没有动冯汝骙，还要推举他为都督。天上掉馅饼，冯汝骙却不能“淡定”了，溜出南昌向北方逃去。逃到九江，冯汝骙被起义军扣留，软禁在客栈。其实未必有生命之虞，冯汝骙却杞人忧天，服毒自杀了。江西独立时，他不在南昌殉节，起义军要推举他为都督，他却自尽在逃跑的途中，实在算不上是为清朝尽忠。清廷诏谥“忠愍”。

虽然殉节的汉族官员没有满族官员那么多，但在革命期间，抵抗革命军最有力的恰恰是汉族将领。比如，辛亥革命只在两个地方爆发了大规模的战争，一处是武汉，另一处是南京。在两地指挥清军顽抗的恰恰是两个姓张的汉族将领，武汉是张彪，南京是张勋。两人都出身贫寒，有着悲惨的童年和少年，青年从军，扛枪吃粮，不想在清末的乱世中平步青云，做到了封疆大吏。社会地位的巨大跃升，反而让这两个汉族穷人家的孩子对清王朝感恩戴德，卖力地组织抵抗。而那些出身豪门的官僚们，没有切身体会，对朝堂的感情也不深，该跑的跑，该降的降。在革命气氛浓厚的广东，就有这么个例子。潮州总兵赵国贤是河南项城的汉人，小时候靠佣耕为生，当兵吃粮后步步升至总兵。民军围攻潮州时，赵国贤率兵顽抗，失败后面向北方磕头说："臣以一介武夫受恩深重，待罪海疆二载，于兹力尽声嘶，外援不至。死不足惜，但苦吾民耳！"最后上吊殉节，谥号"忠壮"。

围绕着殉节问题，清朝官吏还上演了不少滑稽戏。下面讲两个"另类"的殉节笑话，都发生在武汉，主角也都是汉人。

武昌首义后，湖广总督端澂早就钻狗洞，跑到军舰上随时准备开溜了；湖北布政使连甲也不知道躲到哪儿去了。湖北省政府的第三把手、湖北按察使马吉樟闻变，却动起了殉节的念头。他不许家人收拾细软开溜，自己穿戴好朝服，捧着大印，来到按察使司衙门大堂坐定，下令打开衙门，就等着革命军上门，准备"慷慨就义"。开始还有衙门的幕僚、差役陪着马大人，很快他们就陆续开溜，只剩马吉樟一个光杆司令了；接着就有路过的老百姓，向衙门里探头探脑，好奇地看着呆坐在那的按察使大人，可能是把马吉樟当作唱戏的或者杂耍的了。偏偏就是革命军没来。按察使司是负责司法刑狱的，既不管军械，又没有钱粮，政府都没有了谁还在意前政府的法律呢？起义军压根就没把按察使司衙门当作目标。马吉樟等了小半天，硬是没等到"就义"的机会。倒是他的老婆、小妾们等不及了，拥到大堂上来，一看马吉樟傻愣愣的样子，哑然失笑。几个女流之辈七手八脚扒下马吉樟的朝服，扔掉大印，给他换上便装，然后带着早就收拾好的金银财宝，也开溜了。马吉樟拗不过妻妾们，最终没做成忠臣。说不定，马大人心底叫冤："我本欲殉节，奈何妻妾不从也！"不过既然能轻易被妻妾们改变主意，说明马吉樟本就不想殉节。

不想殉节的人，有太多的借口。除了"妻妾不从"外，还有"家有八旬老母"，或者"忍辱负重，重振朝纲"，等等。殉节成仁的理由只有一条，逃避的借口却有千万条。因此，变节者总比殉节者要多。

第二个"另类殉节"的人是原新编陆军第八镇步兵第十五协二十九标标统张景良。武昌起义后，张景良附和革命，还出任了湖北军政府参谋部副部长。

一次在军政府会议上，张景良突然大喊大叫，用头撞击黎元洪。革命军把他逮捕。不过黎元洪看好张景良，出面证明张景良只是暂时精神不正常，把他保释了出来。阳夏保卫战打响后，张景良出人意料地表示要到前线杀敌立功，还愿意以全家人作为人质。革命党人面面相觑，最后勉强同意张景良出任前线总指挥。张景良到达前线后，故意拖延时间，不做任何作战部署。后来，军政府发现部队混乱，就越级下令，代替张景良下达指令。革命军与清军展开了激烈的战斗，张景良这个前线总指挥弃军不管，还在相持的关键时刻突然放火焚烧军需物资，造成革命军弹药告罄，伤亡过大，节节败退。汉口保卫战的失利，张景良"功不可没"。事后，张景良在汉口找了个地方躲藏起来，被革命军发现后抓了起来，以"通敌"罪枪毙。

《清史稿·忠义传》记载："景良临刑夷然，仰天大言曰：'某今日乃不负大清矣！'"《清史稿》能够挖掘出张景良这么好的"典型"来，着实不易。可是，张景良的行为也算不上是殉节，而是超越殉节，上演了一场"无间道"。

需要指出的是，殉节是官员阶层的特权，而且还要是一定级别的官员。布衣之身是没有殉节的荣耀的。普通老百姓，或者基层的小官吏，即便是对王朝感情再深，殉节行为再慷慨再激昂再壮烈，朝廷也看不到，更得不到像中高级官员那样的哀荣。其实，普通人为国赴难表现出来的对王朝的感情才是真挚的、可贵的。所以，史官们在修前朝史书的时候，留意挖掘基层的殉节故事，借此证明王朝恩泽深入民心。《清史稿》也不能免俗。遗憾的是，基层人物极少有为清朝殉节的，史官们好不容易才找到一个叫作胡国瑞的人，载入《清史稿》中。

胡国瑞，湖南攸县人，举人出身。清王朝对长期考不中进士的举人有一项"大挑"的制度，就是挑选那些能写官样文章、满口官话且长得就像是个官的人当官。光绪二十九年，胡国瑞就被挑中，分配到云南候补。之后几年，胡国瑞在云南当过几个穷地方的官，都是些短期的小官。晚清官场竞争激烈，当官不仅要拼关系、拼人脉、拼金钱，还要拼智慧、拼说话、拼表现。那些没钱没背景，不会说话也不会表现的人，就只好在小官下僚的职位上徘徊，在穷乡僻壤屁股还没坐热就被调任、闲置、候补。胡国瑞不幸就属于这类混得不好的小官。辛亥革命爆发时，胡国瑞已经被解职了，准备"修墓归里"，也就是混不下去要回湖南了。当地讹传北京城破，胡国瑞就跳井自尽了。这么好的一个案例，自然要被载入《清史稿》。书中记载，胡国瑞还在背上写下遗书（不知道他是怎么写上去的），说："京师沦陷，用以身殉。达人不取，愚者终不失为愚。"胡国瑞自认"愚者"，的确没错。那些聪明的"达人""达官"们在清朝官越当越大、缺越补越肥，赚了金山银山，革命发生后又安然脱身，享下半辈子的福去了，或者混入革命阵营继续当官，反倒是胡国瑞这样的"老实人"，孤独地去为一个并没惠及自己多少恩泽的旧王朝殉葬去了。不知胡国瑞孤零零地走在黄泉路上，会不会感慨：知府、道台、巡抚大人们怎么都没来呢？

殉节的人少，也就意味着革命的阻力小。枪声响起，清朝各级官员望风而逃，地方政府土崩瓦解。辛亥革命之所以能够以较小的代价完成，这场革命之所以被称为一场"低烈度的革命"，很大程度上还要感谢那些贪生怕死、落荒而逃的清朝官吏们。

体制内部信仰缺失、口是心非、鲜廉寡耻的官僚，实际上也是政权的敌人。相比于体制外的敌人，这些内部的敌人更加危险。因此，对于一个健康的体制来说，剔除内部的无耻官僚，至关重要。如何遴选出戴着面具的官员，如何真正将意识形态融入体制的血液中，考验着每个政权的自信、智慧和能力。

被荒废的八旗子弟

有一个笑话，说的是几个八旗军官的孩子在"拼爹"。一个孩子说："我爸有只白雀，叫得可响、可脆了！"一个孩子说："我爸会唱戏，他登台唱戏，下面叫的彩排山倒海！"第三个孩子对第一个孩子说："你家养白雀的鸟笼子，是我爸扎的。"又对第二个孩子说，"你爸登台那回，是我爸带人去捧的场儿。"三个孩子问第四个孩子："你爸会干吗？"第四个孩子高声说："我爸会骑马！"前三个孩子一齐竖起大拇指说："你爸最牛！"

请注意，这四个孩子的父亲，都是军官。不管这四个爹哪个最厉害，都是莫大的讽刺，对大清王朝来说都不是什么好事。

这笑话说的是晚清的事儿，反映了八旗武装腐朽没落的事实——当时杭州上万八旗子弟，还真只有一个人会骑马。1911 年，革命青年温生才单枪匹马刺杀广州将军孚琦，上演了一场现实版的“笑话”。光天化日之下的广州街头，温生才手持枪械，冲到重重护卫的孚琦的轿子前，开了第一枪。孚琦并没有被射中要害，大喊救命。周围的八旗亲兵、护卫竟然“相顾错愕”，茫然不知所措。温生又对准孚琦头部，开了第二枪，孚琦这才毙命。温生才不放心，又补了两枪。等他确认孚琦已死再环顾左右的时候，惊喜地发现：数十名亲兵、护卫早已经逃散一空了！最后，温生才从容地走过大街小巷，逃出城去。

事后，孚琦的夫人要追究卫队官兵的责任。他们护卫将军有责，竟然听任刺客连开四枪，又逃散一空，不算临阵脱逃，也算是失职吧？负责的一名标统（相当于团长），也是八旗子弟，为此忧虑得昏厥倒地，家人好不容易才把他灌救过来，闹出了第二个笑话。孚琦夫人见此，不得不大事化小，不再追究。

孚琦遇刺后，满族官吏闭门谢客，轻易不上街，偶尔上街也加强戒备，携带重兵护卫。那些当兵的旗人，很不愿意护卫长官出巡，担心自己被连累死于革命党人枪下。一次，福州将军朴寿外出，那场面搞得像军事演习一样。一大群荷枪实弹的八旗官兵，团团围住朴寿的轿子，在福州街头搜索前进。突然，一声枪响！朴寿吓得三魂出窍，摸摸身上没事后大喊“救命”；护卫旗兵不是卧倒在地，就是跑到街边躲避。这场闹剧的起因只是一个护卫士兵精神过于紧张，手枪不小心走了火。一声枪响，把官兵们纸老虎的本质暴露无遗。不知道能征善战的八旗祖先们看到子孙这个熊样，作何感想？

八旗子弟崛起于白山黑水，由弱变强，以几万之众，最后蛇吞象一般占领了大江南北，建立了大清王朝。时人夸耀说，“满洲兵至万，横行天下无可敌”。怎么才过了两百多年，当年的铁骑就变成草包了呢？

这都是旗人咎由自取。当年，清朝全靠八旗铁骑南征北战，才夺得江山，王朝建立后还得依靠八旗军队控制天下。入关后，清朝规定八旗子弟专事武装，不得从事其他行业。八旗武装除了守卫北京城（京师八旗）外，还扼守天下重镇、要害，称驻防八旗。驻防八旗的“户口”“编制”都在北京，本质上算是中央外派地方工作人员，还会被调回北京或者调防他处。这套驻防制度的本意，是保持八旗子弟的武力，依赖精干的八旗武装巩固统治。

为此，清朝给予八旗官兵稳定、丰厚的待遇，免除他们的后顾之忧，让他们专心当兵。一个有编制的八旗士兵，一个月能拿到三四两银子的俸禄，和县官是同一水平。此外他们还有很好的福利，如广州驻防八旗兵还有红白事赏银、蔬菜、食盐等。这些待遇是终身的，只要当过兵一生都能领取钱粮。八旗兵死后，妻子幼儿的生活也由部队负责。只要有一人当兵，就可以保证一家人生活无忧。此外，八旗子弟还有大量“当差”的机会，如押送、工程、庆典等，除了能拿补贴，还有不菲的“灰色收入”。海关的关丁、漕运的漕丁和盐运的盐丁等差使，规定只能由八旗子弟担任。这些可都是肥得流油的好差使。可以说，八旗子弟在理论上根本不用愁生计。每个旗人家庭都能从体制中获得一份稳定、丰厚的收入。

以上还只是一般的工作，或者说是留给底层旗人的基层岗位，就已经让为生计奔波的汉族人羡慕了。旗人但凡有点能力，能写几个字，更有大把升迁的机会。比如，汉人和旗人的科举是分开的，满族科举的竞争大大小于汉族科举。考不上，旗人还可以去各个衙门抄抄写写，称笔帖式，给编制给品级，有大把大把升迁的机会，成为封疆大吏的不在少数。不认字的，可以参选紫禁城、各王府和达官显贵的侍卫，那也是有品级的，而且还不低。

清朝官制中特别有“缺”的规定，即对很多岗位有民族要求。如六部尚书必须满汉各一人，侍郎满汉各两人，这自然对人少的旗人有利。很多岗位干脆就专供旗人，如内务府系统。

在清朝，旗人一出生，就捧上了铁饭碗。用他们的话说是“铁杆子庄稼”。稍微像样一点，就能混上知府、知县、主事什么的；即便一辈子当兵，退休前也能落个一官半职。

这套制度在执行的时候，很快就走了样。什么都不做，就有体制保障，能一辈子衣食无忧，那谁还去学习、去做事啊？八旗子弟迅速懒惰下来，悠游无事，进而养尊处优，每月等朝廷发一份钱粮来花销。反正大家都一样，干好干差，干与不干，人人都领一份“月钱”，结果谁都不去操练，也不去关心时事了。

八旗军队战斗力迅速下降。入关的时候，八旗军队冲锋在先，战绩辉煌；二三十年后吴三桂造反，八旗军队就要拉绿营（汉族军队）共同行动了，八旗为主，绿营为辅；等洋人打进来的时候，八旗军已经打不动了，不得不以绿营为主，八旗为辅；太平天国造反的时候，八旗军彻底不行，先是绿营为主，后来又让位于地方武装团练。湘军、淮军就是在此时兴起的。之后，八旗军在军事上就彻底边缘化了。

与此形成鲜明对比的是，八旗军队的开销越来越大。比如，各地驻防八旗最初核定编制都是几千人，超过五千的极少。到近代，每一地的驻防八旗都超过了万人。打仗不行，队伍却飞速膨胀。旗人拖家带口，把当兵、当差变为一份职业，一个生存的保障。朝廷规定，驻防官兵不准于当地置产，死后不准于当地设立坟茔。这规定在现实中却成了一纸空文，八旗子弟该安家的安家，该娶小妾的娶小妾。他们连操练都不当一回事了，还会在乎军纪吗?

不干事，旗人们都干吗去了？人家忙着呢！泡茶馆、养宠物、玩票、赌博、斗蟋蟀、放风筝、玩乐器、扎风筝等。汉人吃喝玩乐、休闲游戏的事情都学会了，还自创了许多娱乐形式——对中国民间文化来说，旗人立下大功。围绕驻地，旗人聚居，形成“旗城”，自成体系，有别于其他城区。

慢慢地，不少旗人还是变穷了。一方面是家族繁衍，人口越来越多。但是这个体制能够提供的铁饭碗是有限的，不能吸纳快速增长的旗人人口，注定有很多人补不了缺、当不了差，“闲散”下来。另一方面，也是更主要的，是旗人只会享受，不会理财。月钱和其他收入，如果好好计划，完全可以保证一家人的正常生活，却经不住天天吃喝玩乐。由俭入奢易，由奢入俭难，旗人一旦养尊处优惯了，花销就越来越大，又不事生产，自然入不敷出，生活窘迫了。不过，他们普遍不在乎。只要清朝不亡，铁杆子庄稼就在，“月钱”还得发。旗人们仗着特权身份，到处赊账，竟然变成一项时尚。明明口袋里有钱，也要赊账；明明揭不开锅了，还是下馆子逛戏院，似乎唯此才能彰显身份。

满族出身、父亲在紫禁城当兵的老舍先生，写有自传性质的《正红旗下》，生动地描述了清末北京城旗人的生活状态。老舍大姐的公公和婆婆，就是一对“活宝”。

大姐的公公“除了他也爱花钱，几乎没有任何缺点。我首先记住了他的咳嗽，一种清亮而有腔有调的咳嗽，叫人一听便能猜到他至小是四品官儿。他的衣服非常整洁，而且带着樟脑的香味，有人说这是因为刚由当铺拿出来，不知正确与否”。

“无论冬夏，他总提着四个鸟笼子，里面是两只红颏，两只蓝靛颏儿。他不养别的鸟，红、蓝颏儿雅俗共赏，恰合佐领的身份。只有一次，他用半年的俸禄换了一只雪白的麻雀。

“亲家爹虽是武职，四品顶戴的佐领，却不大爱谈怎么带兵与打仗。我曾问过他是否会骑马射箭，他的回答是咳嗽了一阵，而后马上又说起养鸟的技术来。这可也的确值得说，甚至值得写一本书！看，不要说红、蓝颏儿们怎么养，怎么遛，怎么‘押’，在换羽毛的季节怎么加意饲养，就是那四个鸟笼子的制造方法，也够讲半天的。不要说鸟笼子，就连笼里的小瓷食罐，小瓷水池，以及清除鸟粪的小竹铲，都是那么考究，谁也不敢说它们不是艺术作品！是的，他似乎已经忘了自己是个武官，而把毕生的精力都花费在如何使小罐小铲，咳嗽与发笑都含有高度的艺术性，从而随时沉醉在小刺激与小趣味里。

“大姐的婆婆口口声声地说：父亲是子爵，丈夫是佐领，儿子是骁骑校。这都不假；可是，她的箱子底儿上并没有什么沉重的东西。有她的胖脸为证，她爱吃。这并不是说，她有钱才要吃好的。不！没钱，她会以子爵女儿、佐领太太的名义去赊。她不但自己爱赊，而且颇看不起不敢赊，不喜欢赊的亲友。虽然没有明说，她大概可是这么想：不赊东西，白作旗人！

“对债主子们，她的眼瞪得特别圆，特别大；嗓音也特别洪亮，激昂慷慨地交代：‘听着！我是子爵的女儿，佐领的太太，娘家婆家都有铁杆儿庄稼！俸银俸米到时候就放下来，欠了日子欠不了钱，你着什么急呢！’这几句豪迈有力的话语，不难令人想起二百多年前清兵入关时候的威风，因而往往足以把债主子打退四十里。不幸，有时候这些话并没有发生预期的效果，她也会瞪着眼笑那么一两下，叫债主子吓一大跳；她的笑，说实话，并不比哭更体面一些。”

近代外国人观察八旗军队，描述他们是一群穿着五颜六色的绫罗绸缎，提着烟枪、鸟笼，哼着曲子，嘻嘻哈哈的老百姓。他们的马雇人牵着，枪雇人扛着，做个样子罢了。就是当差的关丁、盐丁，也不自己干了，早就雇了下人去顶包。不得不操练或者“干部选拔”考核的时候，旗人也雇枪手。铁杆子庄稼是拔不了的，多少人靠形式主义混饭吃，于是考场上大家都睁只眼闭只眼，你好我好大家好。罗锅、瘸子、聋人，都挤入军队。加上腐败，坐吃空饷，挥霍浪费。八旗军队成了养老院、福利院。

最可怕的是，旗人们坐吃山空，还理直气壮，觉得被人养着就是理所应当的。“以大姐的公公来说吧，他为官如何，和会不会冲锋陷阵，倒似乎都是次要的。他和他的亲友仿佛一致认为他应当食王禄，唱快书，和养四只靛颏儿。”一些有识之士，也觉得游手好闲，坐吃山空不是办法，也有去学习手艺的。但是这样的人，反而受旗籍人的冷眼，认为他们没有出息。少数旗人，也想抛弃铁饭碗，自立自强，或者生活难以为继，想学门手艺，做个小买卖，养家糊口。不过，他们都偷偷摸摸的，像在做见不得人的事儿。一旦担着货担撞到熟人，他们得说：“嗨，闲着没事，来玩玩！”“这不是买卖，就是个玩意儿。要不，您也来吆喝两声？”

供养八旗子弟成了清朝的沉重负担。各部八旗长官，最担心的不是军队战斗力，不是军纪，而是如何养活那么多张口。开支越来越大，朝廷的拨款是一定的，只能出现亏空，整个部队、整个体制都拆东墙补西墙，不堪重负。每当发钱粮的时候，就是长官们最头疼的时候。钱粮发得迟了，或者成分不好，就有旗人找上门来闹，吹鼻子瞪眼，大喊“祖宗把血和汗都流尽了，我们就该拿份铁杆子庄稼”，大叫“贪官无道，侵害良民”。官府还得好言相劝，不敢得罪。日子长了，赊账多了，透支重了，高低贵贱的旗人都牵涉其中，一致要求“解决生活困难”，朝廷或者地方政府就得出面，接下旗人们的烂账，拿公款补贴旗人的私债。

清政府在后期征收很重的税，相当一部分用来养活游手好闲的旗人了。

然而，大清王朝供养八旗子弟，维持他们高标准的生活是有条件的，就是指望他们在危难时刻保卫朝廷。晚清内忧外患，就需要八旗子弟出来“还债”，保卫朝廷了。清政府也很重视八旗军队的改良，引进先进武器，希望训练出近代化的八旗武装。退膛炮代替了旧式大炮，崭新的步枪代替了大刀，最新出厂的马克沁机枪代替了长矛，清政府把最好的武器拨给了八旗子弟，结果怎样呢？照样是形式主义，枪是领了，但被旗人锁在柜子里，看都没看；等到钦差大臣来阅操的时候，不得不杵着枪，站一会儿。建制是新的，训练是新的，办的差使也是新的，但旗人还是雇人去出操出工。辛亥革命爆发时，很多旗人连射击都不会，谈何抵抗？

一些长官也想有所作为。在革命前夜，他们多少感觉到了危险临近，不得不整顿军队，预做准备。在革命风起云涌的广州，驻防八旗编练了三个营新军，将近两千人。练了两年，广州将军搞实弹射击，下死命令，要求必须是旗人亲自射击。结果场面乱成一团，多数人雇人来装填弹药，只有少数人会开枪，至于能射中靶子的人，屈指可数。

不过，不知情的革命党人和新军官兵对装备先进的旗人还是很忌惮的，在战术上很重视旗人武装。毕竟旗人占着要害重镇，那黑洞洞的炮口、明晃晃的钢枪，都在那摆着呢！弄不好，要牺牲好多革命同志。结果，他们发现旗人压根不足为虑。多数旗人在枪响后，都乖乖待在家里，静候新政权来收编。少数旗人跑出家门，一哄而散。只有个别地区的旗人武装，担心反清排满风潮，害怕汉人也来个“扬州十日”“嘉兴三屠”，所以拿枪顽抗。革命军发现，对付顽抗旗人最好的办法，就是找掩体藏好，听旗人噼里啪啦地放枪。等旗人子弹打完后，他们就会竖起白旗投降。旗人射击根本没有准确率可言，只要不被流弹击中，革命军就可以保证零伤亡。如果等不及听完“枪炮交响曲”，你只消用猛烈的火力压制一下，旗人也会投降。以致个别想抵抗的军官，无兵无将，无法“杀敌报国”。镇江的载穆就有心抵抗，奈何部下旗人全都要求投降，他只好一个人孤单地上吊殉节去了。

京师八旗的兵额最多，装备也好。尤其是禁卫军，在各支八旗队伍中算是先进的。皇室用它来贴身护卫。南北和谈达成，禁卫军兵心不稳。他们倒不是要挽救清王朝，而是担心清朝没了，自己当不了禁卫军，没了月钱和待遇。身为统领的冯国璋只好拿着《优待清室条件》，集合全体禁卫军官兵训话。他详细说明皇室和八旗子弟的待遇不变，禁卫军照常当差，不会有变动。官兵还是出现骚动，哭泣声、叫骂声不绝，甚至有人持枪拔刀，大声鼓噪起来。冯国璋以性命担保，承诺与禁卫军进退一致。官兵们不相信，骚动愈演愈烈。最后，冯国璋登台高呼，如果大家不信任，可以推举两个人持枪日夜守在我身边，如果发现有违背诺言之处可以立刻将我击毙。禁卫军这才慢慢安静下来，平静接受了王朝覆灭的事实。之后，禁卫军被改编为陆军第十六师，冯国璋守信用，一直保证这群老爷兵的“待遇不变”。结果，由京师八旗改编而来的第十六师，上阵不行，闹饷在行，成了直系军阀的一大负担。

辛亥革命能够以很小的代价，相对和平地成功结束，旗人们也有一份“功劳”。革命党人如果事先降低一下排满的宣传调子，突出一下“五族共和”，申明保护旗人生命和财产安全，估计连那一小部分抵抗的旗人也会静静待在家里，等待新政权来收编。旗人对革命的“功劳”也会更大。

清朝的覆亡自然有多方面的原因，八旗子弟的马虎糊涂、懦弱无用，不能不说是重要原因。

八旗子弟是被王朝体制废掉的一群人。一个人不是凭真才实学，凭艰苦奋斗，而是凭血缘关系获得稳定的收入，躺在一个体制上闲逸度生，坐享其成，换作你，人生也会被废掉，虚度终生。八旗子弟荒废的悲剧，给后世的制度设计、人事激励等都提供了宝贵的教训。

既得利益者的自私改革

客观地说，在中国历朝历代当中，清朝的表现还算是比较优秀的：历届皇帝都很勤勉。清朝的中央集权和君主专制达到了历史巅峰，皇帝们在工作量大增的情况下，没有罢工、旷工，也没有把工作量推给身边的太监，甚至连荒淫无道、低能弱智的皇帝都不曾出一个，相当不容易；清朝尊崇儒学，弘扬儒家思想，并以此自我约束，公开承诺“永不加赋”，还真的在法律上、明面上做到了低税赋；清朝经济繁荣，保持了两百年的社会稳定。从明朝后期开始，中国人口开始急剧增长，清朝不仅比之前的朝代多养活了几亿人口，还贡献了传统社会的最后一个盛世：康乾盛世。

尽管清王朝表现优秀，但它却是口碑最差的王朝之一，差到可以用臭名昭著来形容。后人一想到专制王朝的反动、黑暗和腐朽，脑海中就会浮现出清朝来。人们熟悉的是，近代中国积贫积弱，清政府面对颓势，束手无策，让国家任人宰割。后人普遍认为，清王朝要为近代中国跌入悲惨的深渊、错失发展的良机负责。更恶劣的是，清王朝在晚期屠杀追求变革的仁人志士，与多场变革运动为敌，仿佛逆历史潮流而动。这些都让后人对它没有好感。总之，清王朝是个传统意义上的好王朝，却不是现代标准下的好朝代。

“改革”，是晚清的关键词。即便是满族统治阶层，在内忧外患之中，也认识到非改革不足以挽救统治了。就连被很多人视为顽固派头子的慈禧太后，也“何尝不许更新”。她扼杀了维新变法，却主导了清王朝最后十年的新政运动；她废除了维新派的变法主张，但她自己走得比维新派还要远，就连维新派不敢提出的“设议院”“立宪法”，慈禧也下令实施了。在 1901 年 1 月 29 日颁布的新政上谕中，慈禧把话说得很明白：“世有万祀不易之常经，无一成不变之治法。”“法敝则更，要归于强国利民而已”，她也是希望变法图强的，毕竟国家强盛也符合慈禧及其满族权贵的利益。她在上谕中坦率说道：“误国家者在一私字，祸天下者在一例字。”

晚清改革搞得热火朝天，却没有巩固清王朝的统治，而是引发了更多的问题，把王朝引向了毁灭。改革官制、裁撤机构、清退冗员、废除科举、鼓励留学、兴办实业、颁布新律，晚清似乎在向现代社会靠拢。难能可贵的是，清政府高举“君主立宪”大旗，敕令建立了各级代议机构，制定了宪法大纲，主动进行着政治体制改革。最后在革命党人的炮火中，摄政王载沣还代表爱新觉罗皇室，宣誓遵守“宪法重大信条十九条”。大范围、深层次的全面改革为什么会把改革者拖入死亡旋涡呢？

改革，意味着某种程度的妥协。为了更高、更大的利益，一些群体或者机构要放弃部分既得利益。高度集权和君主专制已经被证明不能挽救国家危亡，民主和共和成了时代发展的潮流，那么，为了国家富强和民族复兴，掌权专政的满族权贵就要适当放弃部分权力。而权力，恰恰是他们紧紧攥在手里，不愿意放弃的。

慈禧太后富有政治阅历和权力手腕，长期的政坛搏杀让她异常珍惜手中的权力。慈禧等满族权贵还非常看重列祖列宗的江山社稷，希望能永享特权。他们改革的首要目的是维护占人口少数的满族人的利益，其次才是富国、强民等。比如，晚清用人不重真才实学，多用“苗正根红”之辈，“官二代”“爵二代”当道。慈禧临终时，将政权和改革大业推给了不到三十岁的载沣。为什么选择载沣？载沣胞弟载涛的判断是：“载沣是我的胞兄，他的秉性为人，我知道得比较清楚。他遇事优柔寡断，人都说他忠厚，实则忠厚即无用之别名。他日常生活很有规律，内廷当差谨慎小心，这是他的长处。他做一个承平时代的王爵尚可，若仰仗他来主持国政，应付事变，则绝难胜任。慈禧太后执掌政权数十年，所见过的各种人才那么多，难道说载沣之不堪大任，她不明白吗？我想绝不是。她之所以属意载沣，是因为她观察皇族近支之人，只有载沣好驾驭，肯听话，所以先叫他做军机大臣，历练历练。慈禧太后到了自知不起的时候，光绪帝虽先死去，她仍然贪立幼君，以免翻她从前的旧案。但她又很明白光绪的皇后（即后来之隆裕太后）亦是庸懦无能、听人摆布之人，绝不可能叫她来重演‘垂帘’的故事，所以既决定立载沣之子为嗣皇帝，又叫载沣来摄政。这仍然是从她的私见出发来安排的。”在慈禧等人看来，人的能力可以培养，经验可以积累，而“根正苗红”的出身却不是人人都具备的。这是他们的“私见”。这种任人唯亲的用人方针，注定了清王朝得不到多数人的认同和支持。

载沣上台后，一大群年轻气盛、轻率妄为的满族王公窃据了要职，成了改革的领导者。载沣组成“兄弟连”集体亮相，外行掌大权，内行靠边站。对军事一窍不通的皇亲国戚占据要职，小材大用；有军事才能和带兵经验的铁良、萨镇冰、良弼等人则退居其次，大材小用。

清末新政的一大重要举措是成立贵胄法政学堂，招收王公世爵四品以上宗室及现任二品以上京内外满、汉文武大员的子弟入学。此举名义上是提高满族权贵的法律和政治素质，服务新政改革，实则不然。内阁学士、宗室宝熙在给慈禧太后、光绪皇帝的奏折中坦言：“我朝本周室亲亲之仁，列爵十四，锡封五等，屏藩带砺，历久常昭。宪政实行，此项亲贵皆须入上议院议事。若复懵于学识，于外交、内治一切未谙，将来非故与下议院反对，即不免与下议院附和雷同，驯至才望轩轾，政策失平，不独与宪政阻碍甚多……所以培植上议院才人意极深远。”一语道破天机，清政府的种种改革就是为了“皇权永固”，为了满族权贵能够永远掌握政权。

除了权力贪婪外，满族权贵还以改革之名，行揽权牟利之实。他们迫使汉族地方实力督抚的代表袁世凯开缺回籍，由摄政王载沣亲自出面掌握全权，出任了新的“全国海陆军元帅”。改革后的新政府规定各省拨款均需户部核定，并成立盐务处，架空各地盐运使，控制财权；将开矿、修路等权力都收归中央，控制经济命脉。引发辛亥革命的导火索“铁路国有”政策，也是改革后的内阁的决策。不用说，这些新实权机构、官办事业都掌握在“官二代”“爵二代”及其少数亲信手中。从清朝中期后，地方势力就上涨了，中央政府实权下降。新事物涌现，新的力量已经茁壮成长，晚清政府却想以贫弱之躯，不顾分权之实，重温集权专制之梦。这就激化了政府和社会、中央和地方等各种矛盾。

重新集权最大的受益者是那些新晋王公大臣们。他们把改革当作自我表现、自我享受的盛宴。改革的成果没有被百姓所共享，成本却要由百姓们承担。改革的成本应该由全社会承担。满族权贵们不去多方筹措资金推动改革，只会一味地增加百姓的负担。正如梁启超在革命爆发前的1910年指出的：“教育之费取之民也，警察之费取之民也，练兵之费取之民也，地方自治之费取之民也。甚至振兴实业，所以为民间维持生计者，而亦徒取之民也。民之所输者十，而因之所得者二三，此十之七八者，其大半皆经由官吏疆臣之首，辗转衔接，捆戴而致诸辇下矣。”这样的改革，即便成功了，也不会得到广大百姓的支持，只会加剧社会裂痕，激化矛盾。

少数满族权贵幻想如此自私的改革能够保住祖先的千秋功业，留给子孙一个稳固的江山。但是，变革一旦启动，哪怕只是向前迈出了一小步，它就会像射出去的箭一样，由不得揭幕者、弓箭手的意愿了。改革很快脱离了满族权贵们预想的轨道，孕育出了新式知识分子、商人群体，加速了近代社会思潮的传播，产生了更多的矛盾和问题。五光十色、汹涌澎湃的变革大剧，轰轰烈烈地上演，你要么顺应潮流，参与到变革中去，要么被变革的浪潮吞没，成为历史。

直到革命爆发时，满族权贵们仍不明白这个道理。

政治学家托克维尔在分析法国波旁王朝覆灭原因的时候说："革命的发生并非总因为人们的处境越来越坏……人们耐心忍受着苦难，以为这是不可避免的，但一旦有人出主意想消除苦难时，它就变得无法忍受了。当时被消除的所有流弊似乎更容易使人觉察到尚有其他流弊存在，于是人们的情绪便更激烈，痛苦的确已经减轻，但是感觉却更加敏锐。"这段话移植到晚清身上，同样很有解释力。

晚清的十年改革，最终走到了改革者——满族权贵们的反面，成了埋葬他们的洪水猛兽。"计划之外"的大革命在 1911 年爆发了。

"误国家者在一私字，祸天下者在一例字。""例"，慈禧等人倒是破了，"私"，他们始终没有放下，因此最终误了国家，也断送了祖宗的江山社稷。清王朝难逃覆灭的噩运。

┃ 扩展思考：王朝覆灭 ┃

1. 清王朝横跨了古代和近代史。清朝的灭亡，既可以找到王朝覆灭的传统原因，也能找到之前王朝没有遭遇过的问题。你能为清朝的覆灭找到什么传统原因，找到什么新式原因？

2. 传统和新式，到底哪方面的原因主导了清朝的覆灭？如果鸦片战争及其之后的近代事件都没发生，如果清朝始终停留在古代，它会这么快灭亡吗？

地缘政治
地理上的中国历史规律

中国古代历史上有许多事件，似乎都和地理因素有关。比如，中国的统一战争往往是从北向南打的，一般是北方政权吞并南方政权；比如，某些地区在很多朝代都是“兵家必争之地”，战火不断，而另外的地区仿佛是“打酱油”的旁观者；又比如，乱臣贼子特别中意个别地区，在那里搞分裂活动，进行武装割据，这一点在四川地区尤为突出。

那么，中国历史发展是否存在特定的地理规律？

这一点，我们可以借用国际政治学中的地缘政治理论进行分析。

和许多现代的社科理论一样，地缘政治理论首先由西方理论界明确提出，并在西方得到了系统、完备的发展。该理论考察地理因素对政治的影响。中国古代历史中存在丰富的地缘政治思想和实践，但是学术界缺乏对古代历史发展的地缘政治考察。西方地缘政治的一个鲜明特征就是细化出地理概念和政治区域，进而考察不同区域的互动对政治发展的作用。中国历史上是否存在不同的历史区域？这些历史区域间的互动是否存在规律？

条条块块的中国

我们先来看看，广袤的中国领土能否被划分为不同的历史区域。

中国古代历史是在一个相对封闭的地理区域内展开的。东方浩瀚的太平洋、西南和西面的青藏高原、中亚荒原和北方的蒙古高原是古代中国人不可逾越的障碍。根据地理环境和历史作用的显著不同，这片广阔的地理区域可以从东南向西北划分为三个弧带。

东南第一弧带北部以明代长城为标志，经山海关、燕山、张家口、大同，绕过毛乌素沙地南端，在兰州折向西南，经岷山、阿坝藏族羌族自治州和雅安市东界到红河，从红河向东至十万大山。第一弧带季风气候明显，水热条件适中，自然条件优越，是中国主要的经济区。该区域汉族占主体，在中国历史上起到关键的作用。第一弧带算是中国历史地理的“核心弧带”。

辽河流域以北、蒙古高原、新疆地区和青藏高原组成了第三弧带。该弧带地域广阔，气候干旱，是游牧民族的天堂。中国重要的少数民族，如满族、藏族、维吾尔族、蒙古族、回族和历史上的匈奴人、鲜卑人、羌人、突厥人、吐蕃人、契丹人、女真人等都主要活跃在第三弧带。

第一弧带与第三弧带之间的狭长地带，包括辽宁南部地区、长城沿线内蒙古地区、河西走廊，川西高原东部等组成了第二弧带。第二弧带气候条件在第一、第三弧带之间，宜农宜牧，是历史上汉族为主体的第一弧带与第三弧带的拉锯地区。

三个弧带的划分并不是明确固定的，只是指出了大致的范围。在这个划分中：一、没有包括辽阔的中国领海和中国海上邻国。古代历史上除了南宋和明朝中早期外，中国并不注重海洋地缘政治。中国海上邻国中除了某段时期的日本外，没有其他邻国对中国历史产生过大的影响。二、将岭南地区、滇黔地区划入第一弧带是一个有争议的观点。但考虑到汉族人口和中央王朝的权威稳定，持续地向岭南、滇黔地区扩张，这一地区也没有与中央王朝产生严重的政治冲突，因此，似乎可以忽视差异，把它归入第一弧带。

这样的划分还是显得粗糙，毕竟每一个弧带的面积太大了，内部也千差万别。为了进一步考察地理因素对历史发展的影响，每个弧带还可以细分为不同的亚区域。每个亚区域内部都有自身相对独立稳定的地理结构、经济结构、文化特性和中心城市。一、同一弧带不同区域依然存在时代差异和地区差异。如第三弧带中存在着蒙古高原、新疆地区和青藏高原的明显差别。二、中国历史上存在的政权令人惊奇地以不同的亚区域为地理基础。如匈奴王庭、突厥汗国、蒙古早期活动的范围都东起大兴安岭内外，横亘蒙古高原，到达天山南北。三、经济因素和地理攻防体系是亚区域历史存在的基本点。它们是冷兵器时代地缘政治分析的两个关键因素。历来为割据野心家觊觎的四川地区就是个例证。

古代历史最浓墨重彩的内容是在核心弧带，也就是第一弧带展开的。让我们聚焦在长城以南、南海以北的这片区域。

核心弧带的发展对整个中国历史的发展起着关键性的作用。这一弧带可以细分为四大亚区域：关中地区、关东地区、西南地区与江南地区。四大亚区域具有较大的地理、文化区别，在历史上支撑了不同的割据政权，扮演了不同的历史角色。

第一个地区关中地区以泾渭平原为核心，向北包括延安、子午岭、固原、兰州等要点，西南包括大散关、岷县、凤县、天水南郊，南边以秦岭与西南地区接壤。关中以黄河“几”字形东段和函谷关（潼关）、崤山、武关一线与关东地区对峙。

关中地区农业经济发达，“西有羌中之利，北有戎翟之畜，畜牧为天下饶”。关中平原社会经济的发展与长达千年的建都史、中央政府的开发和关中地区曾经持续不断建设的水利工程有着密切的关系。加上气候温润，少有天灾，传统的麦作农业生产方式，使关中有稳定的农业收成可以支持上层建筑。

关中地区地理环境相对封闭，地势较高，攻守自如。该地区对外的主要通道函谷道和武关道都是易守难攻的关隘。在它的东边，豫西地区山麓、丘陵与河谷广泛覆盖着黄土，受黄河、伊河、洛河、汝河、颍河的切割，在西段只有一条三门峡峡谷可以通行。峡谷南岸是崤山稠桑原，悬崖高耸，上下相对高度有三百到五百米。《水经注》载："历北出东崤，通谓之函谷关，岸高道狭，车不得方轨。"战国时，函谷关位于三门峡西，今灵宝县东北黄河南岸，雄视东方。汉武帝元鼎三年（前 118 年），函谷关东迁往三门峡东，今新安县谷水河畔，离开峡谷与黄河险要。东汉之后，潼关取代了函谷关的地位。历史上发生于此的战事不计其数。南边武关道由西安经灞上、蓝田、商县、武关、内乡，到达南阳，其地界"秦头楚尾"，为"秦楚咽喉""关中锁钥"，与函谷关一样兵事频冗，被称为三秦要塞。函谷关、武关加上萧关、大散关合称"秦之四塞"，构建了关中完备的攻防体系。

第二个地区，关东地区，在战略上受到关中地区的逼视。关东包括淮河、汉水以北，明长城以南，黄河"几"字形东段、函谷关、崤山、武关以东的广大地区，这里地域辽阔，气候适中，土壤肥沃，利于耕战。"战国中叶以降，由于黄淮海平原和泾渭平原生产、贸易的发达，形成了山东和关中两大基本经济区，政治、军事冲突在地域上呈现出东西对立的特点。"①

关东的地缘位置有利有弊。一、关东地区是典型的"四战之地"，地势平坦，除长城、黄河外无险可守。北方的游牧民族，关中、江南的割据政权从来没有放弃过对关东的军事行动。二、地域辽阔，纵深宽广。关东地区可以征调规模巨大的兵员、物资，可以组织纵深防御。其庞大的战争和经济能力在相当时间内起着历史发动机的作用。

第三个地区，西南地区，是四大亚区域中海拔最高的地区，海拔从五百米到两千米不等。西南以四川和汉中地区为核心，包括大散关、秦岭、大巴山、巫山西南地区，云贵高原的大部。鄂西北一带古代属于汉中，也包括在西南亚区域内。西南地区汉族、少数民族杂居，是中华文化的发源地之一。早在新石器时代晚期，古蜀文化就是多元起源的中华文化的一个源头，具有自己的生长点。该地区气候湿润，水利丰富，四川盆地土地肥沃，具有经济上的独立能力。

西南地区有两个显著的地缘优势：一、占据长江上游，虎视江南。《战国

---

① 见宋杰《先秦战略地理研究》，首都师范大学出版社，1999 年 7 月版，前言第 3 页。

策·燕策》:“蜀地之甲，轻舟浮于汶，乘夏水而下江，五日至郢。”从长江上游顺流而下，则湖广、江南危矣。于是古人有云，欲取江南者，必先取巴蜀。二、关隘密布，易守难攻。蜀道难，难于上青天。四川盆地东出巫山的三峡地区令现代交通工具都望而却步。汉中向北交通主要有褒斜道与故道。从汉中出发，经褒谷口，越七盘岭或穿石门洞，经孔雀台、西江口、两河口、斜谷关，到陕西眉县、周至、户县，直抵西安，是褒斜道;故道则经过勉县、略阳、青泥岭、凤县，到达宝鸡。此外还有子午道、说骆道，但价值不大。[①]这些道路穿行于河谷、峡谷之间，曲折漫长，是军事上的禁区。唐玄宗、唐僖宗两次离京迁蜀就是看重西南地区优越的地缘位置。

核心弧带的第四个亚区域是江南地区。该地区泛指关东地区南界以南、西南地区东界以东地区。江南地区水热条件优越，土壤肥沃，便利农业发展，虽然开发较晚，但发展迅速，逐渐取代北方成为中国的经济中心。

江南地区的地缘优势在于水网纵横，丘陵遍布，战略纵深巨大，加上海岸曲折，岛屿环绕，防守便利。但是江南西边有居高临下的西南地区，北边有在军事上占据优势，时时倾向南侵的关东地区。江南地区在历史上处于守势。其防守的重点区域有三个:淮南地区、襄樊地区和三峡地区。淮河南岸的水网可以有效地阻止北方骑兵的入侵。襄樊扼守长江汉江之间的南北交通关节，称“南襄隘道”;襄阳往南，与荆州、武汉之间，水道通畅，陆上无险可守，历史上军事政治地位极为重要。其中湖北西部、北部一带是江南地缘战略优先考虑之处。唐末荆南国就凭借优越的地缘位置，在此立国;关羽的北伐与走麦城，南宋襄阳之战，解放战争时期的襄樊战役都发生在这一带。

和弧带的划分一样，亚区域的划分也不是明确固定的。弧带或亚区域的接壤地区是战争频发地区。这些地区包括河西走廊、淮南地区、襄樊地区、三峡地区、晋南豫西北地区、河套地区和燕山山脉周围。在核心弧带的四大亚区域中，关中地区与关东地区组成了核心弧带的北方地区，西南地区与江南地区组

① 见段渝《玉垒浮云变古今——古代的蜀国》，四川人民出版社，2001年7月版，第309页。

成了南方地区。南北的分界西起大散关，经过秦岭、大巴山、汉水、桐柏山、大别山区到淮河流域。这条中国地缘政治的分界线基本上与自然地理的南北分界线重合。

中国历史发展的地缘政治规律

第一条规律：核心弧带的发展主导着中国历史的发展，并通过战争和封贡等方式对第二、第三弧带产生了巨大的影响，进而演化出现代国家和中华民族。

核心弧带因为明显的地理、人口、经济等方面的优势，在发展程度上领先于第二、第三弧带。以汉族为主体的中央王朝都在核心弧带，且绝大多数在北方立国。由于第二、第三弧带对核心弧带存在的巨大军事压力，核心弧带的地缘战略重点始终放在弧带的北方边界。核心弧带对第二、第三弧带割据国家的强力征伐，因为在地理上处于劣势，往往会消耗大量的国力，导致国内矛盾激化，甚至出现无力镇压国内叛乱的窘境。第一弧带应对外围弧带国家的最佳方法是静观其变，通过文化、经济吸引力进行渗透，适时收为己有。

和平是三个弧带交往的主流。中央王朝精心构建以自我为中心的朝贡体系，囊括三个弧带的所有邻国和地区。秦朝后的中央集权的专制制度，汉武帝后改良的儒家思想逐渐成为核心弧带的主要价值观，并传播给周边地区。三个弧带的交往从奴隶社会即已存在，并不断丰富发展。在不断的摩擦、交流中，中华民族和统一的多民族国家观念深入人心，最终得以确立。在朝贡体系的研究中，“辐射同心圆”理论是区别朝贡体系行为体的流行理论。这一理论有助于对三个弧带关系的理解。

第二条规律：核心弧带中西部亚区域对东部亚区域具有地缘优势；北部亚区域对南部亚区域具有地缘优势，历史上的中央政权一般由北向南统一全国。

关中地区、西南地区位于中国大陆地形的第二阶梯，地形都易守难攻，只要把守住边缘的战略要点，攻守自如，对关东地区和江南地区具有居高临下的地缘优势。

北部地区对南部地区的地缘优势在早期是建立在人口和经济优势之上的，但是随着南部的开发和人口的增多，北部地区只保留了最重要的优势：军事优势。历史上北部军队的战斗力一直强于南部军队。北部气候相对恶劣，民众体质强于南部，斗志旺于南部；加上北部地形和环境便利了战车兵和骑兵的发展，如马镫在三国时期出现在北方，而南方汉人依然以双腿来夹住马腹进行作战。而这两个兵种在冷兵器时期是战斗力、机动性最强的兵种。

历史上政治中心、军事中心一直停留在北部地区。统一的中央王朝一般是自北而南建立的。历史上只有两个特例：朱元璋北伐和国民政府的第二次北伐。除了这两次北伐，南方发起的北伐都以失败告终。而这两次特例是都建立在相同的特殊性上：一、北伐所要推翻的政权都处于内忧外患中，实力衰弱。元朝末期，元朝在宫闱、大臣、将帅的倾轧下已经势力大减；北洋政府则仅仅是几个北洋军阀之间的妥协政权，实力在内战中大为衰弱。二、晚元和北洋政府都已经遭到了全国人民的唾弃。两次北伐，北部政权众叛亲离，被南方政权摧枯拉朽地灭亡了。明军北伐和国民政府第二次北伐都只在山东局部遭遇激战。

1368 年，明朝北伐统一全国，但是三十一年后的 1399 年朱棣经过靖难之役，自北向南统一了全国，并迁都北京；1928 年，国民政府北伐形式上统一全国，但是二十一年后的 1949 年人民解放军渡江占领南京，再次迁都北京。这说明军事、政治中心依然在核心弧带的北部。

第三条规律：核心弧带的四大亚区域地缘优劣不同，南北部在相当时间内形成对峙形势。

统一是中国历史发展的趋势，但是分裂局面存在很长时间。核心弧带的南北分裂是中国历史分裂的常态。南北部长期分裂的界线与核心弧带的南北部的界线基本一致。

尽管北部地区在政治、军事上拥有优势，但是只要南部地区控制战略要点，包括秦岭一线、襄樊、桐柏山大别山区、合肥、扬州，南部就易守难攻。而且南部松软的土壤、湿润的气候、密集的水网都限制了北部军队战斗力的发挥。加上北方人水土不服，尽管北部经常发动对南部的侵略，南部政权只要措施得当，一般都能抵挡住北方的攻势。这样的局势在三国、东晋南朝、五代十国等时期都存在。

东晋只占领扬州、合肥，并没有占领襄樊，其对北朝一直处于战略被动地位。前秦发动对东晋的进攻，主攻方向选择淮南地区，偏军发自襄樊，以失败告终。其中一个原因就是前秦没有集结主力于已占领的襄樊，将主攻方向选择在湖广地区。之后宋、齐、梁向北扩地，并且占领了西南地区，地缘地位大为改善。到南陈时期，南北的分界线南推到长江沿线，要地尽失，导致南陈对北方战略地位极为被动。五代十国时期，南唐前期占据淮南地区，一度能与北方政权对峙。等到后周攻占江淮地区，南唐便不得不南迁避其锋芒。南宋时期形势也一样。

在南北方的对峙中，西南地区扮演着重要角色，是南北力量天平上重要的砝码。公元前316年秦灭蜀，蜀地成为秦统一中国的重要战略基地。秦灭楚时大量利用了蜀的强兵劲卒和布帛金银，“足资军用”，仅司马错“浮江伐楚”，就征调了“巴蜀众十万，大舶船万艘，米六百万斛”。《战国策·秦策一》：“蜀既属，秦益强，富厚轻诸侯。”占领西南地区，既可以获得重要的物资基地，又可以向东、向北构成战略威胁。北部政权要统一南方，战略远大者都先取巴蜀；南部为了保持长久的均势，也力求占据巴蜀，经营西南。比如东晋南朝时期，权臣建功扬威，往往选择巴蜀地区下手，通过收复巴蜀来扬名壮大。

用三国历史来验证地理规律

说了这么多理论，下面举三国历史发展为例子，来验证一下上面的规律。

三国时期中国核心弧带割据政权并立，各政权间战事、外交活动频繁。曹操、孙权、刘备三个集团所处地缘地位不同，但都执行相对正确的地缘战略，留下了许多政治财富，为上文总结的规律提供了佐证。

曹操集团地处四战之地的中原地区，是三个集团中地缘条件最差的，但是地缘战略运用得当，最终统一了北方。一、先弱后强，逐步壮大自身。曹操集团北方是占据冀、青、并三州的袁绍，西方是割据关中的韩遂、马腾集团，张绣割据西南方向的宛，袁术盘踞东南方向的淮南，东边是拥有徐州的吕布集团。外圈还有辽东的公孙度、幽州的公孙瓒、幽州北边的乌桓、河套长城沿线的匈奴、汉中的张鲁、益州的刘璋、荆州的刘表和江东的孙策。与曹军接壤的袁绍集团实力最强，逼视河南。曹、袁两集团为统一北方，战争难以避免。相对弱势的曹操集团始终将袁绍集团视为自己的头号敌人，但是在实力壮大前一直向袁绍妥协，避免直接冲突。曹操先后歼灭吞并了张绣、吕布、刘备、袁术、张杨等势力，再向袁绍摊牌。二、稳定关中。东汉末年后，西凉集团一直占据关中地区，对关东曹操集团构成战略威胁。但是西凉集团战斗力虽强，却内争不断。在袁绍北取幽州，无暇南顾时，曹操派遣钟繇西行入关，说动韩遂、马腾效忠曹操控制的朝廷。官渡之战前夕，车骑将军西凉董承兵团在许昌宣称受汉献帝“衣带诏”，发动兵变。曹操毅然回兵镇压董承，平定刘备在徐州叛乱，再次派遣卫觊入关，稳定韩遂、马腾集团。三、分化外敌，利用江南孙氏集团牵制湖广刘表集团。刘表、孙策集团对曹军构成南部的直接威胁。曹操与袁绍准备决战之时，正是雄心勃勃的孙策统一江东、伺机北上之时。好在孙策遇刺身亡，曹操立即以汉献帝名义授予其弟孙权讨虏将军，领会稽太守，支持孙权的西征，以敌制敌。这些地缘战略在之后的中国历史上都得到了继承和发展。

在这个过程中，曹操集团由弱变强，终于与袁绍集团展开了战略决战。袁绍幕僚曾建议：以精锐部队袭扰曹操控制区漫长的边界，让曹操疲于奔命，消耗曹军有限的实力；结交南方诸政权，让其从后方进攻中原地区。这些都是优秀的地缘政治战略，可惜没有被袁绍采纳。之后的赤壁之战是决定三分天下的关键战役。曹操在此战中犯了严重的战略错误：在没有统一北方，尤其是在关中西凉集团依然虎视眈眈的情况下，贸然南进；将主攻方向集中于江夏一点，而没有占据、经营淮南、襄樊等战略要点，徐图缓进。加上其他的原因，曹操最终退回了北部，转向经略关中、汉中地区。

孙刘联军击败曹军主力一部于乌林、赤壁后，孙权在江东的统治得到巩固。东吴的核心地缘战略是鲁肃提出的“鼎足江东”的“榻上策”。《三国志·吴志·鲁肃传》载："肃窃料之，汉室不可复兴，曹操不可卒除。为将军计，唯有鼎足江东，以观天下之衅。规模如此，亦自无嫌。何者？北方诚多务也。因其多务，剿除黄祖，进伐刘表，竟长江所极，据而有之，然后建号帝王以图天下，此高帝之业也。"从此，北防西进成为东吴的核心地缘战略。孙权即位后首先向庐江的叛将李术开刀，突出庐江的重要性。其郡在安徽西南和湖北东部、河南南部的大别山区，郡治在皖（今安徽潜山），是与北部对峙必须控制的战略要点。

鲁肃的"榻上策"比诸葛亮的"隆中对"早了七年。隆中对对地缘形势的判断是曹操"已拥百万之众，挟天子以令诸侯"，"孙权据有江东，已历三世，国险而民附，贤能为之用"，都已经不可轻易取胜；建议刘备东和孙权，图谋荆州和益州。"荆州北据汉、沔，利尽南海，东连吴会，西通巴、蜀，此用武之国"，"益州险塞，沃野千里，天府之土，高祖因之以成帝业。"在此基础上，"保其岩阻，西和诸戎，南抚夷越，外结好孙权，内修政理；天下有变，则命一上将将荆州之军以向宛、洛，将军身率益州之众出于秦川，百姓孰敢不箪食壶浆以迎将军者乎"？

"榻上策"和"隆中对"在地缘形势的判断上是基本相同的，并提出了大致相同的对策：占据南方险要地形，待机北伐。但是这两个地缘战略都将荆州列为自己的占领目标。对刘备来说，荆州是进攻中原伟业的战略基地，也是对东吴政权保持地缘优势的基地。但是荆州在他人手中，对东吴集团构成了巨大的战略威胁。当刘备集团占领汉中，势力达到全盛，咄咄逼人的时候，东吴集团出于自身防御的考虑，偷袭荆州，挑起了蜀、吴之间的一系列战争。最终东吴占领了荆州，蜀汉完全退居到西南地区。虢亭之战标志着蜀汉与东吴在荆州地区达成了均势，也意味着"隆中对"的最终流产。

遗憾的是，荆州的争夺战消耗了三国中两个弱者的实力。之后蜀汉利用自身易守难攻的地形进行的多次北伐只能算是采取攻势防御态势，积极防御而已。东吴的地缘态势比蜀汉要差得多。赤壁之战后曹军收缩至襄阳樊城一线，并经营大别山区的江夏郡北部和合肥地区。东吴与北部对峙的战略要点已经与北方共有，其之后的吴魏战争集中在襄樊、合肥一带。东吴的防御是一种消极的防御态势。三国的结局是魏国偷袭汉中，灭亡蜀汉；代魏的晋国从淮南、襄樊、三峡三个方向对吴国发动了总攻，三家归晋。

从中国历史发展中，后人可以归纳出大致的地缘规律，解释中国历史发展的大势。不知三国的历史发展，可否作为一个详细的例子？当然了，相信以上地缘规律套用在其他时期，也是有解释力的。

扩展思考：地缘利弊

1. 根据上文内容，你的故乡属于哪个地缘区域？上文的地缘政治规律，能否解释家乡古代历史的发展？

2. 决定历史发展的因素很多，最终的历史发展轨迹，是多种作用力合成的结果。试问：地缘政治规律在古代历史发展过程中起到多大的作用？

官的玄机
古代官衔的明暗内容

如果你穿越到古代，遇到有官员递来他的名帖，你能看懂帖子上的官衔，知道对方到底是何方神圣吗？如果你幸运地发现一座古代达官显贵的墓葬，你能读懂墓碑上的官衔，知道他生前的身份地位吗？下面就有四位古代官员的“名片”，看看你能说上来几个人的确切身份：

一、开府仪同三司、检校尚书右仆射、使持节、泾州诸军事、泾州刺史兼御史大夫、上柱国、南川郡王、追赠司空刘昌。（唐朝）

二、龙图阁直学士、户部郎中、陕西经略安抚副使兼知延州事范仲淹。（宋朝）

三、赐进士及第、柱国、光禄大夫、太子太保、礼部尚书兼文渊阁大学士、总裁国史玉牒、同知制诰、起居经筵日讲孔贞运。（明朝）

四、皇清诰授通议大夫、吏部右侍郎兼顺天府府尹、前吏部左侍郎张令璜。（清朝）

说不全，没关系。历朝历代官制复杂，有官、品、爵、阶、勋不同的系统，各有不同的意思。它们往往成为困扰后人阅读理解的拦路虎，也是观察古代历史的基础知识。好在官制虽然复杂，无论再长的官衔都可以一一分解为各项成分，其背后隐藏着几条一以贯之的权力线索。下面，我们就分官、品、爵、阶、勋五个项目，逐一认识和理解古代的官制。

官字最难懂

官，也称“职”，或者合称“官职”“职事官”。

官员是在固定政府机构中、掌管具体职责的人，而官员拥有的职权就是官衔意义上的“官”。比如，吴县县令、吏部主事、乾清宫一等侍卫等，我们一看就知道他们具体负责什么、处于什么政府机构中。俗话说“县官不如现管”，一个官员到底能管多大范围、管多少百姓，很大程度上决定了他的实际权力的大小。所以，“官”对官员的作用最大，是官衔中的核心要素。

应该说，“官”意思明确，便于理解，可它偏偏是古代官制中最复杂的一环。

如果历朝历代都按照白纸黑字写明的官职编制来安排人员、开展工作，那么“官”一点都不复杂。可偏偏每个朝代都不“依法办事”，都要来些小动作、搞点暗箱操作。比如，东汉的时候，朝廷将天下划为几个州，每个州派遣“刺史”。所谓刺史，字面上的意思是刺探地方吏治，看看地方官有没有和中央保持高度一致，有没有贪赃枉法的行径。刺史的级别很低，且没有常驻机构，属于中央临时派出的监察官。它不算正式的官职，而算是一项“差遣”或者“差使”，就像现代人出差办事一样。但在实践中，因为刺史决定着地方官员的沉浮荣辱，地方官员逐渐唯刺史马首是瞻。原先只是巡察地方的刺史，最终演变为了横亘在地方郡县和中央政府之间的一级正式官职。

与此类似的还有唐朝的观察使、节度使。唐朝分天下为十几个道，每道派遣一个分巡御史考察地方政务得失、官吏优劣，称观察使。和刺史的情形一样，观察使很快变为有实权的、常驻的官职，他们的本职“分巡御史”反倒成了可有可无的虚职。而节度使最初则是派到边疆节制和调度军队的中央官员，最终也演变为地方实职。从唐朝开始，差遣、差使开始流行，到宋朝泛滥成灾。

宋朝官员几乎人人都有差使，而且不少人身兼多项差使。那么，他们还有时间和精力去处理本职工作吗？当然没有。朝廷就是不让你去做本职工作，才设置各种各样的临时差遣，让甲官去做乙事、丙官暂代丁职，人为造成了官制的复杂。

宋朝高度君主专制，国家“强干弱枝”，恨不得消除一切权力不稳定因素。比如，唐末五代时期节度使权力膨胀，和中央叫板。宋朝一建立就来了招“杯酒释兵权”，把节度使们的实权都给收了。节度使还是一个高官，但被架空了，不管事了。比如，“徐州节度使”被安置在开封当寓公，好吃好喝供着，那徐州的政务怎么办呢？中央派遣一个官员去“临时处理”一下，叫作“某官知徐州事”，意思是让某某人去“知道”徐州的事情，简称“知州”。知州虽然是临时差遣，但从一开始就被朝廷当作是地方实职。此外还有“知府”“知县”等，都成了之后几百年中国的地方官职。

宋朝的官职最乱，文官大多有三个头衔，即官、职、差。第一项的“官”是用来确定待遇的，与实际的工作内容基本无关，专业名词叫作“寄禄官”，意思是用来拿薪水的。宋朝中央各个部门领薪水的人不少，却没有一个专职的官员，都是有官名而不任其职，在本部门拿钱不在本部门上班。人都到哪儿去了呢？都被派到其他部门或者地方政府去“出差”了。比如，宋朝的地方领导班子分别由安抚使、转运使、提刑按察使、提举常平使组成，一看就知道是“差使”。第二项的“职”一般是馆职，如翰林院、国史馆、集贤院、昭文馆和各阁、各殿的大学士、学士之类。它们是虚衔，用来表示文官的清贵地位，既不能给官员带来收入，更不用官员去上班。第三项的“差”才是一个人真正的职权所在，一般加上“判、权、知、直、监、提举、提点”等字，在理论上只能算是临时负责的事情。在这三项中，“官”最稳定，当上后很难被拿下，“职”次之，“差”最不稳定，经常变更。所谓“差遣罢而官职尚存，职落而官如故”。

宋朝官员的实权大小和收益多少，取决于“差”，所以人们四处钻营，谋得一个差使。苏轼就承认：“久客都下，桂玉所迫，囊装并竭……唯日望一差遣出去耳。”元祐七年（1092年），苏轼的官职是“龙图阁学士左朝奉郎知扬州事”，其中“知扬州事”是苏轼的差遣，是他真正的工作；“龙图阁学士”是“职”，表明苏轼的文官出身；“左朝奉郎”才是苏轼理论上真正的官。那苏轼人在何方呢？在扬州“出差”呢！另一个北宋名臣寇准曾经担任“尚书虞部郎中枢密院直学士判吏部东铨”，其中虞部郎中是他的官，虞部是工部的一个司，说明寇准在工部领工资；直学士是职；判吏部东铨是差，是实际职责。寇准就类似于“借调”到吏部工作的工部官员。

明清时期，朝野认识到宋代官制过于冗杂，效率过低，于是该撤的撤、该并的并、该转正的转正，官、职、差三者逐渐统合为“官”。但差使、差遣并未绝迹，还衍生出了新的官名。比如，明朝派人“巡抚”“总督”地方，最后这些人都成了地方实权官员，仿佛是汉代刺史、唐代节度使历史的重演。

以上说的是差使、差遣横行，冲击正常的官制，接下来谈谈普遍存在的兼职情况。

兼职，就是官员在职务之外还有职务，也称“加官”。其中，原先的官职叫作“本官”，决定着官员的等级和待遇，兼任的官职叫作“加官”或“兼职”。古装影视剧中常常有“削去某某人本兼各职”的说法，这“本兼各职”就表明古代官员兼职现象很多。

“尚书”一职，原先是内廷之中的小官，负责整理皇帝的书籍、文件。它和尚衣、尚膳一样，围绕着皇帝的生活需要转，并不涉及政治实权，最初由宦官担任。皇帝把朝堂上的公文、大臣们的奏章，都交给尚书保管，遇到犯懒的时候干脆就让尚书给出处理意见。如此一来，小小的尚书就有了咨询和建议的权力，开始干涉朝政。在中国历史上，皇帝权力膨胀，朝臣权力萎缩是一大趋势。皇帝们在和外朝大臣（主要是丞相）的争斗中，越来越仰仗尚书们的行政支持。他们更喜欢尚书这类在自己身边、被动接受指令、不会反抗、没有威胁的职位。到汉朝时，尚书俨然扩充为可以与朝廷相抗衡的一个“小朝廷”了，分门别类，为皇帝出谋划策，经手政务，变为事实上的政务中枢。外朝大臣开始取代宦官，担任尚书，并且有“尚书令”一职统管所有尚书。尚书令的实权超过了丞相。于是丞相反过来争着要兼任尚书令——虽然尚书令依然是小官。只有兼任了尚书令的丞相才被视为真丞相，否则就被视为“假相”“虚相”。之后，又有“录尚书事”（总领尚书们处理的事情）一职，更成为权臣们争抢的新兼职。两汉及魏晋时期，老皇帝要死了，新皇帝年幼，老皇帝就会给儿子指定辅政大臣。这些辅政大臣可能现有地位不高，老皇帝通常让他们“录尚书事”，不做假相做真丞相。

可见，古代的兼职、加官现象大抵出于权力需要。比如，三国时期，蜀汉诸葛亮以丞相之尊兼任益州牧，即“领益州牧”（“领”就是担任的意思），因为当时蜀汉就只有益州这块地盘，诸葛亮要抓在手里，便于集权。唐末，丞相还不惜兼任户部“三司”（户部司、盐铁司、度支司）的郎中，也是为了把财权抓在手里，方便办事。

魏晋南北朝时期，多个政权对峙，战事不断。当时地方最高长官刺史往往兼任军职，加官“都督某州某州军事”。比如，荆州是南朝重镇，人口密集，经济发达，还承担着长江中游的防务，荆州刺史一般至少加官“都督荆州军事”，意思是他同时是荆州地区的最高军事长官。很多时候，荆州刺史还都督邻近州的军事，比如，加官“都督荆、雍、司、信、湘五州军事”的，就拥有了五个州的最高指挥权。此外，刺史还加有将军号，如辅国将军、武卫将军等；获封爵位，如王、公、侯等（此二项参见阶、爵的内容）。如果一个刺史既没有将军号和爵位，又没有加上“都督某州军事”的官职，那他权限非常有限，只能简单地治民，被讥讽为“白纸刺史”“单车刺史”。

唐朝确立了三省制，中书省有决策权、门下省有审核权，二省的长官中书令和门下侍中在政事堂商议决定朝政大政方针，然后交给尚书省执行。中书令和门下侍中的权力大于尚书令，被视为丞相。于是，尚书省的领导：尚书令、尚书仆射们就千方百计地希望能够“同中书门下平章事”“参知政事”“参知机务”，也就是能够参加政事堂的决策会议。如果他们带有这样的头衔，也能跻身丞相行列。发展到后来，“同平章事”“参知政事”成了丞相的正式称号。

明朝时，皇帝厌恶了三省六部制，觉得尚书们也不能满足专制需要，于是在身边建立内阁，让一批读书人担任大学士，出谋划策、经手政务。于是，朝堂上的尚书、侍郎们争抢着兼任内阁大学士——尽管一直到明朝灭亡，内阁大学士都只是五品小官。清朝虽然继承了内阁，可觉得跪听圣旨的军机大臣们更听话、更好用，又将实权转移到军机处。于是乎，内阁大学士、尚书、侍郎们又争着要挤入军机处，谋得一份兼职。在明清地方上，总督、巡抚们都有兼职，不是兼任都察院的右都御史（右副都御史）、兵部尚书（兵部侍郎），就是兼管了盐务、提督、操江等事务。不然，孤孤单单的一个总督或者巡抚，也是“单车总督”“白纸巡抚”。

在差遣和兼职之外，还有代理官职现象，在唐朝称为“检校”，在清朝称为“署理”“护理”，表示虽然没有正式担任某项官职，但行使该职位的权力。如唐朝魏征曾担任“检校侍中”一段时间后才去掉“检校”二字，正式就任“侍中”。这是因为魏征资历不够。大诗人杜甫被后人称为“杜工部”，因为他担任过工部员外郎。其实，杜甫这个官职也是“检校”的，他本人只是在成都给朋友严武当幕僚（剑南节度府参谋）。中唐以后，地方藩镇势力壮大，连幕僚都代理起了中央官职，杜甫就属于这种情况。清朝的“署理”之风盛行，有的县衙里从知县到典史都是代理的，代理一两年就换人。其中的目的就是多腾出位置来安排冗员。

以上介绍的就是在正常官职之外，差使、兼职和代理横行的情况。看一个官员的身份，重要的不是他的本官，而是其他内容。为什么古代官场有章不循、有法不依呢？

第一，原来的制度设计跟不上形势的变化，不能适应新形势、新情况和新问题。

第二，设置临时官职，处理突发事件，如战乱、饥荒和重大工程等。为了应付这些客观需要，官场上进行灵活处理，或者增加临时机构和人员，或者在现有官员身上加上兼职，都是可以理解的。比如，晚清的时候，直隶总督和两江总督分别兼任南北洋通商大臣，负责对外交涉，就属于第一种客观需要；黄河发大水、地方爆发饥荒，朝廷就会派钦差大臣去治河、赈灾，就属于第二种情况了。

第三，官场是一个淘汰率极低的职场，上去容易下来难。为了排除那些老迈中庸、尸位素餐的官员的干扰，干一些实事，当权者往往会提拔官阶较低却有才能的人通过差使、兼职、代理等形式，掌握实权去干事。当权者也借此掌握人事权，提高政府效能。魏征代理侍中，当属这种情况。

第四，统治者集权和专制的需要。统治者出于自卑心理，或者不自信，老觉得有人威胁自己的统治，便通过各种非常规手段，人为制造官制的复杂性，羁绊、监视、防范官员们。这是历朝历代不断向地方派出监察官、巡视官外加钦差大臣的原因，也是皇帝们老是信任身边的人、用身边的人取代正常的政府机构的原因——比如先用尚书取代外朝，再用内阁取代尚书，又用军机处取代内阁。皇帝们喜欢的是随叫随到、只听话不问话，最好是跪着记录圣旨然后一溜烟跑出去执行的奴才。最终，清朝皇帝找到了这样的机构，那就是军机处。

晚清官场拥挤，僧多粥少，候补官员如过江之鲫，充斥在各地和各部衙门之中。如何安置官场冗员和候补人员，成了当权者的难题。他们的主要做法有两个：第一是缩短官员的任期，从五六年降低到两三年，这样就可以多安排一倍的人；第二就是设置各种临时机构，如厘金局、劝募局、练兵所、督办处等，或者动不动就“特事特办”，委派官员（“委员”）处理，尽可能安插官员。这些局、所、处、委员，任命了就难以撤免，不出几年就衍生出新一批的官职。这是晚清官职杂乱的原因。

与等级有关的“品”

品，官品，也称“秩”“级”，或者合称“品秩”“品级”。

官品，说的不是官员的人品，而是他的等级。比如，吴县知县和吏部主事，到底谁的官大呢？这就需要有一个评判标准，也就是“品级”。知县是七品官，主事是六品官，前者要小于后者。有了这个标准后，两人相见的时候就可以分出尊卑高低来了，下人们再给他们安排座位的时候、在介绍他们的时候，就有了一个先后的顺序。

品级和官职紧密挂钩，有一定的品级才能担任相应的官职。比如，六品官可以担任主事，如果担任知县就算是“低就”，但七品官如果想“高就”主事，则是万万不行的。但是反过来，并不是担任相应官职的人就是相应的品级，比如，并不是所有的知县都只有七品，有的可能是六品甚至更高，这要具体分析他官衔中的其他项目了。清末，常有年轻的贝勒爷担任朝廷的尚书、侍郎，这些尚书、侍郎自然不是从一品、正二品，而是超品（超一品）了。

相对于其他项目，官员的品级稳定，是许多法定待遇和收益的依据。调动工作容易，提升品级难；没有官职不要紧，只要官品还在，相应的待遇和利益就少不了。很多人对品级的在意可能超过了对职位本身。人们常说的升官、降职，其实说的是品级的升降;“官大一级压死人”中的“级”也是官品。

秦朝开始用“秩”来定官员等级，之后一直沿用。汉朝用俸禄的多少来表示官员的等级，当时的名称是“石”（读dàn)。石是计量单位，一石大约是一百二十斤。如县令一年的俸禄相当于八百石粮食，他的等级就是八百石；九卿、太守的俸禄相当于二千石，等级就是二千石。刺史最初只是年俸六百石的小官。于是乎，六百石、八百石、二千石就成了等级名称。二千石最高，很快成为高官的代称。因为九卿在中央任职，又尊称他们为“中二千石”。

魏晋开始，官分九品，“品”正式成为之后中国官员的等级名称，一品最高九品最低。唐朝将每一品都分出正从两个等级，比如，正一品、从一品，从正四品开始又分上下，比如，正四品上、正四品下，至此唐朝官员一共有三十个等级。明清将九品只分正从两等，因此明清两代的官员一共十八个等级。此外，还有许多官员是有编制却没有等级的，不在九品之内。隋唐时期将从一品到九品的官员称为流内，不入九品的称为流外，明清则总称为“不入流”。

五品是官员等级的一道坎。五品以下的文武官员由吏部、兵部按照资历、考核等标准任命即可，五品及以上的官员一般由两部提出人选，经过皇帝御览、钦定，才能授予官职。只有达到五品，官员才有可能被皇帝记住，没有达到这个品级根本就不会在皇帝脑子里有印象。而三品及以上的官员（各部尚书、侍郎和各地总督、巡抚、将军等），就算是高官显贵了，吏部一般都不便于推举人选，需要大臣们聚集朝堂推举或者由皇帝下专门的圣旨任命。清末摄政王载沣监国的时候，有大臣推举了一名二品官员，载沣在奏折后批了一句“依照所请”，没有下圣旨专门任命，结果被视为是“乱政”的迹象，直到清亡之后文人笔记中还酸溜溜地说这事。因为用圣旨任命二品大员，不仅表明朝廷重视这个职位，也是给官员的一种荣耀。

西汉时期，官员等级不多。从大处来讲，只有县和郡两级（中央九卿和郡太守是同级的）;如果要细分，也就是增加底层的僚吏和高层的三公（丞相、太尉、御史大夫）两个等级。僚吏是官员自行任命的，一个青年人接受在任官员或者朝廷的征召，从僚吏或者郎官做起，几年后出任小县县长，干好了升为大县县令，如果政绩卓著几年后又会升为太守，然后再调入朝廷，整个过程不会超过二十年。唐朝以后，官品增加，青年人仕进不易。明清时期，官员细分为十八等，二十年已经完全不足以让一个年轻人从基层官员做到三公九卿了。

一个青年人如果科举名次不高，就要从地方州县官员做起，很可能做了三十年还是六七品的地方官，无非是从贫瘠偏僻的小县调任繁华富庶的大县而已。所谓沉溺下僚，说的就是这种情况。小部分人能够从七品知县做到四品的知府，已经算是成功者了，可还没能跻身高层。而科举名次较高或者背景深厚的青年人，一开始就入翰林院，几年后成为侍读或者侍讲学士，有机会给皇帝、皇子授课。如果得到皇帝赏识，他很快就能被提拔到侍郎，十年左右就能跻身高层；如果没有得到赏识则要多花四五年时间。他们被称为“储相”，一开始就作为后备干部培养，要大用的。一些耀武扬威的钦差大臣到地方上作威作福，动辄训斥州县官僚，殊不知那些挨训的人可能是和他同年考中的进士，甚至是科举场上的老前辈。北宋年间，丞相王钦若被罢后出守杭州。某日属县官员全来参衙。王钦若看到钱塘县尉（县令的辅官）是个苍髯白发的老头，步履踉跄，颤颤巍巍地艰难走了进来。王钦若觉得很不成体统。人都如此老迈了，能干什么工作？还恋栈不去，不是误国误己吗？所以，他打算找个借口责备钱塘老县尉几句，然后让他辞职了事。开口一问，王钦若大吃一惊。这老头竟然是自己的同年进士，年轻得志却辗转几十年还只是个县尉小官。王钦若感觉凄然，转而同情起老县尉来，表示要向朝廷荐举他。老县尉写了首诗谢绝了王钦若的好意：

当年同试大明宫，文字虽同命不同。

我作尉曹君作相，东君原没两般风。

在这里，官职分出了“清浊”。前者在基层职位上辛辛苦苦，按资排辈，升上高层的机会渺茫，就像浊物一样沉溺在水的下层，被视为“浊官”。而翰林学士出身的中央各部、寺、院的官员则很容易升迁，像清流一样迅速冲到水的上层，被视为“清官”。清官升官快，按理说人人都想做清官，但实情并不尽然。因为官职除了“清”和“浊”，还有“忙”与“闲”、“肥”与“瘦”、“繁”与“简”等的区别，人们往往要综合考虑后才做出决策。可见，官品虽然是硬指标，还是要和其他项目配合起来才能完整。

爵位是靠不住的

爵[①]，爵位。

爵位是用来表示权力地位的一种尊号。一个人有了爵位，就是法律意义上的贵族了。

统治者一般根据血缘亲疏或功劳大小授予臣下爵位。比如，晚清道光皇帝临死前封儿子奕䜣为恭亲王，来补充没有将皇位传给他的愧疚。而“中兴名臣”曾国藩是一等毅勇侯，左宗棠是二等恪靖侯，李鸿章是一等肃毅伯。曾国藩是镇压太平天国，收复南京的大功臣；左宗棠是收复新疆的大功臣；李鸿章是慈禧太后的消防员，到处救火。他们三人是因功封的爵位。多数爵位可以世袭，曾国藩的一等侯就传给了儿子曾纪泽。

人类社会先有爵位，后有官职，两者曾长期纠缠在一起。夏商周分封时代，天子分封诸侯到各地建立诸侯国，诸侯再分封卿、大夫建立采邑进行统治。诸侯、卿、大夫就是爵位，他们有封地，一代代世袭下去。同时他们又直接管理封地内的财政、民事、军事，带有官职的性质。当时是官爵不分，爵位为本，以爵领官，有了爵位自然就有了统治权。

分封制不利于中央集权，而中国历史发展趋势是走向集权。所以到战国时，列强力行集权，争夺天下霸权，爵位制随之衰落，官职制开始兴起。诸侯们任命一些平民处理政务，只给他们发俸禄，不再“裂土”分封他们。这些人就成了没有爵位只有官职的官僚。比如，“宰”和“相”两个字都是“副”的意思，最初是天子、诸侯的家臣，帮助主人处理家事。逐渐地，天子、诸侯用“宰相”在外面总揽全局，处理国事了。那些世袭的卿、大夫们则靠边站了。此时，爵

① “爵”本是酒器。古代饮酒时的礼仪和次序与地位高低息息相关，酒器逐渐演变为代表尊卑的爵位。

与官已经分开，拥有爵位不一定有官职。之后爵位的发展趋势为：和官职的距离越来越远，授予越来越严格。虽然爵位制一直存在到清亡，但官职迅速取代爵位，成为官员获取权力和收益的主要依据。

西周确定了五等爵位：公、侯、伯、子、男，来分封宗室和功臣。秦始皇嬴政创立了“皇帝”的尊号后，空出了“王”的爵位，五等爵就变为了六等。

汉代封爵只有王、侯两等，前面冠以具体的地名，如燕王、吴王、富春侯、汶川侯等。汉初，功臣也能封王，后来严格限定只有刘姓宗室才能封王。获封王爵的人，都有封地，可以建立封国，拥有一系列权力。王爷到封地去上任，称“就藩”，燕王就去北京，梁王就去河南。这就类似于分封时代的诸侯国，它们和中央王朝摩擦不断。经过汉景帝、汉武帝两代人的大力削藩，汉朝诸王的权力大为萎缩，军事权、用人权和财权都被极大削弱，但封国得到保留。汉朝的侯爵虽然也冠以地名，但没有“就藩”一说。地名是虚的，并不需要侯爵们过问该地事务。侯爵的收益以所封的户数为准，比如，“食邑八百户”的可以享受八百户人家的租税。所谓“少年意薄万户侯，白首乃作穷山囚”“粪土当年万户侯”中的“万户侯”，就是食邑一万户以上的侯爵，是当时最高的侯爵，后世用来代称高官贵戚。

魏晋恢复为王、公、侯、伯、子、男六等爵。曹魏进一步收缩贵族的权限，对宗室骨肉的防范心极重。曹魏诸王虽然还有封国，但行动受到严格限制，不能和大臣、宗室们相互联络，就连出城打猎的范围都有严格限定。朝廷还在各个封国派遣了监国谒者，专事监视王爷们的言行。曹魏诸王，貌似尊贵，其实形同囚犯——看看魏文帝曹丕是怎么对待他弟弟、陈王曹植的就知道了。曹魏对宗室王爷束缚太多，导致宗室贵戚没有实力拱卫朝廷。西晋认为这是曹魏灭亡的重要原因，因此西晋建立后大封司马氏宗室，并且赋予宗室诸王实权，结果导致了“八王之乱”。司马氏诸王实力倒是壮大了，可是非但没有拱卫朝廷，反而热衷于骨肉相残，加速了王朝灭亡。此后的朝代汲取西晋的教训，再也不给诸王实权了。

爵位的实权不断削弱，但虚的待遇却得到制度保障。从唐朝开始，爵位与官品挂钩，规定王爷为正一品，品级随爵位递减，到男爵降为从五品上。不过朝廷对贵族们的戒心还是很重。唐朝开始限制爵位的世袭制度，规定后代袭封祖辈的爵位，要在原爵上降一等，比如，王爷的继承人只能封公爵，公爵的继承人只能封侯爵，以此类推。男爵的子孙就沦落为草民了。此举目的是抑制贵族。到宋朝，封爵更虚，爵位干脆不能世袭了——但宋朝的爵位封得比较滥，一定品级以上的官员全部封爵，连大太监童贯都封王了。明朝虽然恢复了爵位的世袭制度，但严格控制封爵数量，规定“凡爵非社稷军功不得封，封号非特旨不得与”。明朝的贵族只能领取俸禄，没有封地，中期之后还取消了子爵和男爵。

清朝沿用了六等爵，并且丰富了皇室成员的封爵。清朝皇室爵位分亲王、郡王、贝勒、贝子、镇国公、辅国公、不入八分[①]镇国公、不入八分辅国公、镇国将军、辅国将军、奉国将军、奉恩将军十二级。公、侯、伯、子、男和轻车都尉、骑都尉、云骑尉、恩骑尉则是给非皇室成员的爵位。其中，伯爵及以上爵位位列一品以上，是超品；子爵正一品；男爵正二品；轻车都尉正三品；骑都尉正四品；云骑尉正五品；恩骑尉正七品。从公爵到轻车都尉，每一级爵位又分为一、二、三等。清朝爵位也递减世袭，过一代人降一等爵位。此外，清朝还有“世袭罔替”的特例，极少数贵族可以不受递减世袭的约束，世代平级袭爵。清朝拥有这项特权的一共有十二个家族，分别是礼、睿、豫、肃、郑、庄、怡、恭、醇、庆十位亲王和顺承、克勤两位郡王，俗称“铁帽子王”。最后一个“铁帽子王”是庆亲王奕劻，受封时间是1908年。

公主、郡主事实上也是爵位。魏晋以后，公主的丈夫照例授予“驸马都尉”一职。顺带着，驸马也是事实上的爵位。当然了，公主也好，驸马也好，都不可能世袭，公主的女儿不再是公主，驸马的儿子也不再是驸马。驸马在清代称额驸，爵位列于公爵之下、侯爵之上。

从本质上讲，封爵是君主和贵族之间的一种契约、一个承诺。君主以此来表达与兄弟子侄们的骨肉亲情，来酬谢大臣们的功勋。然而，因为贵族们的实

---

① 所谓“入八分”，指的是拥有八种待遇：朱轮、紫缰、宝石顶戴、双眼花翎、牛角灯、茶搭子、马坐褥、门钉。也有说是朱轮、紫缰、宝石顶戴、双眼花翎、背壶、紫垫、皮条、太监。“不入八分”就不能享受这八种待遇。

力和爵位的世袭性，会对君主的权力构成潜在威胁，所以天子始终提防诸侯、皇帝从没放弃对贵族的防范、抑制。承诺是靠不住的，爵位是可以收回的，甚至贵族们的人身安全都没有保障。大抵上，危亡之秋正是用人之际，皇帝们的承诺比较慷慨，爵位比较靠谱。国泰民安之后，皇帝们有空就开始琢磨身边的人，拿贵族开刀了。比如，清朝入关之前，招降纳叛，明朝总兵一级甚至中层将领投降，都封王，如孔有德、耿仲明、尚可喜、吴三桂等人；入了关以后，别说是总兵，就是总督投降，不关起来就算好的了；等天下大定，原来封王的明朝降将的日子也开始难过了。

从爵位制衍生出来的有一个“丹书铁券”的制度。丹书铁券，也称“世券”或者简称“铁券”，是功臣、贵族世代享受特权的凭证。它一般由丹书和铁券两部分组成，丹书就是用朱砂写的文字凭证，以示庄重；铁券，就是在铁块上注功臣的功勋和特权，表示契约像铁一样坚硬和永久。铁券形状如同圆筒瓦，上面的每个字都用金子镶嵌。铸成后分为左右两块，一块由皇帝保留，一块由受封的贵族保管，两块合而为一可验真假。

这个制度源于汉高祖刘邦大赏开国功臣，当时铁券上注明受封者的特权，如世袭爵位、封地与食邑等。到了明朝，铁券还刻明受封者日后犯罪可以凭此免罪，除了谋反叛乱等“大逆”罪行外都能赦免。丹书铁券因此又俗称“免死金牌”。

可惜，免死金牌并不能免死，连免罪都做不到。持券的贵族获罪的比比皆是。据司马迁统计，西汉建立之初受封的功臣超过一百人，封王、封侯，领有丹书铁券。一百年后，开国功臣只剩下五家了，其余家族不是犯法削爵，就是杀头亡命。据说，刘邦曾当面承诺不杀开国元勋韩信：“见天不杀、见地不杀、见铁器不杀。”几年后，韩信就被杀死了。杀韩信的吕后是刘邦的老婆。为了不破坏皇帝老公的承诺，吕后在室内，用布把韩信绑住吊起来，用竹签刺死，果然是“不见天、不见地、不见铁器”。

持有丹书铁券的人中，名气最大的可能是《水浒传》里的“小旋风”柴进柴大官人了。柴进是后周的皇室后裔，宋赵皇室就是从七岁的周恭帝柴宗训手里夺走的天下。官方说法是“禅让”。为了表示尊崇，宋赵皇室赐予柴氏家族丹书铁券。那么柴家生活得怎么样呢？柴宗训禅位后被贬为郑王，徙居湖北，十九岁就死了，没有结婚，没有子嗣。之前，柴宗训的大弟、三弟莫名其妙地“失踪”了，二弟早早夭折，于是后周皇室柴家烟消云散了。[①]

待遇很重要

阶，阶官，表示官员实际等级的官号。它类似于宋朝的寄禄官，领一个虚职，没有固定的职责，又称“散官”。

一开始，有些效劳多年或者功勋卓著的官员，因为年迈或者疾病而辞官，朝廷会在他们辞官之余，任命他们一些虚职，继续领取一份俸禄、享受相应的待遇。这算是给官员的一种优待，事实上这名官员很可能从来没有担任过这一职务，只是享受这一级别的待遇而已。一般是给低级别的官员抬高一两个级别，让他享受高级的待遇。

隋唐以后，阶官开始流行，用来赏赐、拉拢官员，安慰那些在官场竞争中失利、长期得不到提升的官员。比如“检校”原是代理官职的意思，唐朝中期以后就成了散官。不少官员都“检校”比自己现职等级高的官职。宋朝阶官之风更盛，中高级官员在正职之外，都加检校之官。《水浒传》中，梁山好汉接受招安后被授予的节度副使、太尉、保义郎、武功大夫、武德大夫都是散官——想想也是，朝廷怎么会给招安的土匪实职呢？

明清时代，阶官完全成为例行公事，官员人人都加了阶官。比如，明代正一品文官初授特进[②]荣禄大夫，升授特进光禄大夫；从一品初授荣禄大夫，升授光禄大夫。清代官员任满一定年限（一般是两年），或者遇到重大庆典，都可以

① 见俞飞《丹书铁券又如何》，载于法制网。

② 特进：原意为“引见”，西汉成帝时，大臣张禹因老病罢官，仍以列侯身份参加朝觐，引见的时候位置独特（特进），见礼如丞相。行之既久，渐成加官。以赐列侯中有特殊地位者，朝会时位仅次三公。魏晋南北朝时期为加官，隋朝以后特进成为散官。

请求授予相应的散官，称“封赠”[①]。

勋，勋官，是奖赏有功官员的称号。

北周给作战有功的将士授勋，作为奖励。将士受的勋就是勋官。因为受勋者都是出身行伍的赳赳武夫，勋官开始并不为士大夫所重。虽说如此，士大夫们很有吃不到葡萄说葡萄酸的滋味，他们也眼红勋官，逐渐染指勋官名号。隋唐以后，勋官不再为武夫所垄断，中高级文武也获封勋官。唐朝将勋官定为十二转，转多为贵[②]。勋官名有：上柱国、骠骑大将军、车骑大将军、正治卿、资治尹、武骑尉等。明代定文官散勋十级，授予五品以上官员，武官散勋十二级，授予六品以上军官，人人有份，沦为中高级官员的荣誉。清代没有勋官，奖励官员就授予爵位。

阶和勋很类似，都是用来标识官员待遇的，名称也很相近。高级文官的散阶一般是大夫，低级文官的散阶一般是郎；高级武官的散阶一般是将军，低级武官的散阶一般是校尉。勋官一般是柱国、护军和各种都尉、骑尉。

古代还常常追封死者官职，称“赠官”。比如，某位老臣不幸去世了、某位军官阵亡了、当权者要追封自己那来不及享福的早死的老爸，都可以赠官。追封的既有官，也包括爵、阶等。比如，历代野心家篡位前，总要给自己脸上贴金，其中最常用的手段就是追封死去的祖父、父亲官爵。南朝四位创立者刘裕、萧道成、萧衍、陈霸先都出身贫寒，都不约而同地追封死去的祖、父为王，外带尚书令、都督天下军事等官职。此外还可以给死者加谥号。谥号是古代朝廷在官员死后，根据他们的生平给予的一种称号，用来盖棺定论、褒贬善恶。谥号的颁布程序是一定级别的大臣死后，礼部草拟一个谥号，经皇帝同意后赐谥。在古代，一个人能获得谥号是光宗耀祖的大事，仿佛是全社会对他莫大的肯定

---

① 清朝文官的散官封赠分别为：正一品授光禄大夫，从一品授荣禄大夫；正二品授资政大夫，从二品授奉政大夫；正三品授通议大夫，从三品授中议大夫；正四品授中宪大夫，从四品授朝议大夫；正五品授奉政大夫，从五品授奉直大夫；正六品授承德郎，从六品授儒林郎（吏员出身者宣德郎）；正七品授文林郎（吏员出身者宣义郎），从七品授征仕郎；正八品授修职郎，从八品授修职佐郎；正九品授登仕郎，从九品授登仕佐郎。武官正一品授建威将军，从一品授振威将军。

② 唐朝规定凡守城苦战、立一等功者酬勋三转，立二、三等功者，递减一转。凡破敌城敌阵者、杀敌俘虏者也依照办理。

和赞誉。后人对有谥号的前辈多将谥号加在他的姓氏之后而不称名字。比如，欧阳修死后获谥“文忠”，后人就尊称他为“欧阳文忠公”；李鸿章死后也获谥“文忠”，晚清和民国时期人们就尊称他为“李文忠”。

清朝官制还有“缺”一说。所谓“官缺”，指的是清朝对任职者提出了民族成分的要求，比如，某某官必须由满族八旗担任，某某官必须由蒙古人担任，某某官必须由汉军八旗担任，某某官可以由汉族人担任。比如，中央六部尚书必须满汉各一人，侍郎必须满汉各两人，等等。如果满族尚书离任，空出了缺，即便有汉族官员资历、能力都符合条件，也不能接任。这就是官缺的要求，本质上是清朝的民族限制政策。

这么多古代官制的项目，作用大小时有不同。最初的主角是爵位，官职后来居上，从秦汉后渐成核心项目。唐代大臣陆贽说，虽然有品、阶、勋、爵等体系，“然其掌务而受奉者，唯系于职事一官，以序才能，以位贤德，此所谓施实利而寓之虚名者也”。和官职相比，官品用来区分等级、爵位用来酬赏权贵、勋官用来奖励功劳、阶官更多的是安置官僚，它们主要是用来确定待遇，是“虚名”。官职是“实利”。“虚实交相养，故人不渎赏；轻重互相制，故国不废权。”

最后，我们一起来解读本篇开头的四个官衔。

刘昌的官衔可以分为：“开府仪同三司”是阶官，表示刘昌可以开府、可以享受三司的仪仗；“检校尚书右仆射”也是阶官，刘昌并不用去尚书省代理右仆射；“使持节”是一项差使，表示刘昌手持天子节杖，在唐朝可以调动军队；“泾州刺史”是核心官职，刘昌应该常驻泾州；“兼御史大夫”是兼职，授予刘昌监察权；“上柱国”是很高的勋官，可见刘昌立下了不小的战功；“南川郡王”是爵位；“追赠司空”是赠官，朝廷在刘昌死后追封他司空一职。刘昌生前主要是在泾州当刺史，是从三品官，其他都是政治待遇。由此也可见，唐代官衔的书写顺序是阶、官、勋、爵。

范仲淹的一长串官衔其实都是官职：“龙图阁直学士”是馆职、“户部郎中”是本官、“陕西经略安抚副使”是差遣、“兼知延州事”既是差遣也是兼职。范仲淹的核心职务是延州（今陕西延安）知州。延安地处北宋与西夏战争的前线，延州知州是重要岗位，所以范仲淹以安抚副使的身份兼任了这个职务。

孔贞运的官衔可以分为："赐进士及第"表明他是科举出身、"柱国"是勋官、"光禄大夫"是阶官；"太子太保"和"礼部尚书"都是官职，但他本官应该是礼部尚书，主持礼部的工作，太子太保是加官；"兼文渊阁大学士"是兼职，表示孔贞运进入了内阁；"总裁国史玉牒"和"同知制诰、起居经筵日讲"都是差遣，表示孔贞运承担了编辑和讲课的任务。

第四位张令璜的官衔中"诰授通议大夫"是阶官；"吏部右侍郎"是官职、"兼顺天府府尹"是兼职，顺天府就是首都北京，清朝顺天府尹岗位极其重要，不仅被定为正三品，而且还常由侍郎兼任；"前吏部左侍郎"是曾经担任过的职务。张令璜的核心工作，应该是治理京城。

扩展思考：官僚制度

1. 官僚制度发达是中国古代历史的一大特点。有观点认为，中国古代社会就是一个官本位的社会。官僚制度强大到超越政府范畴，泛滥到其他领域，如文化教育、经济贸易、社会生活等。请问，你认同这样的观点吗？

2. 科举制度是中国的发明。通过考试来选拔官员，这种方法被今天的公务员选拔制度所沿用。在古代，科举制度在增加社会流动性的同时，也束缚了读书人的出路、限制了读书人的思考。请问，你如何看待考试选官制度？

公产私财

说说古代的国有经济

自国家诞生以来，政府直接参与经济活动，建立各种形式的国有企业，确有客观需要。但这些国有企业官僚化、行政化、衙门化，在经营中既当裁判员又当运动员，就不应该了。古代中国政府公权力就渗入经济活动，建立了一系列的国有经济形态。这套形态有理论基础，有外化形态，历史悠久，算得上是观察中国古代史的一个切入口。

从“井田制”到“经济统制”

经济国有思想在中国历史悠久。受后人推崇的先秦“井田制”，人尽其能，各人耕种自己的一亩三分地，看似宽松富足，但他们只有土地使用权，没有所有权。井田制本质上是土地国有、等额承包的制度。当时不仅是农田，凡是双眼所及之处都是国有的，所谓“普天之下，莫非王土”是也。当时的天子，“公私分明”，凡是使用权给予臣民的土地收入，比如，田租赋税，归入国库；凡是禁止百姓使用的山林河流的收入，归君主私人享受。在汉朝，前者收入归大司农所管，支持政府运转，后者归少府所管，政府无权支配。随着人口的增多，人们渐渐侵入君主所有的山林、河流，又在农业基础上发展出了工商业。政府禁而不绝，就在交通要道和城郭处设置关卡，向工商业者征收重税，等于默认了私人工商业的存在，同时参与分配，从中分得很大的一杯羹，算是行使自己的所有权。

需要指出的是，古代各朝各代对农民的田地使用权相当尊重，很少剥夺农民的使用权，同时承认农民之间对田地的继承、买卖关系。所以，古代农民对土地的使用权近似于所有权。但这种权利和所有权还是有距离的，起码在观念上，官府、社会和人们都承认土地国有的合理性。

秦朝是在法家思想指导下统一的中国。法家主张国家的统一、秩序和强盛，为此国家要力行集权，削弱社会力量，掌握足够多的资源。国家对经济的强制参与也就顺理成章了。同时，法家力求政权稳固，排斥社会流动性，视工商业为不稳定因素，主张“农本工商末”“重本抑末”。重农抑商思想自秦朝产生后，被后世朝代奉为圭臬。

西汉初期信奉清静无为，公权力自动退让，中国社会拥有了短暂的自由经济时期。到汉武帝时期，工商业经过几十年的发展，相当繁荣。吴王刘濞、大夫邓通和少数大商人，富可敌国。商税超过了田租，少府收入胜过了大司农，也就是汉武帝私人收入超过了西汉政府的收入。汉武帝屡次出击匈奴，每次都是大手笔，向南又镇抚蛮夷，朝廷入不敷出。汉武帝拿出少府的收入支持政府，还是不够。他鼓励富裕百姓，主要是盐铁商人，向朝廷捐款，结果应者寥寥。

“汉武帝不禁要想：你们的钱究竟由哪里来的呢？岂不是都由我把山海池泽让给你们经营，你们才能煮盐冶铁，发财赚钱。现在我把少府收入都捐献给国家，而你们不响应，那么我只有把全国的山海池泽一切非耕地收还，由我让给政府来经营吧！这便是汉武帝时代有名的所谓盐铁政策。

“盐铁是当时最大最易发财的两种商业。……汉武帝再不让商人们擅自经营了，把其所有权收回，让政府派管理去自己烧盐，自己冶铁，其利息收入则全部归给政府，于是盐铁就变成国营与官卖。这个制度……直到清代，小节上的变化虽然有，而大体上总还遵循这一政策……这一制度，也不专限于盐铁两项。又如酒，这是消耗着人生日用必需的米麦来做成的一种奢侈享乐品，因此也归入官卖，不许民间自由酿造。”[①]

国有思想和法家思想相结合，在汉武帝时期内政外交的刺激下，定型成了“经济统制”政策。

盐铁政策，不单单是将煮盐冶铁之类收归国营，还包括政府垄断铸币权，将与人们日常生活息息相关的一些行业，包括丝织业、酿酒业等收归国营，国家统一规格、限定数额、垄断经营。此外，汉武帝还垄断大宗运输业，定为“均输”制度；在重要市场设置官员监视与平衡物价，定为“市易”制度。这是一整套的、全方位的经济统制政策。相对应地，西汉出现了不少参与经济活动的部门和官吏，产生了规模不小的国有经济。“国有企业”的雏形也出现了，如“大汉酒业集团”“长安丝织厂”“国营无锡锡矿”等。

市场和国家的力量，各有长短和利弊。对于经济活动来说，绝对的国家参与和纯粹的自由竞争，都是不可取的。解决之道，是在两者的糅合当中找到一个“度”，一个国家和个人、官府与社会都能接受的度，一个有利于经济发展的度。可西汉的“经济统制”政策是在政府对自由经济的否定之后推行的，带上

---

① 语出钱穆《中国历代政治得失》。

了过强的国家色彩，短期内给西汉王朝增加了巨额收入，但这是建立在经济活动质量的下降上的。比如，国家垄断食盐经营后，盐价立刻上涨，质量却下降了；铁器国家垄断经营后，负责铁器生产的官吏倾向于生产利润大、见效快、面子上好看的大型器皿，而不是一般百姓需要的犁、锄头、小刀等小型铁器。此外，国营机构的服务态度、对科技创新的热情，都大打折扣，最后受伤害的是大多数人的利益。

信奉法家思想的汉武帝依然在追逐短期效益。他进一步创造了“算缗”制度，也就是向私营工商业征收运输税和资产税，向运营车辆、船舶征收一两成的运输税。商人为了避税，纷纷隐瞒名下的交通工具和财产。汉武帝又跟进推行“告缗”制度，鼓励民间举报逃税者，官府查封逃税者的财产，举办者可以获得查封财产总额一半的奖励。经此一闹，私营工商业顿时气馁，完全不是国营经济的对手了。

西汉明令禁止官吏私自经营工商业，此项政策也被后世王朝所继承。士大夫阶层是统治阶层，怎么能自降身份，去做社会末层的商人呢？所以士大夫阶层是耻于从商的。

唐代的国有经济

隋唐是之后王朝政治制度的奠基者。唐朝参与经济活动的行政管理部门分别是户部和工部。户部所属四个司中，金部司直接管辖两京市、宫市等交易之事，直接参与市场活动，算是“大唐两京贸易集团”（下辖长安、洛阳两大分公司）的上级主管单位。工部所属四个司中，工部司管理土木工程，既直接参与建设活动，又负责城市规划，既当管理者，又当裁判和运动员，将“大唐建设部”和“大唐建设集团”合二为一了；屯田司掌管天下屯田事务和官员的公田分配，负责全国的国有农场和公田，可谓是“大唐国有农田集团”；虞部司掌管苑囿和国有山林、沼泽、草木，负责全国的国有林场和山地，可谓是“大唐国有山林集团”；水部司（这个衙门名字好，中唐诗人张籍就在这个衙门当过员外郎）管理全国的航运、船只、桥梁、漕运、渔业等，相当于“大唐船舶、水运和桥梁集团”一类的巨无霸。这些国有企业，如果一定要套行政级别的话，大体上算是司局级。

户部和工部的这些司，虽然直接参与市场经营，掌握庞大的国有经济，但主要还是承担行政管理工作。进士出身的郎中、员外郎们，将主要精力放在行政管理上，不太愿意参与经营，实在迫不得已要插手经营也往往征发劳役或者“外包”。比如，水部员外郎张籍要去修缮某座桥梁，他就会行文当地官府要求提供劳役，然后委托熟悉的老吏、工匠多用心。张籍本人最多会去造桥现场“视察”一两次，以示重视。我们似乎可以认为，唐朝政府直辖的国有经济活动并不活跃。

更直接参与、更热衷经济活动的唐代衙门，还是属于内廷的非行政机关，如各寺、卿、监。

比如，唐代有将作监，掌管宫室建筑和宫廷各种需求器物的打造。将作监集中了数量可观的熟练工匠，制造小到象牙雕刻，大到皇帝出巡的龙船等产品，至于漆器、兵械、碑刻等更是他们的主要产品。将作监相当于“大唐宫廷物资集团”，最高长官也叫将作监，从三品，级别一下子从司局级上升为部级（最有名的将作监，可能要算热播电视剧《神探狄仁杰》里的沙尔汗了）。其助手将作少监是从四品下。总之，将作监没有行政管理的职能，完全从事经济活动（虽然主要客户是皇室），市场活动活跃，级别也大为提高。

与之相似的还有古老的少府监，工作内容与将作监相似，但更为精细，主要负责供应皇帝的私人器物、后妃们的服饰以及宗庙仪器等，相当于“大唐宫廷工美集团”，主管少府监也是从三品，将整个衙门的级别提升为部级。少府监除设有中央各官署外，还兼管诸治监、铸钱监、互市监。诸治监、铸钱监建造在外地有矿山，尤其是有铜矿的地方，冶金铸币，可算是“大唐冶金工业集团”“大唐造币总公司”，因为负责人由所在地的都督、刺史兼任，所以级别不一，大体在部级和司局级之间。而掌管与藩属国贸易的互市监，类似于“大唐进出口总公司”，因为负责人是从六品下，副手级别是从八品下，因此级别不高，略低于司局级——可见唐朝对外贸不重视。

此外，唐朝还有与水部工作内容相似的都水监，负责水道疏浚、渡口沟渠的监管，类似于水部的执行机构，可又是一个独立的衙门，不归水部管辖。都水监的级别在中央诸卿寺监中是最低的，长官是两个并列的都水使者，只是正五品上的司级干部。机构也很小，主要是在各个渡口设置的令、丞，类似于后代的“某某管理处”，他们只是九品小官而已。

这么看起来，似乎唐朝的国有经济不太发达，其实不然，唐朝还有强大的“大唐盐铁转运集团”，由盐铁转运使负责。

盐铁转运使由转运使、盐铁使两个职务合并而成。唐朝继承盐铁专卖制度，垄断食盐、冶金和茶税等，设置了专门的盐铁使；转运使则负责漕运转输，主要任务是把东南地区的盐利茶税等运输到关中地区。唐中期后，盐铁使、转运使合并成一个职务。盐铁专卖利润丰厚，是唐朝的主要收入。“通天下之财，而计其所入，总一千二百万贯，而盐利过半。”可以说，单单“盐铁转运集团”一家国有企业就支撑了大唐王朝的财政收支。

唐朝的这个框架，沿袭到宋朝之后。到明清时期，皇权专制加强，以宰相为首的行政机关在萎缩，外朝和内廷的机构有合并的趋势。都水监在明朝并入了工部，将作监、少府监并入了清朝的内务府。清朝的内务府集合了大量内廷机构，内部各衙署直接参与经济活动，满足宫廷需要。

明清还派出大量差官、临时机构，参加经济活动，大大拓展国有企业的势力范畴，其中值得一提的是织造。明清在江宁（今南京）、苏州、杭州等江南富庶地设局，织造各项衣料及制帛诰敕彩缯之类，兼及采办物资，供应宫廷之用。这些都是明确的官营纺织企业，相当于“国营江宁纺织公司”“国营苏州纺织公司”“国营杭州纺织公司”。它们既自己购买原料、设备，招募工人进行生产，也向当地工匠提供“订单生意”“来料加工”，或者干脆从市场上购买宫廷需要的物资（有的时候是明抢，为此引起过群体性事件）。

在明朝，管理这些织造局的人是宫廷派遣的“提督织造太监”。清朝改用内务府奴才，称织造。最有名的织造要算大文豪曹雪芹的祖先了。他的曾祖曹玺从内务府营缮司郎中的职位上调任江宁织造，祖父曹寅以康熙侍卫的身份出任苏州织造。郎中是正五品官员，皇帝侍卫中最低级的四等侍卫也是从五品官员，由此大致可知，织造为司局级干部。苏州织造李煦（《红楼梦》中贾母原型的哥哥）是从韶州知府位置上调来的。知府是从四品。这也坐实了织造局的大致级别。

从曹寅在任时造成五十万两白银亏空这一“罪行”来看，织造局业务发达，资金往来巨大。它们不仅圆满完成了宫廷交办的物资供应任务，还创造了不错的经济效益。康熙四十五年（1706 年），曹寅加授通政司通政使衔，李煦加授大理寺卿衔。这两个官衔都是正三品。李煦后来再次加授户部右侍郎衔，荣升为正二品。如果机械地以负责人级别来判定国有企业级别，江宁、苏州两个织造局都升格为“副部级企业”了。

洋务企业像衙门

近代以后，洋务企业兴起。这些企业与传统的官营工商业不同，使用的是新式机器、雇用了大量工人、按照西方工厂形式组织生产。这些新兴的企业依然受制于政府公权力，浸染了深厚的官场习气，非但没有逃脱国有企业的窠臼，行政化、官僚化反而更加严重了。

洋务企业主要有两类。第一类是纯粹的“官办企业”，如江南制造局、轮船招商局、安庆军械所等。官府直接任命官员为企业负责人，按照官府组织形式配置管理层，根据官场的作息、习惯和标准来生产经营。比如，“（江南）制造局积弊，再换一总办，即添用心腹委员三四十名，陈陈相因，有增无减，故司员两项，几至二百，实属冗滥”。第二类是“官督商办”的企业，名义上“商办”，实际经营管理大权依然操在官僚手中。官府委派一批官僚来企业“督办”“会办”“帮办”。

西方人考察中国近代企业时，常常奇怪工厂里有一些衣冠楚楚的人，在若无其事地闲坐、喝茶、聊天，此外还有更多的人为他们端茶倒水、听候使唤。不用说，这些人就是衙门派来“监督”“帮助”企业经营的官员。这些人除了偶尔训斥工人外，从不过问企业经营，主要精力放在了迎来送往和“跑衙门”上。

他们所争的是企业的级别：到底是朝廷直辖的企业，还是省级创办管理的，还是州府县的小企业。似乎进了高一级的企业，就进了更高一级的衙门，有更好的“官途”。企业被当成了攀比级别的机关，论资排辈的场所。

李宗仁年少的时候曾经去类似的企业——纺织习艺厂做过工，在晚年回忆录中向我们描绘了官办企业的内部情形：

这时候，各省正在试办“新政”，广西省新设奖励工商业的“劝业道”，并在桂林城内设立“省立公费纺织习艺厂”，招收二百学徒，学习纺织。……这习艺厂是由桂林城内原有的“考棚”改建的。建厂的目的是训练一班学徒用新式方法来改良旧式的木机织布。这在当时算是新式的工厂，规模很大，厂长似由劝业道道台自兼，训练也还认真。我们的厂长既是一位大官兼的，厂内自然也有些官场应酬。我记得厂中当局有时在厂内请客，规模极大。我们学徒只可从远处看去，那一派灯光人影、呼奴唤婢的场面，真是十分烜赫。

我在这厂内一共学了半年关于纺织的初步技术——从下水浆纱，到上机织布，我都学到了。光绪三十三年（1907 年）春初，我十六岁时，学习告一段落，我便回家了。政府设厂的初意，原为改良农村手工业，增加农民副业生产，我回家之后，大家都欢喜，就买了一部新式木机，从事织布。才过半年，由于家人对织布一事，无太大兴趣，也就算了。这时父亲又已应聘到姑丈家教馆，我便又跟着父亲到姑丈家读书，而姑丈对织布倒颇有兴趣，他在桂林买了一部木机，要我教表姐们织布。谁知我在习艺厂所学的，仅是一些皮毛，故浆纱时，把纱浆焦了，一旦上机，随织随断，弄得十分尴尬。后来我又曾应聘到别村李姓家里教织布，可是均告失败。

为什么国有企业在清朝末期爆发“衙门化”呢？

首先，清末出现的工商企业并不是在自然经济基础上产生的。它们资金需求量大、占地广、事务繁重，包括引进外国技术、官吏和人才等，到处需要与官场打交道，公权力很轻易就侵入了近代企业。

其次，此时中国社会已经被“官本位”思想彻底攻陷。有能力者，无不思得一官半职。官场冗员充斥，比如，南京城里“婊子多、驴子多、候补道员多”，都能填补全国的道台职位了。衙门一旦发现了洋务企业这块“新大陆”，还不把它们当作安置冗员的出口、官员的蓄水池？江苏是洋务企业的聚居地，往往一家企业里有一名候补光禄卿、两名候补按察使、四五名候补道台和知府，至于候补的知县、县丞等就要数以十计了。同样，创办企业者也自觉不自觉地向衙门靠拢，看脸色，比级别，申请“红帽子”，自动行政化了。

最后，在官本位思潮冲击下，中国的私人工商业者不是将剩余资金投入再生产，而是拿来“投资”官场。稳妥之人拿钱来置地，转变为地主，然后花重金设置家塾，请最好的先生教导子弟，希望后代能够科举高中，踏入官场正途；急躁之人则拿赚来的钱捐官买官，直接在有生之年过过官瘾。总之，他们不是想着如何延续工商事业，而是急着和工商业洗刷干系，跻身社会“主流”。这也是清末的近代事业大多官办，私人企业不强的重要原因。

官办或者“督办”的近代企业虽然不像传统国有企业那样兼具行政管理或者强制垄断的性质，但还是得到了朝廷的诸多扶持，比如，减税免税、平价物资、注资贷款和某种程度的垄断。比如，轮船招商局从初创时便享有从上海到天津的免税优惠，还享有运输漕粮的特权。在贷款方面，招商局得到了大量官款，到 1879 年清政府累计向它注资达一百九十二万八千两，而且李鸿章多次出面为该局请求缓息或免息。这种扶持加深了公权力对企业的控制，企业也产生了“等、靠、要”思想，逐渐丧失了自主经营的能力。许多企业内部官僚作风严重，管理混乱不堪，任人唯亲、人员冗杂、扯皮推诿、营私舞弊等现象与官场无二。如轮船招商局的分局、各船、各栈负责人不是姓唐就是姓徐，内部人想干事必须打通关节，而那些唐姓或者徐姓的中层干部，又“皆不在其事，但挂名分肥而已”。企业效益低下，毫无生气，集历代国有企业弊病于大成。

国有企业时而爆出匪夷所思的丑闻，国有资产流失，举国哗然，最后也能按照官场的方式大而化小，小而化了。开平煤矿集团是晚清的大型煤矿之一，主管的张翼原本在醇亲王府饲马，是两代醇亲王奕譞、载沣的亲信奴才。八国联军侵华期间，北方局势动荡，开平煤矿不稳，张翼忧心忡忡。英国人利用张翼不懂洋务，采取坑蒙拐骗的手法，骗得张翼将矿产以极低的价格卖给英国人，“得以保全”。舆论大哗。朝廷也逼张翼去伦敦诉讼，要求赎回开平煤矿。载沣监国后，张翼仗着载沣的信任，颠倒黑白，吹嘘自己“中外合办”煤矿的功劳，还进一步将开平附近地脉相接的矿产以及秦皇岛通商口岸附近土地，承平、建平等地金矿银矿，都交给英国公司经营。河北士绅联名反对，要求惩办卖国贼张翼。载沣念旧，加上老福晋在一旁说张翼的好话，他非但没有惩处张翼，还追认了张翼的卖国行为。清朝自办矿务以来，开平周边矿产获利最多，最后竟然被英国人侵吞，有识之士莫不扼腕叹息。

以上谈的都是国有企业，它们有级别，而私人工商企业从诞生起到清末都没有级别，没有被官化。私人工商业者要想过过官瘾，只能自掏腰包买官帽戴戴，他们的企业并不能因此获得相应的级别。

晚清政府为了破除经济困境，鼓励私人企业发展。慈禧太后和大臣们认为最好的激励手段就是"赐官"，根据企业的资金额来赏赐创办者不同的顶戴。1903 年，清政府颁布《奖励华商公司章程》，规定筹集资本五十万元以上者可获任商部五等议员，加七品顶戴；资金越多，品级越高，资金五千万元以上者"赏商部头等顾问官，加头品顶戴，特赐双龙金牌，准其子孙世袭商部四等顾问官，至三代为止"。

朝廷的动作不可谓不大，可惜门槛太高了，谁能有五千万元以上的资金啊？就是有五十万元的人也不多。何况当时卖官鬻爵大门已经洞开，官帽批发价持续走低，购买一个七品顶戴只要几千两银子就可以了，四品道台的标价也不到一万两。拥有数十万巨额资产的私人，早就官帽在头了，而且还多买了几顶，给儿子、侄子、孙子预备着。所以，清政府的奖励章程姿态大于实际，覆盖不到中小企业家，对大企业家又缺乏吸引力。

朝廷也许意识到了这个问题，在 1907 年修订奖励章程，大幅度降低了门槛，全场"四折优惠"，如最低门槛由五十万元降至二十万元，最高奖励由五千万元降为两千万元。同时，清政府颁布《华商办理农工商实业爵赏章程》，在"赐官"之外附带"封爵"。规定中国人投资实业两千万元、一千八百万元、一千六百万元以上的分别赏封一、二、三等子爵；投资一千四百万元、一千二百万元、一千万元以上的分别赏封一、二、三等男爵；投资七百万元、五百万元以上的分别赏三品卿、四品卿。最低门槛降低到十万元，凡达到者都赏给五品衔。为了吸引中小资本家，农工商部又制定了"部门规章"，推出七品、八品、九品三种

“奖牌”，分别授予出资一万元至八万元的私人。总之达到一定规模的企业一律“收编”，企业家都戴上官帽。

晚清官府往往做什么都挨骂，不过奖励章程却得到了私人企业家的好评。要知道，他们昨天还被认为“四民之末”“为富不仁”“无商不奸”，今天却被告知可以“加头品顶戴”“赐双龙金牌”，不禁感慨：“今乃以子男等爵，奖创办实业之商，一扫数千年贱商之习，斯诚稀世之创举。”官帽对他们也有现实帮助，头戴官帽交际起来底气无端足了许多。县城里的那些芝麻小官，无端也不敢来找私人企业的麻烦了。所以，在理论和实践中，企业家都欢迎奖励章程——虽然他们的企业还是不能和国有企业相比。不过，古代企业走到这一步，算是彻底沦陷在官本位的泥潭中了。

扩展思考：国强民富

1. 有观点认为，中国古代商业是自由发展的。官府“重农抑商”，对工商业并不在意，除了少数国有工商业作坊外，并没有介入工商业。试问，古代工商业是否官化色彩浓厚？

2. 政府公权力插入工商业，涉及国家能否与百姓争利的道德问题。试问，政府公权力是否应该插手工商业活动？

千年科举
铁打的考试，流水的官

清朝某年，江苏乡试，有位拄着拐杖的老秀才应考，挤在入场的人群中蹒跚而行，引人注目。主考官仔细打量这名老秀才，大吃一惊：这不是当朝内阁学士兼礼部侍郎王鸣盛的父亲王尔达吗？他忙走上前劝王老秀才说："老伯正当颐养天年，不必来吃这苦了。"王尔达正色说："你错了，大丈夫奋志科名，应当自己取得，如果借着儿孙之福，自暴自弃，我深以为耻。"王尔达的这份执着在科举时代赢得了一片赞叹声。这片声音的背后隐藏着全社会对科举功名的尊崇和追求。晚清名臣曾国藩二十八岁时以第三甲四十二名的成绩考中了进士，应该说年轻有为，很拿得出手，但曾国藩却对此耿耿于怀，引为终生憾事。为什么呢？他嫌自己的名次太低了。

中国古代，科举引得无数读书人皓首穷经，孜孜以求，进而塑造了读书人的言行操守。科举不仅仅是读书人入仕的准入证、做官的敲门砖，还渗入官员的交往进退、宦海沉浮；它不仅仅让士大夫沉溺其中不能自拔，还像是一张大网包裹住社会的方方面面。

从世袭到考试，这是大进步

科举制度涉及的政治内容是官员的选录问题。

最初，中国的官位是世袭的。一个人的家庭出身决定了他的政治地位，王公卿士世代垄断官职。平民子弟想要跻身官场就必须付出极大的努力，建立骄人的功绩。西汉之后，征辟制兴起，成为世袭制的补充。朝廷可以征召地方贤才，官员可以荐举孝子廉吏做官。征辟制为官场选取了部分德才出众的官吏，但这样的操作缺乏透明度，征辟的标准操于权贵之手，得官的人数也很少，对改变平民子弟的政治地位帮助不大。征辟制到魏晋时代被九品中正制所代替，人才被分为上、中、下三等九个级别，分别授予官职。权贵家庭把持评定，相互攀附，出现了“上品无寒门，下品无士族”的局面，形成了变相世袭的门阀政治。平民子弟的入仕途径依然窄小，改变社会地位的可能性不大。权力垄断官位分配，导致大批身体羸弱、不识五谷、畏马如虎的士族子弟二十岁就能登殿入阁，而普通人家子弟即使才能出众，年过三十也仅可补为刀笔小吏，从底层做起。这是不公平的，也不利于政治体制本身的新陈代谢。

在这样的背景下，隋唐科举制的横空出世，无疑是历史的进步。科举开放了政权，摒弃了出身、地域、年龄等外在因素，只考量个人学识，允许所有人自由竞争。所有想做官的人，只要能通过统一的考试就能入仕；相反，即便是王侯子弟，通不过考试也只能做一辈子平民百姓。这就排除了权力因素的干扰，限制了既得利益集团，在理论上实现了公平公正。同时，考试剔除了那些不学无术的纨绔子弟和碌碌无为的庸才，能为政治体制补充高质量的官吏。这对政治体制的高效运转和长远发展是有益的。所以，科举制设计秉承的公平公正原则和择才而用的做法，相对于之前各项入仕制度有着巨大进步。

“朝为田舍郎，暮登天子堂。将相本无种，男儿当自强。”

从诞生直到1905年的一千五百年间，科举制在中国雷打不动。隋唐以后，官员选拔的主要途径是科举考试。皇帝可以换，王朝可以变，甚至统治民族也在变，但开科取士的做法几乎没有变过。它以开放的姿态，高举公平公正的旗帜，给所有人入仕的希望。希望在，梦想就在，就有大批人甘愿困守其中，支持这项制度。

大规模科举取士，兴起于唐朝。唐朝的科举考试由礼部负责，允许天下读书人自由报考，州县地方官员不得阻拦。相对于之后的层层考试选拔，唐代科举只考一次，最简单、最直接，读书人进入官场的程序成本也最低。但是，唐朝的科举考试与后世不同的一点是，通过科举考试的进士仅仅是获得了一个做官的资格，并不能成为正式的官员。要成为正式的官员，进士们还要通过吏部主持的官员录用考试。只有考试合格了，才能上报皇帝批准，再由吏部授予他正式的官职。通过官员录用考试，唐朝称之为“中式”。一个人只有既通过科举又中式，才能够迈入官场的大门。

由于唐朝科举考试处于草创阶段，规章制度并不像后世那么严格。比如，唐朝科举考试之初是不糊名的，试卷上写有考生的姓名、年龄、籍贯等内容。考官在判卷的时候，并不仅仅看考生答卷质量的高低，也要参考考生平时的文章、名声，甚至要看这个人的家庭出身，主观因素很大。武则天当政时，为了防止官员徇私舞弊，开始要求试卷糊名。但是吏部的录用考试，则要进士去面试，申报自己的出身、家世，包括爷爷、爸爸的身份、有无官职等内容。这样，负责官员暗箱操作的可能性就很大。因此，读书人在唐朝参加科举和官员录用考试，不仅要凭真才实学，还要到处拉名人和达官显贵推荐自己。考生们纷纷奔走于公卿豪门，向他们投递自己的代表作，称“投卷”。投卷在唐朝是公开允许的，考生向礼部投的叫官卷，向达官贵人投的叫行卷。社会名流、达官显贵如果觉得这个考生真有才华，往往会对其极力称赞，大为荐举。

大诗人白居易到长安应试时，就向前辈诗人顾况投递了自己的诗作《赋得古原草送别》，受到后者的极力称赞。据说，唐玄宗初期的状元王维也是投卷的成功例子。王维未满二十岁就在文坛崭露头角，文章闻名一时。当时，太平公主势力很大，已经暗示当年科举考试的主考官录取某某人为头名。王维晚到一步，就向唐玄宗李隆基的弟弟、岐王李隆范求情。李隆范有意抬举王维，就带了他去见太平公主。王维年轻英俊、风姿优美，太平公主惊为天人，问岐王："这是什么人啊？"岐王回答说："知音者也。"太平公主就让王维演奏流行的曲子，王维一曲下来，声调哀切，满座之人为之动容。太平公主大为惊奇，岐王李隆范趁机说："这个后生不但精通音律，在文学方面也是独步天下，无人能出其右。"太平公主更高兴了，问王维："你带了写的文章没？"王维早已准备好，把诗卷呈给太平公主。公主读完，惊叹道："这些文章都是你写的吗？我们常说古人的佳作，原来都是你的作品啊！"于是，太平公主让王维坐在自己的旁边，之后又把今年科举主考官叫来，授意他一定要录取王维为状元。于是，王维少年及第，一举摘取了科举头名。

当然，像白居易、王维这样行卷一次就大获成功的人毕竟是少数，绝大多数的唐朝读书人为了能做官，不得不低三下四，到处去求人，到处去投递自己的文稿，希望得到赏识和荐举。长安城中，"天下之士，什什伍伍，戴旧帽，骑蹇驴，未到门百步辄下马，奉币刺再拜，以谒于典客者，投其所为之文，名之曰'求知己'。如是者而不问，则再如前所为者，名之曰'温卷'。如是而又不问，则有执贽于马前，自赞曰'某人上谒者'"。可称得上是斯文扫地。

在众多失败的投卷者中，最典型的可能要属中唐大文学家韩愈。韩愈出身于无名无姓的布衣百姓家庭，虽然从小发愤学习，但历经三次挫折才考中进士，考中进士以后连续四次参加吏部录用考试都不合格，困居长安十年。他曾经自怨自叹地说，我想当个九品芝麻小官都成了奢望，想获得一亩之地的官舍都难以实现。所以说，唐朝读书人做官虽然简便、直接，但是普通人家子弟入仕还是相当困难。整个知识界和官场弥漫着一股请托和攀附权富的风气。等到韩愈做了大官，又成为文豪以后，他也成了读书人行卷的对象。有一次，有一个考中进士的读书人来找韩愈，希望韩愈推荐自己。韩愈就给他出了一个主意，让他住在长安城里的某个寺庙里，表示自己清贫廉洁，然后在某天早晨出门游玩。这名进士一一照办。到了那一天，韩愈叫上另一位侍郎，一起去拜访这名进士，他已经遵照韩愈的嘱托出了门，韩愈和那名侍郎大人当然就扑了个空。于是，韩愈提笔在庙门口上大书："侍郎韩愈、侍郎某某，至此访某某进士不遇。"由于这座庙在长安的繁华之地，人来人往，这条标语很快就传遍了整个京城。连两位朝廷高官、当代文豪亲自造访都找不到的进士，自然是名声大震，身价陡增。很快，他在吏部的录用考试当中高中榜首。

唐朝的科举考试也好，吏部录用考试也好，主观性因素实在是太大。整个过程看上去很严密，但实际上是一个花架子。到了宋朝，统治者采取了一些措施对科举考试进行了改革和完善。比如，认真执行了武则天时期就实行的糊名制度，在试卷上不准出现考生的任何个人信息；同时建立了誊录制度。考生用墨笔作答的考试原卷被称为墨卷。为了防止考官辨认考生的笔迹，或者考生和考官串通后在考卷上留下特定的记号，由专门人员将糊名后的墨卷编号，交给抄写人员用红笔重新抄写一份答卷，新卷子叫作朱卷。朱卷抄写完毕以后，又由专门的校对人员将墨卷和朱卷进行校对，确认无误后分别封存。墨卷存入档案，朱卷交给考官审阅。主考们选定高质量的朱卷后，再根据朱卷上的编号调出墨卷，拆开糊名的封口，查看考生的姓名、籍贯等。这个过程要当众开封，当众填写姓名，当众放榜公布。为了防止这一过程再有纰漏，放榜后，各地的试卷还要调礼部复查，称磨勘。

宋朝科举考试的主考官是由皇帝在考试之前临时任命的。宋太宗任命翰林学士苏易简负责当年的科举考试。苏易简接受任命以后，为了避嫌，将自己关在贡院里不肯回家，也谢绝与外人往来，以示自己的清白、廉洁、公正。从此，考官接到任命后，都要被锁在贡院里面，称锁院制。这项制度也成为一项惯例。

唐朝由吏部主持的官员录用考试，在宋朝也被取消了。读书人只要通过科举获得进士身份，也就等同于获得了官职。

宋朝对科举考试的大幅度规范和严格要求，大大限制了官僚特权，从效果上来看，基本扭转了唐朝读书人行卷行贿、依附权贵的恶行，这就保证了有才干的平民子弟进入仕途。在宋高宗绍兴十八年（1148 年）中举的三百三十名进士当中，姓赵的皇氏宗亲有二十五人，城市出身但未必都是官僚子弟的进士有三十人，其余将近三百人都是从农村乡间来的普通地主子弟或者干脆就是农民子弟。这就大大保证了科举考试的开放和公正。宋朝的读书人只要有意当官，能够通过科举考试，基本上都能够做官。

科举考试的六个层次

明清时期是中国科举制度高度完善的时期，程序完备、制度森严，在社会上影响深广。现代人讲科举一般以明清科举制度为对象。我们来看看明清时期一个读书人是如何一步一步走完科举程序的。

读书人在获得功名之前统一被称为童生。童生要想获得功名就得“入学”，参加由政府组织的“童试”。童试每年考一次，因此也被称为“岁试”。童试由县里组织，主要考一个读书人的文字水平，以及他对“四书五经”的熟悉程度，难度比较小。通过童试的人能够获得最初级的功名，被称作生员，俗称秀才。秀才是功名的起点。获得秀才功名以后，读书人就从百姓阶层跃升到士大夫阶层。凡是有功名的读书人可以遇官不拜，遇到诉讼或者刑事案件的时候，官府不能逮捕秀才，而只能传唤他到庭应诉。如果有功名的读书人的确涉及违法乱纪，地方政府要向本省学政申请，剥夺该读书人的功名后才能对他进行审讯并进入司法程序。所以秀才也可算是一个人鲤鱼跃龙门的第一步。秀才又分为三种：成绩最好的被称为廪生，有一定的名额，入学以后由政府发给一定的粮食；其次是增生，也有一定的名额；童试成绩一般以及新“入学”的读书人被称为附生。

县里的秀才为了能参加省里的考试，要接受本省学政巡回举行的考核。成绩优良的秀才才有资格去省里参加更高级的考试。这级考试被称为“科试”或者“科考”。科试每三年举行一次。

省级的考试在省会举行，称为“乡试”，也是每三年一次，和科试期限相同。乡试又被称为“大比”，由于在秋季举行俗称“秋闱”。乡试考核的内容比童试要严格，除了考核写作水平以外，还要考核对“四书五经”等儒家经典的理解程度。乡试要连考三场，每场考两天，对人的体力要求很高。考中乡试的秀才被称为举人。头名举人被称为解元。历史上最著名的解元可能就是明朝时期的唐伯虎了。唐伯虎当初考中了江苏省的解元。举人是科举功名的第二个等级。获得了举人资格以后，读书人就获得了做官的资格，可以参加官府举办的官员挑选。

乡试结束后的第二年春天，一般是三月份，由礼部在首都举行“会试”。会试又称“礼闱”，或者称“春闱”。参加会试的人是各省举人。会试考的内容除了对“四书五经”的理解和一个人的写作水平外，还涉及政策研究的内容，要求考生了解朝野关注的政策、时事，根据儒家经典提出相应的对策。通过会试的举人一般被称为贡士。贡士的第一名被称为会元。贡士就相当于候补进士了。

再高一级的考试是“殿试”。殿试由皇帝亲自主试，一般在会试的第二个月，也就是四月份举行。考试的内容主要是很现实的政策。参加殿试的贡士不被淘汰，所有人都能中进士。皇帝亲自将殿试的贡士分为三甲录取。第一甲赐进士及第，一般只有三个人：第一名俗称状元，第二名俗称榜眼，第三名俗称探花。如果一个人在乡试、会试、殿试当中全都考中了第一名，也就是连得解元、会元、状元三个荣誉，他就可以被称为“连中三元”。在古代，参加科举的读书人连中三元的情况极少。从隋唐时期一直到清朝末年，连中三元的读书人据说只有十个左右。第二甲一般录取几十个进士，他们被赐进士出身。第二甲的第一名俗称传胪。没有进入第一甲和第二甲的贡士，全都被归为第三甲进士，他们被赐同进士出身。

至此，考试还没有结束。为了真正获得官职，他们还要参加最后一轮，也就是第六轮的考试。除了第一甲三人之外的其他进士在清朝还要参加“朝考”。朝考本是清朝初期皇帝为了防止科举考试中作弊，对所有已经被录取的进士再次进行考核，后来逐渐成为惯例。朝考内容多有变化，一般包括两方面：一方面是论、疏，主要是考一个人的政策研究能力和公文书写能力；另一主要方面是考一个人的诗文，也就是文学、书法和文艺水平。朝考优秀的人可以进入翰林院，被称为庶吉士。其余进士则直接进入官场，被分别授予主事、知县等职务（后期多为候补官）。其中成绩最差的则被分配到地方各地任知县。

一个读书人经过从童试、科试、乡试、会试、殿试到朝考的六轮考试，如果每一轮都能顺利过关，就算是正式端上了铁饭碗，跻身于官僚阶层了。

至于那些在之前各轮考试中被淘汰的读书人，他们也有一定的进入官场的机会。只要一个人获得了举人功名，即便在会试中屡试不第，也可以直接到吏部注册，申请获得一定的官职，一般是地方州县长官或者辅助性官员。朝廷每一年分配给举人的职位很少，大概是四十到一百个。直接去吏部申请官职的举人要参加一轮考试，被称为“大挑”或者“拣选”。考试内容跟一个人的文字水平或者政治能力无关，主要是看一个人的面貌，即此人长得有没有官相、有没有官员的架子、有没有官员的气场。一般情况是，如果一个人脸长得方方正正、身材修长、行为端庄稳重，即可通过“大挑”，直接获得低级官职。在清朝，考中举人的读书人能进入官场的比例大约为一半，另一半人终老于乡间，做乡绅。

在没有考中举人的秀才当中，也有一定比例的秀才可以进入官场。明清时期，官府会挑选秀才当中成绩或表现优异的人进入京城的国子监读书。国子监的学生被称为“监生”，也被称为“贡生”。贡生的意思是把人才贡献给皇帝，相当于举人的副榜。在实践操作中，各个地方通常过个两三年就推荐一批资格老、年纪大的秀才到国子监读书，称岁贡。因为贡生一般都是按照资历和年龄，依次升入国子监读书，所以民间又将贡生称为“挨贡”。清朝大文学家蒲松龄就是“挨贡”出身。他因为考中秀才后长期考不中举人，后来凭着年纪长，排队挨上了贡生。地方上推荐的监生也好，贡生也好，其实并不需要真到首都国子监认真读书，秀才们更多的是争一个身份。因为贡生在理论上也可以当官，比如，蒲松龄就得了一个虚衔“儒学训导”。儒学训导是什么官职呢？科举时代的官办学校分好几级，最高级的称国子监，地方上有府学、县学。蒲松龄的儒学训导就是县里官办学校的副长官。不管怎么说，蒲松龄考了几十年的科举，总算也在年老的时候混得了一官半职。

通过进士、举人和贡生资格进入仕途的，在科举时代都被称为正途。一个读书人要按照一定的年限要求，要通过以上的六层考试，并不是一件容易的事情。有很多读书人考了一辈子，都没有完成这六个程序。比如，晚唐时期，书生曹松一辈子热衷于当官，遗憾的是屡次参加科举考试都没有及第。唐昭宗天复元年（901 年），曹松七十一岁高龄还参加科举，朝廷念其年老，故意放水让他进士及第。当年和曹松一起上榜的，还有王希羽、刘象、柯崇、郑希颜等四位年逾古稀的老人，社会上戏称这一榜为“五老榜”。曹松中进士时已经是须发雪白，满面萧然，风烛残年了。这样的老人虽然有了做官的资格，也仅仅被授予校书郎等虚职。两年以后曹松就病逝了。

宋神宗元丰年间，也有一个老书生，年年参加考试，年年落第，在年过七旬的时候，被朝廷特别准许参加进士考试。这名老书生在考试时提笔只写了一句话："臣老矣，不能为文也，伏愿陛下万岁，万岁，万万岁。"这一句肉麻的拍马屁的话，竟然让宋神宗大为感慨，特意下旨赏给此人官员身份，让他食俸终身。

到清朝时期，参加科举考试的人就更多了，其中的科场失败者也更多。广东顺德人黄章，十四岁开始读书，二十岁开始参加科举考试，到四十多岁的时候才通过了最初的童试，取得秀才功名。康熙三十八年（1699 年），他参加广东省的乡试，也就是第三级的考试，当时已经九十九岁了。进考场的时候，他让自己的曾孙子提着写有"百岁观场"四个大字的灯笼，引导入场，轰动一时。在当年，黄章没有考中举人，而考中举人当中年纪最小的是广州潮州的考生吴日炎，当年只有十四岁。道光五年（1825 年）广东又一次乡试，当年年纪最大的考生是广州府三水县的考生陆云从，年纪已经一百零二岁了，再一次刷新了参加乡试的年龄纪录。朝廷闻讯后，道光皇帝钦赐陆云从举人身份。第二年，陆云从兴高采烈地又赶到北京参加会试，轰动京城，人们纷纷前往观看一百零三岁的举人考生。道光帝认为此举是天下吉祥的象征，认为陆云从是"人瑞"，特别恩准陆云从可以免考，赐予他"国子监司业"的官职。

科举考试的苦与累

科举考试的漫长过程和经济方面的压力，对读书人来说还是外在的考验。读书和科举本身的苦则是内在的考验，尤其考验一个人的毅力、能力乃至体力。

白居易曾经述说自己读书的辛苦："二十已来，昼课赋，夜课书，间又课诗，不遑寝息矣。以致口舌成疮，手肘成胝，既壮而肤革不丰盈，未老而齿发早衰白，瞥瞥然如飞蝇垂珠在眸子中也，动以万数。盖以苦学力文所致，自悲矣！"二十年来日夜读书不得休息，头昏脑涨、未老先衰，凡是苦读过的人都知道这种疲劳过度，乃至悬梁刺股的艰辛。

北宋的苏洵曾经回忆自己应考的辛苦："自思少年尝举茂才，中夜起坐，裹饭携饼，待晓东华门外，逐队而入，屈膝就席，俯首据案。其后每思至此，即为寒心。"苏洵用了"寒心"二字，让后来者读来寒心。而对科举考试描述最悲惨、也最详细直接的莫过于明朝末年江西人艾南英。他说："考试一般都喜欢选在秋冬季节或者是初春的时候举行。当时正是一年当中最冷的时候。考试都是在凌晨入场，到了考试那一天，虽然地上还结着冰，瓦上还挂着霜，天寒地冻，甚至寒风刺骨，参加考试的考生们都得早早地准备好，在考场门口等着。开始入场的时候，考生们看到负责的官员穿大红颜色的官袍，坐在堂上。厅堂里灯烛辉煌，官员们围着火炉烤着火，而各个考生不得不脱掉衣服、鞋子、袜子，接受兵丁的检查。所有考生都得左手拿着笔砚，右手拿着脱下来的衣服，几乎是赤身裸体地站在庭院里等候接受检查。如果运气好，负责的人先喊到你的名字，你就可以先接受检查，少挨一会儿冻。如果运气不好，最后才叫到你的名字，你站在露天中挨冻一两个时辰都是有可能的。检查的时候，两名兵士负责一个考生。上至考生的头发，下至考生的脚趾头，兵丁都会一一检查，不会有任何遗漏。就算一个人再身强体壮，在秋冬季节这样裸露在外面，走完整个程序也会牙齿打战、浑身发抖，腰以下部位几乎冻得没有感觉了。

"有时候，童试或者科试会遇到烈日炎炎的酷暑。省里的学政和州县负责的官员们，一般都穿着轻便的衣服坐在树荫底下纳凉，喝着茶，旁边还有人给他们扇扇子。而应考的考生们则排着整齐的队，挤在庭院里，既不能带扇子，又要穿戴整齐，坐在考场上答卷。因为应考的人很多，而考场是固定的，常常是几百个人挤在一间酷热的房子里，一起挥汗如雨地答着卷。整个房间弥漫着汗臭味、腥味。为了照顾考生，考场也准备了饮用水，也有专门的负责倒水的差役，但是没有一个考生敢去饮水。因为一旦有人离座去饮水，考官就要在他的考卷上做上记号，怀疑他有作弊行为。那样的话，考生即便答得再好、字写得再工整，也要降一等录用。所以，所有的考生宁愿忍饥挨饿，冒着酷暑，也要正儿八经地坐在那儿答卷。

"考试正式开始。考官先公布题目，题目由一个教官在上面宣读。为了照顾一些听力或视力弱的考生，题目会写在一块牌上，由专人拿着到考场四周巡视一遍。即便如此，因为一天会出好几道题目，同时这个牌子不可能巡视到所有地方，总是会有人听不清题目或者是看不见题牌，但是又不敢去问旁边的考生——因为一旦和旁边的考生交头接耳，考官又会在你的试卷上做上标记。考试开始后，考场四周都有负责的兵丁，所有的考生都不能仰视，更不能四处张目，也不能伸腰打哈欠，更不能靠在桌上或者侧着身子。有以上任何情形，都会被监考官怀疑作弊。结果常常是有些考生腰酸背疼，或者憋着尿，甚至手脚都麻了也不敢动一下身子。考生们坐的席子是官府采购的，经办人员常常侵贪采购经费，买来的席子又薄又窄小，质量差，身材稍微胖一点的考生都不够坐，坐久了身体也很不舒服。一排考生坐一条长席，只要有一个人动，所有的考生都能感觉得到。考试所用的砚台，也是由官府负责采购的。同样，采购来的砚台质量差，做工粗劣，常常磨不出墨来，有些考生把大量时间都花在了磨墨上，手都磨酸了也磨不出好墨。如果一个人非常不幸坐在了屋檐下，又偏偏遇到了下雨，他就只能用自己的衣服小心地遮住试卷，快速写完，快速交卷了事。”所以艾南英感叹，科举考试“盖受困于胥吏之不谨者又如此”。

“等到阅卷的时候，主考官和从考官每人要看几千份考卷，考生们写的文章有平奇虚实、繁简浓淡，而考官又有自己的偏爱喜好，并没有固定的、统一的、让所有人都信服的评卷标准（评判带有很大的偶然性和不确定性），即使一些饱学之士也不一定能录取。被录取的人常常要感谢上天的恩惠。”

对于落第试卷，考官一般要附上批条，扼要说明淘汰的理由。批条总是笼统地写两三个字敷衍，如“欠妥”“欠稳”之类。有一个士子领到落第试卷，发现批条为“欠利”二字，于是题诗：“已去本洋三十圆，利钱还要欠三年。”他将批条上的“利”曲解为“利息”，大约他为本科考试借贷了30块银圆，需要还上三年的本息了。还有一个落第考生的批条只有“粗”一个字，他题道：“自怜拙作同嫪毐，一入卿房便觉粗。”大约他觉得文章粗糙与细腻与否，与阅卷考官的品位息息相关。而一张试卷竟然贴着“猪肉一斤，鸡蛋三十枚”的批条！原来，批条都不是考官亲自动手贴上去的，而是命仆人代劳。仆人或者不识字，或者随手粘之，误将考官要采办的物品清单当作批条贴上去了。

“等试卷评定以后，主考官端坐堂上，地方政府相关官员站立一旁，所有的考生都要低头哈腰走到考官面前，跪地接受考官的教诲，不敢发出声音。得到自己的名次、接受教诲以后，各个考生从角门出去，等回到家里以后早已是面目全非，说不出话来了。”

艾南英所说的考试还仅仅是初级考试，到了乡试、会试的时候，考场的环境更差，搜查防弊更严格。清代乡试的考场检查极严，考试之前、考试之后、场内、场外，都有严格的规定。对于考生夹带纸条的防范尤其严格，考生进场的时候要全身进行严格的搜查。为防止夹带，还规定考生必须要穿可以拆缝的衣服，鞋和袜必须是单层的，皮衣不能有面，毡毯不能有里；禁止携带木柜木盒、双层板凳；被褥里面不能装棉，砚台不许过厚，笔管须镂空，蜡台须空心通底，糕饼饽饽都要切开；严禁交通嘱托，贿买关节，严禁士子与员役协同作弊，违禁者严处。

商衍鎏在《清代科举考试述录》中描述顺天（北京）贡院大门前有一座“天开文运”的牌坊，其他与各省贡院基本相同。各省贡院均建于省城东南，贡院大门上正中悬“贡院”墨字匾额，大门东、西建立两坊，分别书“明经取士”和“为国求贤”。贡院大门外为东、西两座辕门，进大门后为龙门，龙门直进为至公堂，是监临和外帘官的办公处所。在龙门和至公堂中间，有一楼高耸，名曰明远楼，居高临下，全闱内外形势一览无余。监临等官员可登楼眺望，稽查士子有无私相往来、执役人员有无代为传递之弊。龙门、明远楼两侧是士子考试的号舍，号舍自南而北若干排，每排数十间乃至近百间，顺天和某些大省贡院的号舍总数可达万余间，中小省也有数千间（号舍是三面围墙，一面敞开，仅有一肩宽；上下有两块活动木板，考生将下面的木板后挪，权当座椅，将上面的木板前挪，伏在上面答卷。考试期间，考生终日禁锢其中，写作、饮食、休息都在狭小的空间内完成。号舍不仅狭小，还有“光线昏暗”“漏风漏雨”“夏热冬寒”等特点，远比童试、科试时的席地答卷辛苦）。贡院四面围墙遍插荆棘，四角各有一楼，以为瞭望。考试期间，贡院四周派军队分段驻守巡逻。

考生们要蓬头垢面地参加几天几场的考试，其中的艰苦更是难以诉说。多数的时候，考生在答卷时遇到天灾人祸，身体不支就只能自己承担了。更糟糕的是，考场就是战场，考生和考生之间的倾轧、钩心斗角，让人更是心力交瘁。

来看些极端的考场悲剧：光绪二十八年（1902年）福建乡试时，由于天气酷热，考生中暑生病，头场就有四个人死在考场，第二场又有三个考生还没有考完就病死在号舍中。有的考生则发疯了。咸丰年间某次浙江乡试，一名山阴考生突然发疯。他不答题，只在试卷上题了两首绝句，其中一首为："黄土丛深白骨眠，凄凉情事渺秋烟。何须更作登科记，修到鸳鸯便是仙。"署名是"山阴胡细娘"。"胡细娘"回到寓所便死了。光绪十一年（1885年）浙江乡试第二场即将开始的黎明，一个考生用小刀在自己的腹部猛划了十几下，被抬出了贡院。有的考生不堪忍受考场的巨大压力，直接在考场中自杀。光绪二十八年（1902年）浙江乡试，"场中考生死者三人。一死于蛇，一以烛签自刺，一自碎其睾丸。"那得是多么巨大的苦楚和压力，才让后两位考生选择了那般痛苦的死法啊！

一考定终身，悲喜两重天

对于平民子弟来说，科举考试几乎是实现人生跨越、进入官场的唯一渠道。对于绝大多数希望在官场有所作为的人来说，科举考试是唯一的正途。所有人都对科举考试倾注了过分的关注。蒲松龄在《聊斋志异·王子安》中向我们讲述了科举考试结束之后发榜之前，考生们的紧张和滑稽情形：

"秀才入闱考试有'七似'：初入时，白足提篮似丐；点名时，官呵隶骂，似囚；其归号舍，孔孔伸头，房房露脚，似秋末之冷蜂；其也场也，神情惝怳，天地异色，似出笼之病鸟。"考完后，考生都盼望着结果发布，更是草木皆惊、胡思乱想。一想到自己能高中，就仿佛顷刻间楼阁就在眼前，荣华富贵扑面而来；一想到自己要落榜，则瞬间身体冰凉、灵魂出窍。真的是坐立难安，似乎被蜜蜂叮咬了一样。忽然，有差役快马过来传送喜报，考生们的神经一下子绷到了极限。如果没有自己的喜报，考生神色猝变，嗒然若死，就像中了毒的蝇虫，打他都没有感觉。落榜的考生，最初的时候心灰意冷，大骂考官瞎了眼睛，笔墨无灵，发誓要将案头的书本、文具都烧了；烧了还不解恨，还要把灰烬碎踏成泥；踩踏了还不解恨，更要将灰烬倒到阴沟里去。他们往往还发誓从此要披发入山，面向石壁，做一名隐者或者苦行僧。谁胆敢再和自己谈八股文，一定要和他动刀子。过了几天后，落榜者的怒气渐渐平了，又对科举考试心痒痒，又开始像破卵之鸟衔木重新营巢，再次投入科举鏖战之中。每次科举发榜的时候，此情此景都一再重现，当局者痛哭欲死，而旁观者看来却非常可笑。

落榜者反响如此巨大，正是因为科举高中能带来巨大的荣耀和现实利益。它的吸引力太大了，大到能改变考生的命运。一个人一旦科举成功，马上就门庭若市，全家风光起来。同乡、同学，乃至七大姑八大姨都来了。有来祝贺的，有来请吃饭的，有来乞讨旧衣旧笔旧书的，有来求新诗的，有来求你写对联的，甚至有书商找你把往常做的文章、写的诗句，结集出版的。如果是未婚的青年才俊，上门提亲的媒婆会蜂拥而来，女方的条件一个赛一个的出色。女方家庭也不再考虑什么门当户对、财力婚房等硬性条件了，只要是新科举人、进士，哪怕是出身佃农家庭，地主也愿意将女儿嫁过去。

考中进士以后，进士名录会向全国发布，名列其中者会全国知名。康熙八年（1669 年）的冬天，浙江德清的举人蔡启僔到北京去赶考，路过江苏山阳县（今江苏淮安）的时候，知道该县县令邵某人是同乡，于是就前往拜访。他把自己的名片递进去以后，邵某人却在上面批道："查明回报"，还以为蔡启僔是前来打秋风、揩油的人。蔡启僔受到这种侮辱当即掉头拂袖而去。第二年朝廷公布了本年科举高中的金榜，榜发到山阳县，邵县令赫然看到状元正是同乡蔡启僔，马上后悔不已，重金谢过。一次考试、一张金榜就这么改变了蔡启僔的命运。这就是科举考试对一个人"登龙门"般的作用。

洪州（今南昌）人施肩吾在唐宪宗元和十年（815 年）考中进士，衣锦还乡途中写了《及第后过扬子江》，用考试前后心态的对比真实地反映了科举对读书人"登龙门"的作用：

忆昔将贡年，抱愁此江边。
鱼龙互闪烁，黑浪高于天。
今日步春草，复来经此道。

江神也世情，为我风色好。

为了鼓励天下读书人安心读书，为了鼓励天下的士子都迷恋科举考试，政府刻意营造了科举高中的隆重和尊贵，朝廷用各种方式来显示科举的荣耀。比如，皇帝要亲自召见所有的进士，依照科举名次唱名传呼，叫作“传胪”。对于读书人来说，由皇帝金口玉言叫你的名字，是人生莫大的荣耀。到了清朝，“传胪”发展成为一个盛大的典礼，在紫禁城的正殿太和殿举行。除了有新科进士全体亮相以外，王公百官也要整齐排列，在鼓乐和鞭炮声中注视着新科进士接受皇帝的恩赐和检阅。第一名进士，也就是状元，最为光彩夺目。他的名字首先被皇帝叫出来。听到名字后，状元要向前站到太和殿丹陛下的中间处。此处的巨石上雕刻着飞龙，是只有御驾才能经过的地方。状元站在御驾所经的地方，左右两边交叉披着两条红绸带，帽子上插着两只用薄铜叶制成的金花，美其名曰“十字披红双插花”。在皇帝的打量和众人的羡慕中，状元的独享殊荣可想而知。

“传胪”之后，还有大规模的庆贺宴会。唐朝进士的曲江唱和，本质就是庆祝宴会。从宋朝以后，进士的庆祝宴会被称为恩荣宴，由政府出资举办。赴宴的除了新科进士，还有此次科举考试的所有负责官员以及礼部尚书、侍郎等众多的官员。皇帝会派皇亲国戚来赐进士酒宴、衣物、果品，在恩荣宴上进士们都会吃到御膳、喝到御酒。一甲的三位进士用的是金碗，随其量尽醉无算。从唐代开始，新科进士一般在曲江宴会之后会到雁塔题名。宋朝以后，题名改为立碑。国子监会立下每一届进士的碑。到清朝，工部拨出专门的建碑银两，交国子监为进士及第者刻碑留名，给天下读书人做垂范。北京城的热闹还没有结束，喜报早已传到进士的家乡。相关部门会竖起彩旗，敲锣打鼓、轰轰烈烈地把捷报送到进士的家里去。于是，世态炎凉、人情冷暖都可以从科举考试中得到体现。

对于高中者来说，之前的所有付出都是值得的，都得到了回报。那么那些科举落地的失败者呢？他们怎么办？

落榜考生们不仅面临从头再来的问题，还会受到社会的鄙视。比如，忠厚无用的好人范进，考到五十多岁还不曾进学，当时已经是面黄肌瘦、花白胡子了，戴着一顶破毡帽，穿着一件破旧的麻布直裰，在十二月的寒风里冻得哆哆嗦嗦，一副失意潦倒的可怜样。同乡们都去庆祝考中的人了，没有人知道五十多岁、不名一文的老范进是如何踉踉跄跄、蹒跚地回到自己的茅草屋里去的。这不是《儒林外史》的虚构，现实情形的确如此，而且有过之无不及。

清朝嘉庆年间举人李贻德，年过五旬，屡次会考不中。有一年，他的一个同年中举、之后同样屡试屡败的朋友死在了北京。李贻德写诗哀悼："故鬼未还新鬼续，怜人犹自恋长安。"道尽了科场辛酸。不久，李贻德也病死京城。

唐朝元和十年（1815 年），举子廖有方落第之后前往四川旅游散心。他走到宝鸡西边的时候，住在一个旅馆里，突然听到有呻吟之声。他循声找去，在一个阴暗的角落发现了一个贫病交加的青年。廖有方问他的来去。那青年回答说："我在长安赶考数年，至今未遇知音。"弥留之际，那青年挣扎着给廖有方磕了一个头，托廖有方在他死后一定要为他收尸安葬，说完该青年就死了。廖有方感慨自己与他同命相怜，把鞍马、行李全都贱卖给村民，备了一口薄木棺，安葬了此人。廖有方临行时不胜悲凉，既不知道这位死者的名字，也不知他家在何处，只能作了一首诗作为留念："嗟君殁世委空囊，几度劳心翰墨场。半面为君申一恸，不知何处是家乡。"

以上两个都是因多年科举不第而死的例子。还有一些考生因为屡次科举不第而精神恍惚乃至精神失常。唐朝赵璘在《因话录》中记录了这么一个例子：当时有个读书人叫作陈存，写的一手好古文，可惜就是不擅长考试。也许是心理压力过大、过于紧张，每一次考试来临的时候，陈存都会"突发状况"，要么身体不适，要么发挥失常，老是考不中进士。礼部尚书许孟容知道陈存有真才实学，在他主持科举考试的时候，决定多方为陈存提供方便，一定要让陈存考中进士。陈存知道后千恩万谢。临试的前一夜，陈存的心情依然万分紧张，同伴就给他准备了食物，安慰他舒缓情绪，抓紧休息。第二天五更天了，陈存还没有起床去参加考试，同伴就进来叫他，叫不应，仔细一看，陈存已经中风瘫痪了。南唐时期，读书人齐愈考中进士。得知喜讯后，齐愈骑马在街上走，走着走着，突然大笑不止，从马上摔了下来。旁人将他扶起，许久才把他救活过来。

浙江省贡院门口有一副对联，是清代著名学者阮元在担任浙江巡抚的时候写的。这副对联的上联是"下笔千言，正桂子香时，槐花黄后"；下联是"出门一笑，看西湖月满，东浙来潮”。它用文学的语言表现出了考生的自信，突出了科举考试阳光的一面。只要考生有本事，大可笑傲考场。然而，科举考试的成功与否，并不是取决于一个考生的真才实学，其中有很多偶然性的因素。考试就是紧张、激烈的竞争。自有据可考的唐高祖武德五年（622 年）的第一位状元孙伏伽开始，到清光绪三十年（1904 年）最后一位状元刘春霖为止，在 1283 年间中国只产生了五百零四名状元。而参加考试的考生，数以百万甚至可能千万计。并不是所有的人都能在科场成功，绝大多数人注定要像范进那样穷困潦倒，或者是像陈存那样过于紧张而精神失常，甚至像金法那样得了精神病以后，不治身亡。当然也有少数人像黄巢那样，看破科举，走到了政权的对立面。

科举制度三宗罪

科举前期，考试文章允许自由发挥，并没有固定要求。这就使得评判考生文章的优劣难度很大。考生的观点、体例、行文习惯不同，考官们的标准也不同，总达不成人人满意的结果。总的来说，文辞华丽、行文流畅又有家学积淀的文章比较受欢迎。这种百家争鸣、没有统一标准的局面到明太祖朱元璋时期得到了逆转。朱元璋是从社会最底层打拼上来的草根皇帝，讲究实用且带有较浓厚的平等思想。据说他主持科举考试和听取大臣汇报的时候，总觉得儒生出身的大臣们写的文章华而不实、言之无物，堆砌的文辞和接连的典故让他抓不住重点，于是朱元璋萌发了统一文章体例格式的念头。也有说法是之前的科举考试有利于权贵富裕人家的子弟出头（他们往往熟悉政治话语、家学基础良好），而不利于文笔朴素、不事雕琢的贫寒人家子弟，朱元璋从平等的角度出发，规定了大家必须写同样规格、同样内容的文章，尽可能地去除家庭基础对考生的影响。朱元璋规定的标准文章就是“八股文”。

八股文有很多硬性要求。比如，文章的题目只能出自“四书五经”，选取其中的句子或者段落为题，考生们也必须根据“四书五经”的精神作答。朱元璋原来想冒认南宋理学大师朱熹为祖先（他自己的祖先拿不出手），大臣们赶紧劝谏说朱熹的年代离得太近了，不适宜当王朝的祖先。认祖不行，朱元璋就捧出朱熹对“四书五经”的解释来，作为全国读书人学习和考试的教科书。朱熹那些并不成熟或者零散的只言片语，摇身一变成了金科玉律。举子们只能运用朱熹之说，联系题义阐述道理，文章的格式也被限制得很死。全文分几个部分，每个部分怎么写、用什么句式，哪一句话亮出观点，哪一句话是引用都有规定。文章的主要部分分为起股、中股、后股、束股四个段落，每个段落要各写两段，因此得名八股文。这八个段落的句法、字数都是有限制的，每一股的内容必须要有一正一反、一虚一实、一浅一深的对比。如此一来，考官的工作量大为降低，一眼就把卷子看得清清楚楚。但如此千篇一律的应试文章能反映出考生的真才实学吗?

朱元璋的出发点是好的，但他高度规范的文章要求遇到现实趋利的中国人就变了样。八股文很快堕落为死板、保守的牢笼。读书人聚精会神地研究八股文的格式、句法，将“四书五经”和朱熹文章从头背到尾，什么秦歌汉赋、什么唐诗宋词都抛之脑后，更毋论民心国情了。每次考试结束，高中者的文章便被收集汇编起来出版售卖。读书人奉之如宝，逐字逐句研究。因为“四书五经”中可出试题的句落有限，有钱人更是在考试前聘请八股高手押题、写文章，然后给子弟们开“辅导班”“加强班”专门背诵这些押题文章应考，竟然屡屡有得手考中的。

清朝名人王士禛说过一则沉重的笑话：有个后辈书生在读《史记》，本乡一位前辈进士过来问他：“你在读什么书？”书生说：“《史记》。”进士问：“谁写的？”书生回答：“司马迁。”“司马迁是哪年的进士啊？”“司马迁是西汉太史令，没有功名。”进士不悦，说：“原来没有功名啊。那我拿他的书来看看。”他拿过《史记》翻了几页，扔在一旁说：“此书与科举无益，看它做什么？”由此可想而知，八股取士选择的大多是死背少数几本书，只会写八股文的书呆子。明清笔记留下了许多又呆又木，生活了无情趣，更无动手办事能力的八股高手的形象，朱元璋争取平等和提拔实干人才的本意算是彻底落空了。

徐大椿的《道情》对八股高手有形象的描述：“读书人，最不济。读时文，烂如泥。国家本为求才计，谁知道变作了欺人技。三句承题，两句破题，摆尾摇头，便道是圣门高弟。可知道‘三通’‘四史’，是何等文章？汉祖、唐宗，是哪一朝皇帝？案头放高头讲章，店里买新科利器。读得来肩背高低，口角嘘唏，甘蔗渣儿嚼了又嚼，有何滋味！辜负光阴，白白昏迷一世。就教骗得富贵，也算是百姓朝廷的晦气！”顾炎武曾愤慨地说：“八股盛而‘六经’微，十八房兴而二十一史废。”“愚以为八股之害，甚于焚书。”焚书坑儒活埋的只有数百人，而八股取士禁锢的是数百年读书人的智商和精神。

发展到最后，连皇帝本人也看不下去了。光绪皇帝有一次亲阅进士考卷，发现大多数考卷雷同，毫无用处，不禁感叹说：“以这种方式录用人才，也难怪学非所用。”

除了八股文外，还有其他技术性规定与择才而用的本意背道而驰。比如，清朝中期后规定科举文章的字数以七百字为限，不能超过；又比如，科举考试阅卷的时候偏爱卷面整洁、笔迹工整的卷子，带动读书人花大力气去练习楷书和行文布局。清朝中期后历届高中者无不写一手工整规矩的楷书。尤其不应该的是，道光朝后对文字笔画吹毛求疵，一竖没写直、弯钩没提好等细枝末节都能成为落榜的理由。至此，考试沦落为书法游戏，与考生的思想见解无关了。

除了技术性规定外，权力因素逐渐攻占科举的方方面面，埋葬公正公平原则。

科举兴起，权力因素在理论上被排除在外，但在实践中始终虎视眈眈，一有机会就渗透进来。考虑到科举关系国家权力要交给何人掌握，关系到王朝的长治久安，历朝历代都将科举制度视为天下政务的“根本”，领导重视、制度严密、奖惩鲜明。犯案者夺名、杀头、抄家、全家罚作奴仆，可犯案者依旧前赴后继。科场舞弊治而不绝，从未断过。

明清科举彻底被权力因素所攻陷。《清稗类钞》向我们展示了清朝科举的实际情况：每科五六月间，是确定正副考官、同考官的时候。北京城和各省省城就炸开了锅，有权有势者开始预做准备，或晋谒、或贿赂已经或可能成为考官的官员。考生入场的时候，正副考官自己中意要录取的门生亲友、监考官员暗中答应录取的考生，再加上达官贵人们塞条子打招呼要求录取的考生，如麻如粟，占去了大部分的名额。考官们与其说是在阅卷，不如说是在权衡各方关系。关系户很多，录取名额有限，考官们必须反复推敲，比真正按照真才实学来评定高下更加辛苦。他们先按照打招呼的人的官爵高低来录取嘱托的关系户，如果官爵一样高，那就先录取升官潜力大、党羽多的人嘱托的关系户；其次是按照贿赂的多少来录取关系户，如果考生给的钱一样多，那就兼顾一下名声的高低、答卷的优劣。最后的录取名单，写上那些必须录取的考生之后就没有几个名额了，再挑选几个有真才实学的孤寒考生，列名其上，以塞人口。顺天府的科举，因为地处京师，弊端最深。顺天府科举的正副考官和同考官们，一般是京城里的高官显贵，不用皇帝公布名单人们也能猜个八九不离十。有能力者早早地就有针对性地做这些人的工作，“辇金载宝，辐辏都下”，“按图而索”，“万不失一”。

科举的第三个大问题是助长了读书人的利禄之心，只知有举业功名，不知有天下和百姓，只知有官爵品级，不知有人格和善恶，进而连累全社会弥漫着浓郁的官本位思想。功名恶化为评判人生价值的唯一标准，腐蚀了社会的道德良知。一部《儒林外史》汇集了许多活生生的例子，书中满是触目惊心的话：“有操守的，到底要从甲科出身。”“如果有学问，为什么不中了去？”“只是有本事进了学，中了举人、进士，即刻荣宗耀祖……人生世上，除了这件事，就没有第二件可以出头。”

先秦时代的读书人就有很功利的利禄思想，将学问和能力作为追求富贵的工具，所谓“学成文武艺，货与帝王家”。有这样的想法，无可厚非，只要它没有充斥于整个脑袋，没有成为言行的主流就行。政府也很早就用高官厚禄来吸引士人，只是，科举制强化了这种做法，放大了读书人的利禄之心。它把科举入仕捧为官场正途，视其他途径都是异途，给予有功名的读书人极大的实利和虚名，让社会错误地在“荣华富贵”“科举功名”和“读书应试”三者之间画上等号。宋朝的皇帝宋真宗赵恒就是宣传这一思想的急先锋。他写了一首流传甚广、宣传效果很不错的《劝读诗》：“富家不用买良田，书中自有千钟粟。安居不用架高楼，书中自有黄金屋。出门莫恨无人随，书中车马多如簇。娶妻莫恨无良媒，书中自有颜如玉。男儿欲遂平生志，五经勤向窗前读。”有了皇帝的提倡，有了金钱车马、良田美眷的现实诱惑，读书人便一头扎进“学而优则仕”的追求中去了。

清代畅销书《儒林外史》第十三回通过一个读书人之口讲述了对科举事业（举业）的态度：“‘举业’二字，是从古及今，人人必要做的。就如孔子生在春秋时候，那时用‘言扬行举’做官，故孔子只讲得个‘言寡尤，行寡悔，禄在其中’；这便是孔子的举业。到汉朝，用贤良方正开科，所以公孙弘、董仲舒举贤良方正；这便是汉人的举业。到唐朝，用诗赋取士，他们若讲孔孟的话，就没有官做了，所以唐人都会做几句诗；这便是唐人的举业。到宋朝，又好了，都用的是些理学的人做官，所以程朱就讲理学；这便是宋人的举业。到本朝（明朝），用文章取士，这是极好的法则。就是夫子（孔夫子）在而今，也要念文章，做举业，断不讲那‘言寡尤，行寡悔’的话。何也？就日日讲究‘言寡尤，行寡悔’，哪个给你官做？孔子的道，也就不行了。”这位读书人把整个读书人和官场的关系都用“举业”二字串起来，什么选拔标准在他看来都是“举业”，读书人要不断适应变化的标准只为求得一官半职，仿佛做官就是读书人的使命。话虽然直白，倒也坦诚，把明清社会的逐利之心、读书人的求禄之举暴露无遗。

几百年来，科举制度饱受诟病，但探本究源，科举的立意和出发点是无可指摘的。科举的三宗罪（程序误人、权力舞弊和助推官本位思潮）并非由它的内核必然衍生而来，绝非是它的本意。

在古代的环境中，又有哪项制度能摆脱这些问题呢？任何制度都不能保证后生的技术规定不会脱离制度内核；权力始终是飘荡在任何制度头上的一道阴影。而官本位思潮早于科举而生，科举助长错误思潮的确不应该，可它和其他制度一样，也是这股思潮的受害者。对官位的追逐、权力网络泛滥和人情世故是中国历史发展的顽疾，病因肯定不是科举制。相反，如果科举能够摆脱这些濡染，真正贯彻开放、公平、公正的理念，量才而用，那必能吸纳天下贤才，让寒士开颜、世家子弟奋发。它毕竟是古代中国人经过几千年的挑选，试验了多种选才制度后设计出来的成果。在看到科举流弊的同时，我们也应该发现它提高了社会流动性，选拔出了不少有真才实学的人物。许多人才并没有被科举的问题打倒，而是走出科举的羁绊，在这套制度中获得了实现价值的平台。

扩展思考：科举选择

1. 如果你是古代一个读书人，你会参加科举考试吗？或者说，你愿意参加哪一个朝代的科举考试？

2. 试问，除了科举考试的出路之外，古代普通人家的子弟还有其他的出路吗？

卫青家族
一个草根家族的崛起与覆灭

一户社会最底层的人家要跃升到上流社会，困难可以想象。古代，奴隶出身的家族通过自身努力成为高官显贵，把持国家大权超过半个世纪，不能说完全没有可能，有也是极端罕见的现象。但是在西汉时期就有一户贵族的家奴通过奋斗创建了帝国最荣耀的政治世家，创造了一个草根神话。从卫青、卫子夫开始，到有亲缘关系的霍光，卫青家族盘踞西汉王朝权力核心六十多年。

遗憾的是，这个神话来得艰难，维护得曲折，破灭得却极其迅速。其中有数不清的明枪暗箭，更有两次血流成河的大屠杀，整个家族最终灰飞烟灭。有人将他们的失败，归结为对子弟教育的忽视，归结为子孙的不成器，更多的人认为卫家的失败是权力斗争的必然。要知道，无论是汉武帝也好，还是汉宣帝也好，既可以扶持一个底层家族，让你煊赫一时，也可以消灭你于反掌之间。说到底，卫青家族的发迹与覆灭史，是一部皇权斗争的历史。

家奴的崛起

汉武帝时，平阳侯曹家有一个女仆。这个女仆没有姓氏，因为曾嫁给一个姓卫的男子，大家都唤她为卫媪。

贵族家的仆人，其实和奴隶差不多，干的是牛马活，不仅没有丝毫收入，还没有人身自由，是整个社会最底层的人群。而卫媪的日子过得比一般的家奴还要艰苦，因为她要一个人拉扯一男三女四个子女。他们分别是长子卫长君，长女卫君孺，次女卫少儿，三女卫子夫。即便是这样，卫媪还不安分，在平阳侯家与在府中办事的县吏郑季私通，生下了一个私生子，取名郑青。当然，也有人考证说，卫媪长得很漂亮，很有可能是郑季仗势“逼欢”的。不管父母如何相识，郑青和同母异父、同样是私生子的弟弟卫步、卫广的地位无形中又比一般的家奴子女要低。卫媪一个人拉扯七个子女，已经够不容易了，偏偏二女儿卫少儿又重复了母亲的悲剧，和同样在平阳侯家办事的县吏霍仲孺私通，生下了一个儿子，取名叫霍去病。从卫媪母女两代人的不幸中，我们也可以发现西汉时期私通和非婚生子现象的泛滥。这些私生子是不会被有身份的父亲家族接受的，命运注定很可怜。

卫媪一个人拉扯七个子女再加刚出生的外孙，喂饱一家老少九张嘴，实在是没有这个能力。眼看一家人就要饿死了，卫媪想来想去，只能忍受屈辱、硬着头皮把二儿子郑青送到他的亲生父亲郑季家里，乞求郑家人看在郑青身上有一半郑家血液的份上，抚养这个孩子。郑季良心未泯，把郑青留了下来。

郑青在郑家受到了郑季夫人和族人的排斥，日子很不好过。郑家让年幼的郑青成天在山上放羊，让他自生自灭。郑家的几个兄弟毫不顾及手足之情，对郑青随意责骂。郑青就是在这样恶劣的环境中顽强地成长了起来，并且形成了谨慎小心、善于忍耐的个性。他很清楚自己的地位，很有自知之明，而且学会了保护自己，让那些时刻找碴的郑家人抓不住责骂他的把柄。日后，这样的性格对郑青的政治发展起到了很大的帮助作用。

郑青慢慢长大了。郑家越来越不能接受成年的郑青，郑青也知道家奴的儿子世代都是家奴，加上不愿再受郑家的奴役，就毅然回到了母亲卫媪身边。因为和郑家没有一点感情，郑青决定冒姓为卫，改名卫青，与郑家断绝关系。

卫媪给儿子找了一份“工作”——在平阳侯曹家当家奴。卫青这个人很奇怪，尽管常年忍饥挨饿，却长得高高大大、相貌堂堂，于是就做了主人家的骑奴。汉景帝的女儿、汉武帝的姐姐平阳公主嫁到了曹家，卫青被分配给公主当差，工作的主要内容是在公主出行的时候骑马在后面跟着，充当众多杂役兼保镖中的一个。有一次，卫青去汉武帝的离宫甘泉宫干活，一位囚徒端详卫青后断言他面相大贵，将来肯定能封侯拜将。卫青哈哈一笑，说我身为家奴，不受主人的鞭打责骂就是万幸了，哪里谈得上封侯拜将啊？周围的奴隶、囚徒们也都哈哈大笑，把它当作是一个调节苦难生活的小笑话。

客观地说，卫青当上了骑奴，身份待遇有了很大的提高。加上卫青这个年轻人，头脑聪明，长期跟着主人家见识了上流社会的活动，默默记下了许多不属于自己阶层的知识。卫青的三姐卫子夫也和弟弟一样，没有被常年的饥饿折磨得面黄肌瘦，反而出落得美艳动人，被主人家选中，当了名舞女。主人家来客人的时候，卫子夫就在厅堂里伴舞赔笑，弟弟卫青则在堂下随时听候使唤。

我们刚才说过，平阳公主嫁到了曹家。这个平阳公主不是一般的人物，她对西汉王朝朝堂之上的政治斗争很关注。她知道弟弟、汉武帝刘彻和弟媳陈阿娇表面和睦，其实感情并不好。当初刘彻是为了得到陈阿娇的母亲馆陶长公主的支持，才上演了“金屋藏娇”的把戏，娶的陈阿娇。结婚多年，陈阿娇个性蛮悍、独霸后宫，又没有生育，刘彻早就厌恶她了。平阳公主脑子很灵活，觉得自己可以从中牟利，于是就挑选了邻近大户人家的女子，在家中培养，准备让弟弟来选妃。恰好有一天，汉武帝去灞上祭扫，路过曹家。平阳公主就开始实行自己的计划了。可惜汉武帝对那些盛装打扮的大家闺秀都不满意，却对伴舞的舞女卫子夫一见钟情。随后，汉武帝以“更衣”为名找了个房间“临幸”了卫子夫。事后，汉武帝安排卫子夫入宫。平阳公主的如意算盘眼看就要成功了，很高兴，赶忙安排卫子夫进宫。临行前，平阳公主还嘱咐卫子夫：进宫后就全靠你自己了，日后富贵了，别忘了我这个旧主人啊。

谁料到，卫子夫进宫后就音信全无，下落不明。有人说，汉武帝回宫后很快就忘了卫子夫；还有人说，那时因为后宫佳丽三千，卫子夫并不出众；多数人则认为，卫子夫突然入宫，引起了皇后陈阿娇和馆陶长公主的妒忌和排斥，被贬为宫婢。卫子夫在冷宫中干着最苦最累的活，饱受折磨。日子长了，汉武帝也就淡忘她了，更别说宠幸了。

说到这里，卫子夫的命可真是苦啊，冷宫的日子还不如平阳侯家的家奴岁月呢。

将近两年后，后宫要释放一批没用的宫女，卫子夫也在名单中。定期释放宫女是朝廷的一项“德政”，但好色的皇帝还要对宫女一一过目，免得有些平时没有注意到的美女被不小心放了出去。结果，卫子夫重新站在了汉武帝的面前。刘彻又一次被卫子夫吸引，拥她入怀。有人说，刘彻再次被卫子夫的美貌所吸引，想起了前番的恩爱，截留下了卫子夫。也有人反对说，两年的劳役多多少少消磨了卫子夫的美貌，卫子夫吸引刘彻的注意是因为她急于出宫，面对出宫前的刁难和挑选，哭哭啼啼，很不配合，反而引起了刘彻的注意。不管怎么说，这一回卫子夫两年的委屈都得到了刘彻的补偿。原本要出宫的卫子夫命运发生了奇迹，被完全逆转了。

没多久，卫子夫就怀孕了。刘彻喜出望外，选卫子夫的二弟卫青入宫，在建章宫办事。卫青的命运也由此顺带着得到了逆转。

卫家姐弟的崛起引起了皇后陈阿娇的仇视和恐慌。丈夫刘彻已经移情别恋，喜欢上了卫子夫，现在卫子夫又怀孕了，如果生下个皇子来，陈阿娇怕自己的皇后地位不保。皇后的母亲馆陶长公主也很生气，怕卫子夫和卫家人取代了自己母女的地位。母女俩咬牙切齿，很快就制订了报复计划。卫子夫深受刘彻喜爱，而且怀着龙种，动她不得，卫青就不一样了。家奴出身，初入宫廷，就像水上的浮萍一样，脆弱得很。馆陶长公主和陈皇后决定好好“修理”卫青，出口恶气。她们指使人捉了卫青，准备囚禁起来好好折磨。卫青的好朋友、骑郎公孙敖看到了，招呼几名同伴奋力营救，竟然中途将卫青救了下来。

卫家姐弟俩终于知道了宫廷斗争的险恶。卫子夫很愤慨也很无奈，只能向汉武帝哭诉。刘彻一听，这还了得。他早就对馆陶长公主母女俩的作威作福看不惯了，现在她们竟然对爱妃姐弟下黑手，太过分了。是可忍孰不可忍！刘彻原本就喜欢卫青这个相貌堂堂、英武沉稳的小舅子，现在干脆公开召见卫青，升他为侍中兼建章宫总管。平地一声雷，几天之间卫青坐着直升飞机，从家奴成为近侍重臣，让人目瞪口呆，就是馆陶长公主和陈皇后也拿他没办法了。不久，卫子夫生下了一个女儿，汉武帝封她做了地位仅次于皇后的夫人，卫青水涨船高，升任了太中大夫。

卫子夫受到刘彻的热宠，卫青成为政坛的新星，彻底改变了卫家的地位和处境。高官们纷纷和卫青攀亲，公孙贺迎娶了卫家的大姐卫君孺；世袭贵族、开国元勋陈平的曾孙陈掌迎娶了拖着私生子霍去病的二姐卫少儿。以前对卫媪祖孙三代恶语相向的人无不笑脸相迎，恭敬有加。所谓的“麻雀变凤凰”“鲤鱼跳龙门”，发生在了卫青家族身上。

战场是卫青、霍去病的舞台

有人说：卫家不就因为侥幸出了一个卫子夫，让一家子靠着裙带关系，鸡犬升天了吗？的确，卫青是典型的“裙带官员”。在世袭制盛行、社会上下层之间缺乏流动性的西汉时期，底层百姓要跃升为政治高层，依靠裙带关系是最常见、最有效的方法，也几乎是唯一的方法。问题的关键不是指责卫青一家人依靠这种方法提升社会地位，而是要看他们身居高位之后的所作所为。

卫青也知道自己没有尺寸之功，仅仅靠姐姐受宠得来的地位是不稳的。好在卫青是一个能力出众的国舅，又遇到刘彻这个雄才大略的皇帝，不怕没有建功立业的机会。当时，北方的匈奴人经常杀入长城，抢劫汉朝的人口和财富，甚至一度逼近西汉的首都长安，构成了西汉王朝的最大威胁。刘彻自即位以后就筹备反击匈奴，挑选能人干将，准备大干一场，卫青恰巧进入了刘彻的视野。

匈奴人在公元前 129 年又一次大规模侵略、抢劫西汉州县。这一回，刘彻决定不再忍让，要坚决反击残暴的匈奴人。他挑选了四位将军，分别是已经升任车骑将军的卫青、骑将军公孙敖、轻车将军公孙贺和三朝名将、骁骑将军李广，给他们每人一万骑兵，让他们兵分四路迎击匈奴。卫青第一次带兵出征，就直捣匈奴祭扫天地祖先的龙城，虽然杀敌有限，但政治意义巨大，顺利凯旋。而另外三位将军两路失败，一路无功而还，更衬托出了卫青的能干。汉武帝刘彻非常高兴，加封卫青为关内侯。此后在公元前 128 年、公元前 127 年，汉武帝多次派卫青带兵反击南下的匈奴大军，卫青不负厚望，奋勇作战，每次都打得匈奴大败而逃。在公元前 127 年的战斗中，卫青率军收复了秦朝末年之后就被匈奴人占领的黄河河套地区。河套地区水草肥美，形势险要，汉朝收复后在此设置朔方郡、五原郡，从内地迁徙十万人到那里定居，还修复了秦时蒙恬所筑的防御工事。从此，长安解除了匈奴的威胁，汉朝和匈奴的战争局势得到逆转。卫青立下了大功，被封为长平侯，食邑三千八百户。

此后，卫青活跃在汉匈战争前线。刘彻越来越信任他，给他调拨了越来越多的军队，赋予他越来越大的指挥权。公元前 124 年春，汉武帝命卫青节制汉朝大军十几万人进攻匈奴。卫青急行军六七百里，在夜幕中包围了匈奴右贤王的营帐，俘虏匈奴王爷十余人，男女一万五千余口和数百万头牲畜。汉武帝接到捷报，喜出望外，派特使捧着印信在军中升卫青为汉朝的最高军职——大将军，指挥前线所有部队和将领，加封食邑八千七百户。卫青的三个儿子都还在襁褓之中，也被汉武帝封为列侯，其中卫伉为宜春侯，卫不疑为阴安侯，卫登为发干侯。指挥全线部队、父子四人封侯，这在西汉王朝历史上还是首例。卫家创造了这样的殊荣。

那一边，匈奴人被打得伤了元气，可依然猖獗。公元前 123 年，刘彻命令大将军卫青统帅六路大军，寻找匈奴主力决战，希望彻底解决边患。

卫青的外甥霍去病当年十八岁了，因为家族的荣耀，正担任侍中。霍去病这个小伙子善骑射，死缠着舅舅要从军出征。卫青就任命霍去病为骠姚校尉，调拨给他八百名骑兵。霍去病初生牛犊不怕虎，竟然率领本部八百人，甩开卫青率领的大军，深入敌后数百里，疾风暴雨般扫荡匈奴后方，歼灭包括匈奴相国和单于祖父辈贵族等要人在内的上万人，俘虏单于叔父罗姑比等人，一战成名！汉武帝封霍去病为冠军侯，食邑二千五百户。卫家又多了一位侯爵！

到现在为止，卫青的地位相当稳固了。虽然这一回，他率领朝廷大军，耗费大量军需物资，没有取得实质性的进展，但是因为霍去病的狂飙猛进，本回军事行动还不算失败。卫青没有受到指责，也没有得到封赏。其实，卫青也不需要这一次的封赏和地位的提高。他的家族权势已经如日中天了。卫青和霍去病两个人掌握着帝国的军队，声望显赫；卫子夫已经生下了皇长子刘据，取代了陈阿娇的皇后地位，成为国母，掌管着后宫，是他们的坚强后盾。他们三人是卫家主要的权势人物，也是家族权势的主要来源。卫家还通过联姻等手段，以自己为中心聚集了一批显贵的亲戚朋友，俨然是西汉王朝无人可及的政治家族了。

卫家显赫后，长安城中有歌谣说："生男无喜，生女无怨，独不见卫子夫霸天下。"言下之意是说卫家的显贵全靠卫子夫。

的确，两汉时期多数左右朝政的外戚都是靠裙带关系窍踞高位的，但卫家的情况不同。卫家的兴起有两大支柱。一个是外戚的身份，一个是卫青和霍去病建立的军功。如果一家人仅仅靠女儿嫁给皇帝，突然暴发显贵起来，权力的基础总是不那么坚固。而卫家则用外戚的身份作为建功立业的基础，和汉武帝刘彻的亲密关系为卫青、霍去病提供了便捷的舞台，可以比较没有拘束地施展拳脚。等他们建立旷世奇功后，外戚的身份就不那么重要了。就算只看在卫青、霍去病舅甥两个人浴血奋战、杀敌无数的分上，卫家也应该获得那么高的地位。战功比皇亲国戚的身份更有用，姐妹再受皇帝的宠爱也有失宠的那一天，但战功是实实在在摆在那里，不会失去的。

这就好像一个巨人用两条腿走路，一条腿是外戚身份（卫子夫受宠），一条腿是军功（卫青、霍去病前线统兵杀敌）。两条腿都很健壮，这个巨人走起路来就稳稳当当的。这就是卫家能够超越之前历史上的外戚家族，让天下惊羡的原因。

功高震主，卫青避祸

可能还有人对卫家不满，认为卫青只是运气比较好，英勇善战而已。谁处在卫青的角色，上有皇帝姐夫的信任，内有汉朝积累了五十多年的物资储备，都能建立一番功业。这样的观点把卫青这个人物看得太简单了。卫青绝对不是一个只知军事、不懂权谋的人。

在霍去病崭露头角的那次征战中，右将军苏建和前将军赵信的主力部队被匈奴大军打得死伤惨重。赵信本来就是匈奴的降将，战败后投降了匈奴；苏建杀出重围，只身一人逃回来向卫青请罪。面对惨败，有人要求追究苏建的责任，认为他“弃军而逃”；有人建议将苏建斩首示众，严肃军纪；也有人认为苏建尽力后才战败的，不应斩首。如果把苏建杀了，不就是逼着战败的将领有家不敢回，反过去投降匈奴吗？大家争来争去，需要卫青拍板定夺。卫青有权力处斩部将，但他没有杀苏建。杀苏建的坏处很明白，会寒一部分将士的心，而且容易给人专横的感觉，得罪一批人。但是苏建的确对战败负有责任，于是卫青把苏建用囚车送回长安，交由刘彻处理。结果，刘彻非常满意卫青有权不专权的举动，同时赦免了苏建的死罪，让苏家用钱给苏建赎罪。苏建虽然被贬为平民百姓，但对卫青感激不尽。

卫青对苏建的处置，表现出了成熟政治家的风范。卫青发达了，一直保持着谦虚稳重、行事谨慎的作风。当汉武帝要分封他那三个年幼的儿子为侯时，卫青坚决推辞：“我的功劳是全体将士拼死奋战的结果。我的儿子年纪尚幼，毫无功劳，陛下却要分割土地封他们为侯，我们父子怎么敢接受封赏？还是请陛下分赏众位将士，激励大家更好地杀敌吧。”汉武帝知道了，封赏了卫青部将公孙敖、公孙贺等人，犒赏将士，同时坚持封卫伉等三人为侯爵。结果，大家皆大欢喜。

由此可见，卫青能够在短短几年中威震四海，位极人臣，是有道理的。

有一天，卫青的好朋友甯乘来访，提醒卫青说：“大将军之所以食邑万户，三个儿子都封侯，主要还是靠皇后的功劳。”接着，甯乘慢慢说道，“任何事情都物极必反。没有一个家族能够永远保持富贵，就好像月亮不会永远圆满，海水不会永远停留在浪尖一样，卫家迟早也会走向衰落。”

卫青在权力巅峰，保持了清醒的头脑。他隐约感觉到，自家人名扬四海，部将亲属遍布朝野，如此辉煌之下总有哪里不太对劲。现在，甯乘给他点破了：“要防止皇上猜忌啊！”卫青恍然大悟，忙讨教如何应对。

甯乘说：“现在内宫之中，王夫人是皇上的新宠。但是王夫人出身卑微，她的家人依然生活在贫苦之中，希望大将军能够向王家赠送重金，联络感情。”卫青依计而行。

原来，随着岁月的推移，卫子夫无奈美貌不再，越来越多的美女进入了刘彻的床榻。在众多新进的美女中，刘彻最喜欢赵国王夫人。王夫人为刘彻生下了后来的齐王刘闳。这个王夫人和卫子夫一样出身卑微，可她不像卫子夫一样有弟弟卫青和外甥霍去病，王夫人找不出一两个拿得出手的亲戚来。她的亲戚实在不成器，刘彻就是想提拔王家，都找不到合适的提拔对象。所以王家依然生活在穷困之中。现在，王家突然收到了大将军、长平侯卫青送来的五百斤黄金，惊喜若狂，忙告诉了王夫人。

王夫人高兴得心花怒放，兴冲冲地告诉了刘彻。

刘彻却陷入了沉思。

卫青为什么这么做？他完全没有必要这么做。刘彻了解卫青，知道卫青个性耿直，不会主动巴结贿赂他人。刘彻找了一个机会，当面问卫青送黄金的事情，卫青一五一十将来龙去脉告诉了刘彻。听了卫青转述的甯乘的提醒，刘彻明白，卫青这么做，是自降身份，表明要继续谦虚、团结他人的姿态。刘彻松了一口气，也高兴了起来。一来，卫青替自己照顾了新宠王家；二来，卫青厚道正直，对皇权敬畏如初，不敢专权跋扈，看来是不会威胁到自己的权威。刘彻对第二点尤其感到高兴，对卫青和卫家的防范之心放松了好多。那个提醒卫青的甯乘被刘彻任命当了东海都尉。

第二年（元狩元年，公元前 122 年）四月，刘彻正式册立卫子夫所生的皇长子、年仅七岁的刘据为太子。

卫家出了一位太子！未来的皇帝将会是卫青的外甥，是霍去病的表弟，卫家的权势更上了一层楼。现如今，谁还敢来找卫家的麻烦？谁敢来找卫家的麻烦，那是自找麻烦。

事情发展到这里，卫家的权势还能再进一步吗？能。

当时，平阳公主已经守寡多年，想要再嫁。她召集家臣、门客商议到底嫁给哪个王公显贵比较好。大家想都没想，异口同声地说：“卫青！”平阳公主一听，心中产生了顾虑。卫家之前是平阳侯家的家奴，现在要平阳公主反过来嫁给卫青，平阳公主的心里一时接受不了，而且，平阳公主也怕这桩婚事招来非议。

家臣、门客们开导公主说：“卫青是大将军、万户侯，他姐姐是皇后，外甥是太子，另一个外甥是冠军侯。卫青是有三个儿子，但那也是三位侯爷啊。如果不算公孙家、陈家等卫家的亲戚，卫家现在是军权在握、一门五侯。这样的人不嫁，公主您还有谁值得嫁呢？”

平阳公主觉得很有道理，就羞答答地将这个想法告诉了卫子夫，托她转告汉武帝刘彻，希望弟弟为自己和卫青赐婚。当年卫子夫入宫的时候，平阳公主嘱托她显贵之后不要相忘。卫子夫果然没有忘记，也很愿意帮这个忙，转告了刘彻。刘彻心想，好嘛，我娶了卫青的姐姐，现在卫青要娶我的姐姐，亲上加亲，是好事。皇帝认可了这门亲事后，卫青和平阳公主两人举办了盛大豪华的婚礼。同时，平阳公主还让自己和前夫生的儿子平阳侯曹襄娶了卫子夫和刘彻生的女儿卫长公主，死心塌地地要和卫家拴在一起。

大臣迎娶昔日的主人、当今皇上的姐姐，汉朝开国以来，还从来没有一个家族获得如此尊荣。让我们一起来盘点一下卫家的权贵网络：户主卫青的姐夫是皇帝，姐姐是皇后，外甥是太子，老婆是公主，继子是驸马，亲戚不是世袭贵族，就是实权将领。当时卫青上下朝，公卿大臣远远看见就要下车让路，立在道旁相迎相送。卫家的富贵荣华算是达到了顶点。

捧霍去病压卫青

把姐姐嫁给卫青后，汉武帝刘彻内心更加不安了。

刘彻是一个雄才大略的皇帝。一般雄才大略的人，权力欲就强，疑心也重。刘彻即位后对威胁自身权威的人和事很敏感。他创办了内朝，开始把权力集中到宫廷，就是对朝堂衮衮诸公的不信任。卫青一家的势力遍布朝野、手握兵权，自然也受到了刘彻的猜忌。之前，卫青采纳甯乘的建议放低姿态，让刘彻多少放心了一点，这也是刘彻同意姐姐改嫁卫青的原因之一。姐姐嫁入卫家后，卫青的权势熏天了，仿佛是“天下第二人”了，刘彻的猜忌心理重新泛起，开始不信任卫家了。他想，即使卫青没有不臣谋逆的心理，也保不齐被野心家利用啊。

刘彻开始疏远卫青，主要采取了两种方法：第一种是让卫青离开前线军队，到长安来居住议政，等于是将卫青高高挂起；第二种是重用霍去病，让霍去病牵制卫青。这第二招很毒辣，等于是分化卫青家人，“拉拢一派，打击一派”。霍去病虽然是卫青的外甥，毕竟不姓卫，和卫家人的关系不那么密切。刘彻更看中的是霍去病的头脑相对简单。

霍去病“为人少言不泄，有气敢往”，只知道行军作战，消灭匈奴，在政治上很幼稚。刘彻曾经劝霍去病学点吴起、孙子的兵法，霍去病回答说行军打仗不拘泥于古代兵法，学那些玩意儿没用。刘彻发自内心地，同时也是有目的地，更加宠爱霍去病这个青年俊才了，着意培养，委以军事重任。一次，刘彻御驾亲临霍去病的府邸，见到霍家凌乱，就让霍去病多留心点家里。霍去病慷慨回答：“匈奴不灭，何以家为？”这句话迅速传开，成为千古名言。霍去病的声望随之节节攀升。

而对于卫青来说，甯乘提醒的“物极必反”的危险终于到来了。

汉朝和匈奴的战争在继续，但卫青失去了对前线部队的直接指挥权，主要是发挥着名义主帅的作用。相反，霍去病上场表现的机会更多了。

元狩二年（公元前 121 年）春天，霍去病升任骠骑将军，率一万骑兵出陇西，飞奔上千里，歼敌近万人。霍去病因功被加封二千户食邑。同年夏，汉武帝命令霍去病与公孙敖兵分两路攻打匈奴。霍去病率军深入，越过居延泽，到达祁连山，一举斩杀三万多匈奴人，捕获匈奴王族和大臣、贵族上百人。这场大败摧毁了匈奴人的自信心。他们悲伤地唱道：“失我祁连山，使我六畜不蕃息；失我焉支山，使我妇女无颜色。”相反，刘彻非常高兴，又给霍去病增加了五千户食邑。

当年秋天，匈奴内讧，引出了一桩突发事件。匈奴的浑邪王和休屠王派人来到边境约期投降。敌情不明，西汉朝野不知道匈奴人是不是真心投降。如果不去，人家又是真心投降的话，就白白错过了机会；如果去了，匈奴大军可能埋伏在那以逸待劳，汉军很可能自取灭亡。左右为难之际，汉武帝把“迎降”的高难度任务交给了霍去病。霍去病领兵朝约定地进发。汉朝军队还没到，休屠王反悔，不愿投降，已经被浑邪王杀了。可浑邪王的部将看到汉军到来，许多人也开始反悔，不想投降了，纷纷逃遁。局势有失控的危险。关键时刻，霍去病飞马跑进匈奴军营，与浑邪王相见，斩杀正在逃散的士兵数千人，稳定局面。接着，他派部分军队先护送浑邪王去面见汉武帝，又亲率部队督促着数万投降的匈奴大军缓缓向内地前进，返回长安。此次，霍去病刀不血刃，迫降匈奴近十万军民，肃清了河西走廊，打通了东西交通，被加封食邑一万零七百户。

当时霍去病只有二十岁，就立下了并不比舅舅卫青逊色的功绩。他每战必胜，固然有艺高胆大、擅长长途奔袭、敌后作战的原因，更重要的是汉武帝刘彻的支持。霍去病部队的军官、士兵、武器装备和马匹战前精挑细选，都是一流的，要远远好于其他将领的部队。朝廷把最好的家当都拨付给了霍去病，如果没有刘彻的允许，怎么办得到？

到了公元前 119 年春，朝廷为了彻底击溃匈奴主力，集中全国的财力、物力大举征讨匈奴的时候，刘彻干脆将卫青名义上的主帅也给撤掉了。他命令大将军卫青、骠骑将军霍去病分别率领五万精骑，兵分东西两路，远征漠北。双方互不节制，分头行动。

卫青的运气也实在不好。匈奴大军将卫青的部队当作了主要防范对象。卫青的大军翻越大沙漠，奔波上千里之后，遭遇了以逸待劳、严阵以待的匈奴军队主力。双方的骑兵在草原上激战，杀得天昏地暗。一直打到黄昏，草原上突然刮起沙尘暴，飞沙走石，遮蔽了天日，双方根本就看不清敌我。卫青毕竟是个久经沙场的将军了，他派遣预备队从两翼迂回到匈奴军队的背后，包围了单于的大营。这一招妙棋，使得战场的形势朝着有利于汉军的方向发展了。匈奴单于首先丧失了信心，跨马突围逃跑。卫青率大军乘夜突击，向北一直打到现在的蒙古首都乌兰巴托地区，烧毁匈奴辎重，胜利班师。

另外一边的霍去病，因为有舅舅缠住了匈奴军队的主力，进展非常顺利。他一路高歌猛进两千多里地，歼灭匈奴七万多人，俘虏匈奴王爷、将军等近百人，立下了比舅舅大得多的功劳。匈奴人一蹶不振，开始向西北迁徙。历史记载之后“漠南无王庭”。

天下终于太平了。外部的敌人没有了，汉武帝和朝廷还需要声望超群、领兵驰骋的卫青、霍去病吗？现在军功不可能再有了，只剩下皇帝的猜忌和防范。所谓“飞鸟尽，良弓藏；狡免死，走狗烹”，说的就是如此微妙的时刻。

刘彻继续捧霍去病去压卫青，防止卫青家族团结一致，威胁皇权。卫青、霍去病凯旋，卫青是大将军，霍去病是骠骑将军，又是万户侯，没办法再提拔他们了。刘彻很有创意，新增了“大司马”的官职，让卫青、霍去病并列为大司马。卫青是大司马兼大将军，霍去病是大司马兼骠骑将军，待遇相同。刘彻把霍去病置于和卫青同等的地位。

这是一个很明显的信号。那些墙头草和势利小人纷纷给霍去病拍马屁，有事没事往霍去病家里跑，套近乎，其中就有很多原来经常在卫青家里出现的面孔。卫青家门口一下子就冷清了起来。好在卫青是一个厚道恬静的人，看开了。他家里人有时候也会感叹世态炎凉，卫青不以为然，认为这是人之常情，一声不响地过着恬淡平静的“寓公”生活，毫无怨言，和平阳公主相敬如宾，对刘彻毕恭毕敬。

卫青有一个一以贯之的优点，就是为人谦让仁和，在权势最显赫的时候不以势压人，更不结党干预政事。因此，虽然卫青已经没有了实权，威势不如以前了，但人缘还不算差。起码刘彻还很给这个小舅子面子，形式上应该照顾到的地方都给卫青照顾到了。

霍去病的人缘就没有舅舅那么好了。霍去病很早就在宫廷中当官，富贵来得容易，带着贵族公子哥的味道，给人的感觉不太好。出征打仗的时候，刘彻照顾他，派人给他送去了数十车的好东西。霍去病看上了车，把车里的粮食和肉却给扔了。要知道，许多从军的士兵平时吃不饱饭。霍去病却从来不注意官兵们缺衣少粮的情况，自顾自地穿戴整齐华丽。这样的人有皇帝的垂青，在下面的人缘却好不到什么地方去。不过话又说回来了，皇帝喜欢的就是霍去病这样只知道打仗、头脑简单、人缘差的功臣。

可惜，霍去病大胜归来没几年，就在元狩六年（公元前117年）英年早逝了，只活了二十四岁。刘彻很伤心，把霍去病的葬礼办得风风光光，把霍去病的坟墓修建在自己的陵寝茂陵旁边，造得像祁连山一样，纪念他的战功。

受株连满门抄斩

刘彻很着急，不知道之后怎么压制住卫青的势力。他宁愿让许多军事行动所用非人，也不愿起用卫青重掌军权。卫青很聪明，干脆请病假，之后不怎么上朝了，进一步地韬光养晦。刘彻不怎么放心，在第二年（元鼎元年，公元前116年）以卫青的儿子宜春侯卫伉犯法为名，削去卫伉的爵位。几年后，卫青的另两个儿子阴安侯卫不疑、发干侯卫登因为献给朝廷的助祭金的分量不足或成色不够，被汉武帝削去爵位。至此，卫家“一门五侯”事实上只剩下卫青孤零零的一个长平侯了。卫青的“病情”随之越来越重，不怎么过问家门之外的事情了。

元封五年（公元前106年），一代名将卫青去世。汉武帝也为卫青举办了风光隆重的葬礼，命人在茂陵东边为卫青修建了一座像庐山（匈奴境内的一座山）的坟墓，给予和霍去病同样的待遇。

卫青死后，长子卫伉继承了长平侯的爵位，但卫家的权势已不能与十多年前相提并论了。尽管如此，卫家依然是西汉王朝权势最旺的大家族。因为这个家族崛起的另一大支柱：皇后卫子夫和太子刘据的地位岿然不动。卫家在后宫的地位也是卫家的地位。更值得一提的是，卫青的姐夫公孙贺出任了丞相。这也给卫家的权势增添了不少的光芒。

刘据是卫青的外甥，卫青、霍去病死后，刘据就是卫家最重要的权势人物了，更是卫家的大希望。只要刘据登基，卫家的权势起码能继续几十年。汉武帝刘彻二十九岁的时候好不容易才有了第一个皇子，也就是刘据。他格外珍惜刘据，努力将刘据培养成合格的接班人。刘据没有辜负父亲的期望，学习认真，能力出众，表现出了接班人的合格品质。

刘据一天天长大，情况却发生了变化。刘据的政治行情“看涨”就意味着卫家的政治行情“看涨”。刘彻终生致力于巩固皇权，对于外戚家族与太子的紧密联系打心底里没有好感。所以，他对于是否要传位给刘据，心中有了一丝阴影。

有人说，儿子总比外甥要亲。刘据会向着刘家，不会向着卫家的。汉武帝刘彻也这么想，可他渐渐地发现刘据这个儿子并不怎么向着自己，反而在许多问题上和自己唱反调。这让做父亲的很恼火。刘彻独尊儒术，他给儿子找的老师都是儒生，教的也是儒家思想，认真学习的刘据自然精通儒家知识，性格仁恕温谨。而刘彻只是表面推崇儒学，内心是将儒家作为统治工具。刘彻真正崇尚的是绝对的权威和强法，儒学有用的时候拿来装点门面，没用的时候毅然弃之不用。小刘据没能真正体会老父亲的苦心，严格按照儒家理论办事，父子俩在政治理念上产生了不可调和的矛盾。汉武帝连年用兵、对外征战，运用强权削藩罢侯，征收繁重的赋税，刘据在这些问题上都不赞同父皇的做法。汉武帝慢慢老了，觉得儿子不像自己，更担心儿子没有驾驭天下的能力。

皇后卫子夫看着儿子和丈夫之间的隔阂，心里着急。卫子夫能够做三十八年皇后，除了和卫青一样谨小慎微、恭谨谦和外，还在于她遇事有主见，能够向别人施加影响来实现自己的目的。比如，卫子夫知道卫青的几个儿子不成才，怕他们风头太盛出问题，多次请求丈夫刘彻不要封赏卫青的儿子，以退为进，实际上是保护自己的侄子。现在，卫子夫看到儿子老违背丈夫的意思，就经常劝诫儿子："作为太子，你要经常揣摩父皇的心思，理解父皇的意图，按照父皇的要求去做，不能擅自做主，做一些与父皇的想法不一致的事，比如平反冤狱。这本是你父皇制造的冤狱，你却给予平反，不是否定你的父皇吗？"可惜，刘据沉溺于儒家说教太深，对母亲的忠告听不进去。

刘彻对刘据基本上是满意的，但是对刘据在很多问题上顶撞自己深感不快。他曾经语重心长地对刘据说："我做的很多事情，你都不赞同，但我这样做是为了你将来能够安享太平！"可惜刘据依然在若干问题上与父皇唱对头戏。

卫青死后，刘据失去了重要的外朝屏障。刘彻对刘据很无奈，但根本没有想到过撤换太子的问题。然而，刘彻和刘据这对父子之间最后还是爆发了兵戎相见的血腥政变，血染长安城，史称"巫蛊之祸"。

所谓巫蛊，就是利用扎木偶、下咒语等迷信手段，陷害他人。汉朝法律严厉禁止巫蛊，刘彻本人对巫蛊深恶痛绝。刘彻步入晚年后，身体越来越不好，更加对巫蛊敏感。他住在长安的时间越来越少，长年累月逗留在离宫甘泉宫中。父子见面的时间越来越少了，本来心里就有小疙瘩，现在因为疏远恶化成了心理隔阂。

刘据得罪的那些贪官酷吏、权谋小人在刘彻面前搬弄是非，离间父子关系。酷吏江充，出身卑微，依靠不断检举他人、刑讯逼供一步一步爬上来。太子刘据很讨厌他。江充怕太子继位后惩办自己，就勾结太监苏文等人要扳倒刘据。卫青的姐夫、丞相公孙贺不巧因为巫蛊被牵连下狱。江充等人就使劲把“巫蛊”的脏水往卫家和太子身上泼。

父子隔阂、交流不畅、对权臣家族的猜忌，现在加上“巫蛊”嫌疑，汉武帝刘彻随即授权江充彻查太子与“巫蛊”的关系。于是，事情恶化为刘彻、刘据父子俩指挥各自的军队在长安城里混战了几天几夜，只杀得鲜血淹没了街道，汇聚成了赤红的河流。

混战的结果是，刘据一帮人寡不敌众，遭到了血腥的镇压。刘据悬梁自尽，他的四个子女同时遇害。政变平息后，震怒的刘彻派人收缴皇后的玺绶，要废掉卫子夫。卫子夫在宫中自杀。太监找了口薄棺材，将卫子夫草草埋葬在长安城南的桐柏。汉书说至此“卫氏悉灭”。

卫家是汉武帝时期的一个传奇。卫子夫从歌女到皇后、卫青从骑奴到大将军，家族相关人等在朝野盘根错节，缔造了一个神话。尽管权势熏天，但这个家族安分守己，并没有什么“负面新闻”，卫家的主要人物还为西汉王朝做出了突出贡献。可他们遇到了一个强权君主，一个晚年多疑的刘彻，顷刻之间就被连根拔起，满门抄斩，令人惋惜感慨。

政治崇尚丛林法则，两强相遇必有一伤。强盛的权力家族和强权的专制君主，在同一个时间内只能存在一个，不可能和睦相处、分享权力。这就是卫青家族不能在汉武帝时代永享富贵的大道理。

血腥故事不断重演

政治人物的思想特别奇怪，当外部条件发生变化之后，他们对一些事物的基本看法也会发生翻天覆地的转变。卫家在的时候，刘彻如鲠在喉，感到很不舒服；现在卫家的人被杀得干干净净了，刘彻还是浑身不舒服，又想念起卫家的好处和优点来了。

前太子刘据的平反昭雪成为卫家名声好转的转折点。老百姓们对死去的刘据很有好感，对他的死很同情，都相信刘据不会用木偶人诅咒皇上。随着时间的推移，江充等人陷害太子的证据也渐渐显露，民间的舆论开始朝着有利于刘据的方向发展。刘彻冷静下来后，也开始相信儿子刘据起兵主要是被逼自卫，并没有谋害自己的意思。关键时刻，负责守护西汉开国皇帝陵墓的小官、高寝郎车千秋上疏为刘据犯颜直谏，扭转了整个局势。他写道：“儿子对着父亲舞刀弄枪，应该受到鞭笞。如果皇帝过失杀死了太子，那又应该做何处理呢？”刘彻对车千秋的上书非常感慨，之后，巫蛊动乱的处置完全被颠倒了过来。刘彻在儿子遇害地修建思子台和宫殿，追念刘据，追悔莫及。卫家的名誉也很快得到了恢复。

冤假错案得到了拨乱反正，汉武帝刘彻的寿命也快走到了尽头。他叫画工画了一幅周公抱着周成王接受诸侯朝见的图画赐给霍光。后元二年（公元前87年）春天，汉武帝刘彻又一次病重，霍光流着泪问道：“皇上万一归天，谁可继承皇位？”刘彻说：“你难道不明白我赐画的意思吗？我让幼子即位，你来当周公。”汉武帝定最小的儿子刘弗陵为新太子，选中谨慎可靠，又出身霍家的霍光来当辅政大臣。

霍光是霍去病同父异母的弟弟，是霍仲孺正儿八经生下的孩子。霍去病成人之后才知道自己的身世，一次征讨匈奴路过霍仲孺的家乡，认了霍仲孺这个父亲。霍去病认父后，把弟弟霍光带走了。当时霍光年纪十岁出头，因为霍家的荫庇，担任了郎官，伺候在汉武帝刘彻身边。霍光的性格和霍去病完全不同，他埋头做事，小心谨慎，在服侍汉武帝的二十多年时间里，竟然连一丁点的小错误都没有犯过。

刘彻死后，刘弗陵继位，就是汉昭帝。汉昭帝刘弗陵年仅八岁，汉武帝遗诏封霍光为博陆侯，将国家大事全都交给霍光处理。卫、霍家族迈出了复兴的扎实步伐。

霍光自受汉武帝遗诏辅弼汉昭帝以来，历经四代皇帝，主持朝廷政务二十年。其中还主持废黜了废帝刘贺，力排众议拥立了流落民间的皇子刘询，权势更在卫青之上，成为前所未有的大权臣。刘询就是汉宣帝，他虽然贵为皇帝，但每次祭祀都要和霍光同车。坐在同一辆车上，刘询竟然有芒刺在背的感觉。

霍光的功绩、势力和声望都超过了作为皇帝的刘询。在皇权至上的时代，霍光家族严重侵犯了皇权。霍光攀登到权力巅峰后，之前谨小慎微的言行淡化了，开始恋栈揽权，也没有与刘询保持良好的关系和沟通。霍光迫使刘询迎娶自己的女儿霍成君为皇后。这个霍成君又密谋杀死了汉宣帝的发妻许氏，霍光知道女儿的罪行后，竟然帮忙掩饰。霍光活着的时候，刘询有心除他，却忌惮他的权势，只是暗中谋划。霍光一死，刘询就有步骤地去除霍家的权势。霍家子弟不满，竟然图谋政变换皇帝。事情败露后，霍家子弟自杀的自杀，其余的被腰斩弃市。刘询以政变案为突破口，大规模清理霍氏党羽，因此案受到株连被灭门的有数千家之多。皇后霍成君被勒令自杀。霍家又重复了一遍亲戚卫家的历史往事。

中国古代政治史，从某个角度来说是皇权和大臣的权力之争。斗争的结果，皇权胜多败少。其中的原因很复杂，我们在两千多年后再来看卫氏家族的起伏，不能不承认帝王杀戮太过，同时也感叹权臣避祸的艰难。

其实在西汉的君臣关系史中有很多可以借鉴的先例。汉初名相萧何韬光养晦，保全了自身及后裔。他权势最大的时候却在穷乡僻壤置办家业，一来为子孙留栖身之地，二来也因为土地偏僻贫瘠，希望不被后代豪强觊觎。汉武帝时的丞相田蚡自恃是皇帝的舅舅，“权移主上”，受到汉武帝警告后始有收敛，得以全身而终。而开国元勋周勃之子、平定七国之乱的大功臣周亚夫仅仅因为被景帝视为“此鞅鞅，非少主之臣”，就被以谋反罪下狱，死在狱中。类似的故事，在其他朝代不断重演。不论是圆满的结局，还是惨重的血腥故事，无不是围绕着“君权—权臣”的矛盾展开的。

| 扩展思考：权力家族 |

1. 西汉卫家是古代少数从最底层上升到最高层的家族，但不是唯一的一户。你还能列举出其他从最底层上升到最高层的古代家族吗？

2. 俗话说“富不过三代”，财富如此，权力也如此。古代有不少卫家这样的权力家族，却没有一家能权势永存。这是为什么呢？

琅琊王氏
从政坛向书坛的退却

东晋末年，当权的太尉郗鉴要给掌上明珠挑选一名如意郎君。他相中了建康城中秦淮河畔乌衣巷中的王家，向王家的掌门人王导说亲。王导说：“我们王家人才济济，不知道你挑中哪个后生？”郗家就派门生到乌衣巷挑女婿。门生回来后，郗鉴问有什么好人选。门生回答：“王氏子弟都一表人才，精心打扮接受挑选，只有一个小伙子除外。那人躺在东厢房的床上，袒胸露腹，旁若无人地啃东西吃呢。”郗鉴说：“就是他了，我就选那个袒胸露腹的小伙子。”这个特立独行的小伙子，名叫王羲之。虽然郗鉴很看好王羲之，但当时多数人却不以为然，觉得郗老太尉看走了眼。

这就是“东床快婿”典故的出处。郗太尉为什么会挑中王家？他为什么又会选中王羲之，到底有没有看走眼呢？

第一代：王导迈过的三道坎

乌衣巷中的王家，不是一般的王姓人家，而是琅琊王氏。

琅琊王氏是东晋南朝首屈一指的门阀士族，也是“旧时王谢堂前燕”里的王家。后人提到中国历史上的门阀世家，脑海中最先浮现的多半是这个琅琊王氏。这个家族的命运，和魏晋南北朝的政治紧密联系在了一起，随着政局的变动而沉浮。他们的作为，也影响着历史的发展。解读这个家族的命运，不仅可以了解魏晋南北朝的历史，还可以透视中国历史上政治世家的发展规律。

琅琊王氏是从东汉末期就开始发迹的政治世家，西晋后期开始显赫，先是王家的王衍担任了太尉，成为掌权人物，再是王澄出任荆州刺史，王敦出任青州刺史。当时，王衍不无得意地说：“荆州有江、汉之固，青州有负海之险，卿二人在外，而吾留此，足以为三窟矣。”但王家富贵真正的奠基者还是后来居上的王导。王导和后来的晋元帝、当时的琅琊王司马睿关系密切。中原大乱，他推动司马睿去东南地区独当一面。两人瞅准机会，拉上人马在公元 309 年搬到了建邺（今南京），带动了“元嘉南渡”的浪潮。

初到江东，王导就遇到了奋斗史（或者说是琅琊王氏发家史）上的第一道坎：立足不稳。

当地人对司马睿及王导等南渡士族很冷淡。江东的士族大姓轻蔑地称司马睿、王导等人为“伧父”。人心不附，威胁着新政权的稳定。于是，王导在秦淮河边导演了这么一幕，让司马睿站稳了脚跟：司马睿坐在奢华的肩舆之上，在皇家仪仗的簇拥下，缓缓而来，王导等北方士族和名流都恭恭敬敬地骑马跟随其后。整个队伍威严肃穆又不失豪华热闹，将西晋王朝的泱泱皇室风范展现给了江南世人。江东大族受到了极大震撼，纷纷前来拜见。史载：“由是吴会风靡，百姓归心焉。”

东晋建立前夕，王导是司马睿政权的支柱力量。司马睿对王导的辅助和拥立之功深深感激，叫他“仲父”，把他比作自己的萧何，登基之日竟然拍拍龙椅的空处，招呼王导“升御床共坐”。王导再三辞让，司马睿这才作罢。至此，琅琊王氏达到了权势的高峰，除了王导担任丞相，王敦控制着长江中游，兵强马壮，四分之三的朝野官员是王家人或者与王家相关的人。另外，王家在东晋南朝时期出了八位皇后。民间形象地形容为：“王与马，共天下。”

王导掌权的鲜明特点是“清静为政”。身逢乱世，矛盾丛生，东晋王朝的统治很脆弱，可以说在北方南渡士族和南方土著士族的平衡之间走钢丝。王导善于调剂双方的矛盾。他礼遇南方土著，对他们很客气，阻止南渡的士族侵犯土著士族的利益。同时，王导又尽力满足南渡士族的利益要求，在南方士族势力较弱的地区设立侨州、侨郡、侨县，帮助南渡士族恢复元气。为了维护士族大家的利益，王导强化了门第出身与政治权力的关系。出身决定地位，豪门垄断利益。出身豪门大族的子弟，就算是块木头也能平步青云；出身寒门地主的子弟，就算是文曲星下凡也只能位列下僚，终身埋首文山案牍没有出头之日。豪门大家占尽膏腴之地，奴婢成群，享有种种特权。王导对东晋南朝士族势力的恶性膨胀，是要负责任的。

可在东晋之初，史载王导“镇之以静，群情自安”，赢得了各方面的赞许，尤其是得到了士族大家们的支持。琅琊王氏得益于王导的成功作为，迅速壮大，从西晋的一个二流家族后来居上，成为东晋的一等豪族。

不过，王导的“清静为政”类似于“无政”，各方面都不得罪，和稀泥，把矛盾遮盖了起来。是矛盾，总是会爆发的。王导很快遇到了第二道坎：皇帝猜忌、兄弟叛乱。

俗话说：月盈则亏，盛极则衰。没有皇帝会允许他人染指皇权，分享皇权的力量与威严。司马睿对王导家族的尊崇，是立足不稳、羽翼不丰时候的权宜之计，坐稳龙椅后他就对“王与马，共天下”的传言产生了酸酸的感觉。他首先要解决的问题是如何把那些不可一世的士族大家的势力给打压下去，尤其是琅琊王氏。

司马睿开始暗中限制、削弱王家的势力，性格张扬又手握重兵的王敦就成了出头鸟。司马睿提升重用刘隗、刁协等寒族人士。刘刁二人对尊马抑王一事不遗余力，不断打压王家。王导在权力场中被疏远了。讲求“清静”的王导忍得了，放荡不羁、跋扈的堂兄弟王敦忍不了。他愤慨难平，对司马睿多有怨言。鉴于王敦控制着长江中游各州的政权和军队，司马睿派刘刁二人出任地方刺史，企图钳制王敦的势力。这一下，王敦干脆造反了，招呼兄长王含等人带上大军，顺江而下，冲向建康找司马睿等人算账。

刘隗和刁协抓住把柄，劝司马睿诛杀王导和王家的所有成员。王导赶紧带上王邃、王彬、王侃等在朝廷任职的王氏宗族二十多人每天跪到宫门外候罪。司马睿意识到，离开王家支持，自己坐不稳龙椅，司马睿和王家的命运是一荣俱荣、一损俱损的，赦免王导等人是最现实的选择。于是，等王导等人在宫门外跪地痛哭了几天后，司马睿被“感动”了，光着脚走出来扶起王导，拍拍他的手宽慰一番。事情就这么过去了？是的，本应株连九族的造反大罪就这么被赦免了。

王家的危机解决了，不想王敦的军队攻占了建康。王敦把持朝政，官员进退操于其手。他逼着司马睿下诏大赦，赦免叛乱诸人的罪过，并封自己为大将军。王家表面上实权在握，实际上被王敦推到了风口浪尖之上！

好在王敦擅长破坏，不长于建设，抓住了皇帝却还没有自己做皇帝的想法。王导也阻止王敦称帝，始终暗中支持司马睿。不久，王敦就退兵长江中游，司马睿随后郁闷而死，局势降温。王导等人拥立太子司马绍即位。司马绍是个强硬分子，一心要铲除王敦，局势骤然紧张起来。王敦身体也不争气，越来越差，在周边宵小的蛊惑下，第二次发兵进攻建康。他想在自己死前，彻底解决王家的威胁，摆出了倾覆朝廷的架势。王导再次坚决站在皇帝一边，主动挂帅，提兵与王敦叛军作战。一场恶战，王敦随即病死，兄长王含、继子王应被杀，叛乱彻底消除。王导对策得当，让琅琊王家非但没有受牵连，还因讨伐王敦有功得到加官晋爵。王导从司徒进位太保，兄弟分任刺史、尚书。王家跨过这道坎，保持了天下第一望族的地位。

司马绍当了三年皇帝，也死了。王导等人又拥戴五岁的皇太子司马衍即位。已经是“三朝元老”的王导遭遇了第三道坎：外戚争权。

司马绍考虑到继承人年幼，留下遗诏，由王导和小舅子、中书令庾亮一同辅政。司马衍即位，司马绍的皇后庾氏以皇太后身份临朝称制。庾亮仗着庾太后的势力，很快就把实权集中到了庾家手中。尽管王导荣光依旧，连皇帝对他下诏书都是用敬语，但王导离实权越来越远了。见惯荣辱浮沉的王导淡然处之。有人曾经向王导进谗，说庾亮可能举兵擅权，对王导不利，劝王导多加防备。王导说：“他若逼我，我就一身布衣服，回家养老去，有什么可怕呢？”庾亮倒没想要铲除王导，可他是个雄心勃勃又拥有很多想法的年轻人，屡屡指点江山，东晋政坛上出现了多次政治变动。王导秉承“清静为政”的理念，以不变应万变。朝廷一有动静，政治一有裂缝，他就上前和稀泥。

大臣们给晚年王导起了一个绰号：糊涂宰相。原因是王导每年考察官员的时候，都流于形式，考察的结果是你好他好大家好。有人有意见，王导就说，害国之鱼我们都能容忍，何必每年纠缠于那些小鱼小虾呢？的确，王导的一生连对威胁王朝利益的大问题都采取拖延、打太极的对策，让时间去消化它们，根本就没必要在每年的官员考核上较真。他晚年常说：“现在说我糊涂，只怕将来有人还要怀念我的糊涂呢！”

公元 339 年，王导病逝，终年六十四岁。王导是琅琊王氏繁衍昌盛的奠基人。在后半生的三十年间，王导经历了无数明争暗斗甚至血雨腥风，能在混乱中为家族留下一份家业，殊为不易。同时，他见惯了权力场的争斗和残酷，多少也将所见所闻、所思所想，作为遗产留给了族人。

第二代：与政治保持距离的王羲之

据说琅琊王氏南迁后信奉道教，给子弟取名都带个“之”字，比如王导等人给子侄辈取名王羲之、王胡之、王彪之、王晏之、王允之等，孙辈取名王徽之、王献之、王恢之等。这似乎是辨认琅琊王氏子弟的一大特征。王导这一辈之后，琅琊王氏名声最大的当属“书圣”王羲之。

王羲之，王导之侄、王旷之子（王旷做过淮南太守，曾劝司马睿南迁）。虽说是书圣，王羲之小时候一点都不聪明，相反还很笨，连话都说不好。虽然名士周顗曾摸着十三岁的王羲之的脑袋，说孺子可教，前途不可限量，但一般人还是把这看作是周顗判断失误。

事实上，王羲之是那种大智若愚、大器晚成型的孩子。一些小时候聪慧异常的孩子长大后往往平庸无奇，而小时候沉默低调的孩子，如王羲之，常常是一鸣惊人的主儿。王羲之正常进入仕途后，表现出了不俗的政治素质。王导之后，东晋王朝高层政治纷争不断。老有那么几个人鼓动北伐，想借北伐给自己贴金。殷浩北伐的时候，王羲之明确写信反对，劝阻他。担任地方官时，王羲之开仓赈灾，奏请朝廷减免苛捐杂税，很有父母官的样子。

王羲之凭借家族势力担任过江州刺史的要职。在刺史任上政绩显著，朝廷屡次要提升他做京官，王羲之就是不去。有人写信劝他，说他傻。王羲之回信表白说："我没有庙廊之志。"其他人这么说多数不是虚伪的表演就是待价而沽，王羲之则是真的没有庙廊之志，不想攀爬权力的金字塔。他追求的是人生的品质，追求理想的修为。听说安徽宣城的风光不错，王羲之向朝廷请求，希望能去宣城当太守。朝廷原来是想把王羲之提拔到更高的岗位上去，没料到王羲之要求官越当越小，要去一个小郡当太守，当然不干了。朝堂上的士族大家们更不干了：你王羲之可是天下第一望族的子弟，去当什么宣城太守？你不怕掉价，我们这些同类还觉得掉价呢！于是，也不征询王羲之本人的意见，朝廷宣布提升他为右军将军、会稽内史。会稽（今浙江绍兴）是东南大郡，是江东士族和南渡大族的聚居地，地位突出。会稽内史的地位自然重要。这一回，王羲之高兴地接受了提拔自己的任命——因为他早就听说会稽山水秀美，人文典雅。于是，他打点行装来到了顾恺之形容的"千岩竞秀，万壑争流，草木覆盖其上，仿佛云蒸霞蔚"的会稽。千年之后，我们会发现王羲之的这个选择是中国文化的大幸。

追求平淡生活的王羲之与清丽秀美的会稽相会后，工作是次要的，生活是主要的。当时的会稽人文荟萃，有和王羲之伯父王导认识、正隐居在东山、离"东山再起"还有段日子的谢安，有达官贵人都以得到他撰写的墓碑为荣的文人孙绰，有游寓江南、提出"色即为空"大论的名僧支遁，有隐居山林、大谈玄学和山水诗的隐士许询，等等。王羲之很快就和这些人打成了一片，还组织了一个叫作"兰亭之会"的聚会把他们"一网打尽"。

永和九年（353 年）暮春之初的三月三日，是一年一度的修禊节。

这一天，王羲之、谢安、孙绰等四十多人齐聚会稽山阴城外的兰亭，洗洗身子，喝喝酒水，清谈闲聊。他们不知道，永和九年暮春的兰亭，将会成为中国文化史上的一座丰碑。

根据王羲之的记载，当日的兰亭“天朗气清，惠风和畅”，“群贤毕至，少长咸集”。此地的风光也相当对得起观众，“此地有崇山峻岭，茂林修竹，又有清流激湍，映带左右，引以为流觞曲水，列坐其次”。因此虽然聚会上没有丝竹管弦、歌舞助兴，但聚会的文人雅士们一觞一咏，大到宇宙，小到具体的花草品类，畅叙幽情。恍惚之间，王羲之感叹上天公平地给予每个人生命，每个人都要走完一生，有的人飞黄腾达，有的人感悟良多，有的人放浪形骸，殊途同归而已。行走之人，不知老之将至，常常是刚刚欣赏的东西转眼就成为陈迹。“每览昔人兴感之由，若合一契，未尝不临文嗟悼，不能喻之于怀。”王羲之的结论为：“固知一死生为虚诞，齐彭殇为妄作。”若干年后的我们审视今天，就像今天的我们审视昨天一样。和王羲之一样，参会者纷纷提笔写文，抒发感想。这些文章，多少带有当时玄学（为了玄专门写得让人看不懂）的意思，更多的是抒发对人生、对宇宙的看法。

会后，众人把文章收集起来，集成一本小集子，委托王羲之作序。王羲之当时已经微醉，也不推辞，提笔立马写了一篇序言。这篇因为编辑需要被定名为《兰亭集序》的文章，一气呵成，初正楷后小草，庄中有变，变中有雅，令人赏心悦目，是书法和文章的双重瑰宝。后人有爱事者，认真察看了帖子，发现王羲之在里面没有写两个完全相同的“之”字。据说，王羲之事后对原稿不甚满意，想重写一份，超越原稿。他聚精会神认真重写了几份，感觉都不如醉酒的时候写得好。索性，王羲之不写了，就将写于兰亭的、带有修改痕迹的原稿定为作品。

《兰亭集序》之所以成为书法极品，一大原因是王羲之将书法提高到了一个新境界。之前人们是为了写字而写字，王羲之是为了欣赏而写字，为了表达而写字，为了内在的修养而写字、练字、赏字。书法开始在王羲之的手中，从实务超脱成了艺术。这是王羲之的书法境界，也成为中国书法的入门认识。王羲之是琅琊王氏最优秀的书法家，却不是唯一的书法家。官宦世家同时也是文化世家，家人文化素质高于常人。琅琊王氏的前辈王衍、王戎等人都是书法家。二人擅长草书，轻便没有拘束，很符合玄学大家的气质。之后，王敦、王导、王廙、王旷等王羲之的父辈也都写了一手好字。与王家交往的谢家、庾家也出了多位书法大家，王羲之的岳母郗夫人就是有“女中仙笔”美誉的大书法家。王羲之在这样的环境中沾染了习书练字的风气，更得益于大家族的雄厚物质基础和优越生活，将书法从其他事情中独立出来，当作一门艺术来对待。也只有琅琊王氏这样的门阀世家才能培养出新艺术门类的大师。

王羲之在书法的世界中越走越远，后人用八个字形容他的作品：飘若浮云，矫若惊龙。他的作品被后世奉为神品。如《兰亭集序》的真迹，人们普遍相信被唐太宗带入了坟墓，今人看到的都是摹刻本。

永和十一年（355 年）初，厌倦了官场的王羲之弃官而去，在会稽金庭定居下来。晚年的他种地盖院子，教导子弟书画，也去河边放鹅钓鱼，悠然自得。

王羲之的身上完全没有了父辈辗转奔波、指点江山的气度了。同样褪去政治光芒和雄心的还有同辈的王胡之等人。王胡之是王廙的儿子，他们父子俩都是老庄之说的信徒。王胡之的经历和王羲之近似，在山水优美的吴兴当一个生活优裕的太守，心情很爽，不管朝廷怎么调动他的职位，他就是在吴兴太守任上赖着不走。朝廷拿这样的“钉子户”无计可施。王胡之和谢安的关系也不错，两人常有诗歌唱和。王胡之曾向谢安写道：“巢由坦步，稷契王佐。太公奇拔，首阳空饿。各乘其道，两无贰过。愿弘玄契，废疾高卧。”在他看来，功成名就的姜子牙也好，不食周粟饿死的伯夷、叔齐也好，每个人都有自己的生活状态，他王胡之的理想就是高卧山林，听听风声，抚摩泉水。

琅琊王氏在王导、王敦一代人之后就看淡了呼风唤雨的权势，家族第二代的多数人把注意力从政治上转移走了，但是王家的声望依然存在。东晋王朝建立在士族大家支持之上，制定了一整套保障世家大族利益的制度，王羲之这一代人不需要创业干政就能保持权位。如果王家还像王导、王敦那样掌权掌军，反而会触动清静无为的东晋王朝的敏感神经。既然大环境不希望你在政治上有所作为，本也不愿积极干政的王羲之等人，得以从政坛转身而去，醉情艺术与山水，又何乐而不为泥？

第二代：勉立朝堂的王彪之

那么，王家还有没有人留在朝堂中央呢？有。他就是王彪之。东晋王朝一直将琅琊王氏作为朝廷的依靠。是依靠，就得有人在权力中央，领取朝廷的官爵利益，也把家族的支持传达给中央。而王彪之就是沟通朝廷和王家的新一代桥梁。

王彪之是王导的侄子、王彬的儿子，是个“少白头”，刚过二十岁就须发皆白，人称“王白须”。须发皆白的重要原因是他读书太用功了，尤其对历代规章制度用力很深，举凡周礼儒学、历朝历代典章制度、文物典故等都要刻苦钻研。王彪之还有收集文献的习惯，他把相关的学习资料都收藏在一个青箱之中，后来又把自己的著作和文章也收入箱子里，让后人世代相传。王彪之的这个习惯成就了一门学问：王氏青箱学。

早年，王彪之也任过会稽内史。他严于执法，六亲不认。当地横行乡里的中小士族大家虽然对王彪之恨得牙痒，但斗不过琅琊王氏，不得不收敛气焰，三万多户被士族大家逼得远走他乡的百姓因此先后回迁了。朝廷考虑到王彪之的实际情况，任命他为太常。太常在秦汉是九卿之一，地位很高，不过在东晋的地位大大削弱了。因为太常主管朝廷的典章制度，可算是朝廷中专业性最高的岗位了。王彪之学问深厚，为人严谨庄重，很适合这个岗位。

王彪之出仕之时，新士族桓家的势力蒸蒸日上，与琅琊王氏、陈郡谢家平分秋色。大将军桓温试图控制朝廷，许多世家子弟争相向桓家靠拢，派亲信向桓温表忠心。王彪之是极少数拒绝向桓温献媚的人之一。桓温对他怀恨于心，将王彪之操作罢官，还将他逮捕入狱。好在琅琊王氏余威尚在，借一个大赦让王彪之先降职后调任回京，还升任了尚书仆射（相当于副丞相）。王彪之和谢安、王坦之（名字很像琅琊王氏子弟，却是太原王家的人）三个人一起联合起来对付野心日益膨胀的桓温。

当时的皇帝是十一岁的司马曜，皇太后褚氏打算请桓温摄政。王彪之、谢安、王坦之三个人都不同意，联合阻挡桓温上位。桓温和王敦一样，身体不好，遇到挫折就一病不起了。临终时，桓温决心最后一搏，向朝廷要求“九锡”（天子赐给权臣的礼器，后来演变成了奸臣篡逆的先兆），还让笔杆子袁宏草拟了《九锡文》。袁宏把《九锡文》拿给王彪之看，王彪之讽刺他说：“你这样的大才，怎么写这种文章？”袁宏碰壁后，去找谢安。谢安的政治技巧很高，不说同意不同意，而是笑着让袁宏反复修改。袁宏修改了一遍又一遍，谢安都笑说不满意，只好又去请教王彪之。王彪之知道谢安的用意，说："谢安的用意，你还不明白吗？桓温病情一天比一天重，马上要死了，你着什么急啊？"袁宏恍然大悟，对《九锡文》也不再热心了。没多久，桓温被拖死了，请九锡的事情不了了之。

桓温死后，朝廷由谢安、桓冲、王彪之三人辅政。桓家势力大降，谢家势力上升，政令大多出自谢安之手。琅琊王氏和陈郡谢家的关系不错，王彪之和谢安的私交也不错，但王彪之对谢安不合礼制的做法也会毫不留情地批评抵制。谢安痛打落水狗，要把桓冲排挤出朝，表面上恭请皇太后临朝，深层次意思是方便谢家操纵实权。王彪之引经据典，认为谢安这么做不合制度，坚决反对。谢安艺术细胞比较多，讲排场，对修宫殿等"艺术工程"有浓厚的兴趣。王彪之坚持要与民生息，反对大兴土木扰民。王彪之立论严谨、义正词严，谢安反驳不了，在王彪之在世时都不能放开手脚进行"艺术创作"。

太元二年（377 年），王彪之去世。他的一生，基本继承了王导等父辈的衣钵，安分地扮演好王朝支柱的角色，不越位，不退缩。一个政治世家要常保富贵，离不开这样的人物。

三代之后：兴趣在别处

王羲之、王彪之之后，琅琊王氏子弟的兴趣普遍从政治上移开。

王羲之一共有七子一女，这八个子女都在书法上小有成就。王羲之唯一女儿的名字无考，只知她嫁给了浙江余姚的刘畅。她和刘畅有个孙女，嫁入了陈郡谢安家，生了一个曾外孙，取名谢灵运。大诗人谢灵运就是王羲之的重外孙。

七个儿子中，最有名的是王献之。王献之曾担任过吴兴太守，官职终于中书令，但他最大的成就还在书法方面。书史上把他与父亲王羲之并称为"二王"。王家的人书法成就斐然，得益于家庭提供的优越物质基础，更是他们刻苦练习的结果。王羲之练习书法的时候，吃饭走路都不放过，人们常常看到他用手指在身上画来画去，因此王羲之的衣服换得特别勤。教科书中经常举的两个王羲之练字的例子，鼓励现在的孩子以他为榜样。第一个例子是一次王羲之在书房练字忘了吃饭，家人把馒头送入书房，王羲之太投入了，摸了一个馒头就蘸着墨吃起来。家人进来收拾的时候，看到满嘴墨黑的王羲之还在啃“墨水馒头”呢。还有一个例子是王羲之洗砚把一池水都给洗黑了。人们把这样的水池称为“墨池”，现在绍兴、永嘉、庐山等地都争着说王羲之牌“墨池”在自己的辖区内。王献之开始练字的时候，问父亲王羲之书法的秘诀是什么。王羲之指着院子中满满的十八口大水缸说，那就是秘诀。王献之练字研磨，把那么多水都给用完了，书法水平果真大进。王献之的书法，继承了父亲的风格，又更加无拘无束。中国书法史上“一笔书”的狂草就是王献之的创举。

王献之的婚姻生活很不幸。他先是娶二舅郗昙之女为妻，小两口子感情很深，但被迫与爱妻离婚，当了新安公主的驸马。王献之和新安公主生有一女，后来当上了皇后——东晋南朝的皇帝热衷与士族大家联姻。

王羲之诸子中经历最传奇的是王徽之。王徽之也擅长书法，但成就逊于父亲和弟弟王献之。他的官也小，只做过参军和黄门侍郎之类的中级官员，心思根本不在官场上，平日不修边幅，工作时蓬首散带，根本不过问职责内的事情。一次桓温问他，王先生现在是什么职务啊？王徽之挠完痒痒，说看到衙门口马匹进进出出，可能是个管马的衙门（实际上是军府）。桓温又问，最近衙门里死了几匹马啊？王徽之冷冷地说，我连衙门里有几匹活马都不知道，哪里知道有几匹死马？这么不负责任的回答，竟然让王徽之获得了玄学界的一致好评。上级知道这段奇闻后，脸上挂不住，找王徽之谈话，要求他态度严肃，好好上班。王徽之盯着天花板，一副爱理不理的模样。谈话结束后，王徽之干脆弃官而去。

相比于官场，王徽之更喜欢山阴的乡间生活。一夜，山阴大雪，王徽之半夜醒来，发现大地白茫茫的一片，自饮自酌起来。彷徨间，王徽之想起了居住在剡县的好友戴逵，连夜叫人备船要去造访。当夜，皎月当空，一叶小舟穿行在浙东的水系之间。王徽之边饮酒，边吟诗，等天边露出鱼肚白的时候终于到达了戴逵府前。奇怪的是，王徽之却叫船夫调头回山阴。船夫问其故，王徽之答：“吾本乘兴而行，兴尽而返，何必见戴？”他要的就是造访的过程和期待的感觉。王徽之的后半生与竹子为伴。浙东丘陵的竹子挺拔茂盛，成林后气象万千，王徽之自评生活不可一日无竹，于是终老竹林之中。

丞相谢安想和王家联姻，原先挑中的人选就是王徽之。听说王徽之“雪夜访戴”一事后，谢安反悔了，将侄女转嫁给了王徽之的哥哥王凝之。

王凝之的成绩不如兄弟，活得也不够潇洒。他担任会稽内史，掌管地方军政大权，正赶上海匪孙恩起义。起义军围攻会稽。部下建议备战，王凝之却相信道家神祖能够保佑会稽无恙，只是终日闭门祈祷。部下催得急了，王凝之就说：“吾已请大道，许鬼兵相助，贼自破矣。”结果起义军长驱直入，杀入会稽，王凝之和子女一同遇害。

后世喜欢用王凝之的例子来证明王家势力的衰败，进而论证整个门阀士族势力在南朝的逐渐没落。这有一定的道理，但东晋南朝的政治大背景是清静无为，不喜欢多事。后人想当然的奋发进取的政治姿态，并不利于士族势力的维持与发展，相反只能让他们与王朝政治格格不入，给自己带来危险。既然制度保障士族的利益，士族子弟们自然乐意选择清静，漫天神侃。王家从政坛走向书法和玄学，也是一种必然的选择。起码在整个东晋南朝，琅琊王氏都保持了南朝第一家的地位。王家子孙兴趣转移到别处，是情理之中的自然结果。

豪门士族的末日

琅琊王氏这样家族的存在，是特殊的政治现象。东晋南朝建立在乱世之中，始终内忧外患不断，艰难地在豪门士族们的势力之间取得平衡。

豪门士族和各朝皇帝们相互依靠。晋室南渡时，北方南下的士族纷纷支持司马睿建立东晋，是为了保障世袭特权。之后南朝历代禅让，士族大家们都很务实地承认胜利者，主动支持新的王朝，对新皇帝表示效忠。目的也是保障世袭特权。皇帝们也需要士族大家们的支持。因为各大家族垄断了政治和经济利益，势力异常强大，新皇帝们不能也不敢取消士族的特权。但如果士族势力强大到了威胁皇权的程度，皇帝们就不得不出面对士族进行抑制。皇权和士族权力的斗争潜伏在南朝政权发展的始终。

皇帝们在政治上与士族势力斗争的主要手段就是扶持寒门地主势力。士族子弟们都拥挤在那些清贵显要、升迁快速的官职上，逐渐不屑于处理实际政务，导致许多负责实际事务、位置重要的岗位落入寒门子弟手中。

普通人掌握实权，是南朝政治发展的一大趋势。但是，以琅琊王氏为代表的豪门士族们对此视而不见，依然沉醉在世袭和垄断带来的荣华富贵之中。对于世袭和垄断的根源——血统，士族大家们异常重视。肥水不流外人田，他们很快形成了封闭的小圈子，士族子女互相婚嫁，各个家族编辑修撰家谱（发展出了专门的学问：谱学），严格防止普通人混入士族队伍。士族和寒门之间的界线泾渭分明。荒唐的是，士族人家最后竟然发展到不和普通人交往，甚至想方设法地侮辱主动示好的普通人。

南朝宋武帝时，寒门出身的国舅路琼之，锦衣绣服郑重其事地拜访王僧达。王僧达出身琅琊王氏，虽无一官半职但门第高贵。路琼之来后，王僧达冷淡地客套了几句，突然打断路琼之的话问："过去我家中有一个马夫叫路庆之，不知是你的什么人啊？"路琼之大为尴尬，随即起身告辞。王僧达也不挽留，当即命令仆人将路琼之刚刚坐过的床榻拿去烧掉。路琼之回去后找路太后哭诉，路太后大怒，向宋武帝哭诉："我还活着路家就这么被人欺辱，我死了路家人还不沿街乞食啊！"宋武帝刘裕是一代枭雄，杀人无数，但对这事一点办法都没有，说了一句："琼之年少，没事情去拜访王僧达干什么！活该他受人欺辱。王僧达那样的贵公子，岂可以加罪？"

在温柔富贵乡中浸泡久了，世袭和垄断反过来侵蚀了士族子弟。反正不用认真读书、勤奋工作就能坐享其成，为什么还要认真和勤奋呢？久而久之，士族子弟越来越不成器。南朝中期后，大多数士族子弟不学无术。民谚云："上车不落则著作，'体中如何'则秘书。"[①] 南梁时，士族人士都褒衣博带、大冠高履、

① 意思为：只要从车上掉不下来的小孩，就能当著作郎；只要能在信中写问候的话，就可以当秘书郎。

涂脂抹粉，出则车舆，入则扶持，找不到能骑马的人。别人送给士族人士周宏正一匹矮小得只能在果树下走的马做礼物，周宏正学会了骑这匹小马，常常骑出去，就被圈子里的人评为“放达”。周宏正运气好，有尚书郎敢骑马，就被士族子弟弹劾。建康令王复有一回看到马又跳又叫，大惊失色，颤颤巍巍对人说：“这分明是老虎，怎么叫作马呢？”侯景叛乱时，士族子弟们肤脆骨柔，不堪行步，体羸气弱，不耐寒暑，只能坐着等死。叛乱平定后，有人发现大宅门之中，竟然有士族子弟怀抱着金银珠宝，活活饿死。

叛乱期间，侯景进入建康后几乎杀绝了王谢二家，其他士族也惨遭残酷杀戮。同时，侯景之乱给南方造成极大破坏，“千里烟绝，人迹罕见，白骨成聚，如丘陇焉”，士族势力一蹶不振，面目全非。南朝灭亡，隋朝统一，历史翻开了新的一页。皮之不存，毛将焉附？南方所有的士族，不论南渡的还是土著的都随着南方政权一起灰飞烟灭了。“旧时王谢堂前燕，飞入寻常百姓家。”残存的士族子弟不得不自寻出路，有的沦落为农夫商贩。

如今，后人提起琅琊王氏，记得王导、王敦的少了，反倒是王羲之和《兰亭集序》成了他们家族的名片。

扩展思考：士族门阀

1.“士族门阀”这四个字，专门来形容东汉魏晋南北朝时期的大家族。这些大家族世代垄断中央和地方政权，垄断经济实利。你能列举出士族门阀的其他特点吗？为什么用“阀”字来形容他们？

2. 后人论述士族门阀的衰落，认为其中一大原因是优裕的生活消磨了世家子弟的斗志和精神。世家子弟不学无术，悠游挥霍，能力素质大降，最终无力掌握政权。你认为“死于安乐”的论述放在士族门阀身上合适吗？

万国来朝
朝贡体系的虚荣与务实

古代中国的外交是什么样子的？中国又扮演了什么样的“世界角色”？

在古代，中国人没有“世界”的概念，只有“天下”观念。所谓天圆地方，整个天下是以中国为中心展开的，其他国家都是“化外之国”“蛮荒之地”（这是从文化角度说的），或者是可有可无的“蕞尔小国”（这是从实力角度说的），围绕在中国周围。其实，中国人观念中的“天下”主要局限在现在的东亚地区，兼及中亚草原和南亚印度半岛的部分国家。从地理上说，这块地区的确以中国为中心。中央王朝占据着最肥沃和广阔的领土，北边是西伯利亚，西边是茫茫草原戈壁，东部和南部是大海，此外还有青藏高原和喜马拉雅山脉阻隔，其他国家散布在中央王朝四周。不论是在地理上，还是在实力、文化上，中国都是这块地区当之无愧的中心，按照当今的话说就是唯一的超级大国——不过“超级”的程度更高，实力对比更悬殊。

古代中国在自己的“天下”里，维持了几千年的“超级”大国地位。中国历史上的官修史书也一概将周边各国各民族与中央王朝的友好往来事例记作“朝贡”。顾名思义，就是其他国家和民族都来朝拜中央王朝，向中央王朝贡献方物。历代统治阶层都希望看到万国来朝的景象。建立在这个“天下”之上的国际体系，也被冠名为“朝贡体系”。朝贡体系伴随了古代东亚数千年，深刻影响了人们的世界观，最终被西方主导的国际体系所取代。

朝贡原来是这样

在朝贡体系中，与中国关系最密切的首推朝鲜。

朝鲜和中国王朝维持关系的时间长达两千多年，态度恭顺，朝贡不绝。中国对朝鲜半岛的影响也极深。这从如今的《大长今》等韩剧中还能看到踪迹。为了抗日援朝，明朝曾两次倾尽全力出兵朝鲜半岛。朝鲜感激得很，明亡清兴后，朝鲜仍旧奉行明朝年号几十年，统治者们还暗中祭奠崇祯皇帝。

仅次于朝鲜，与中国关系密切，在朝贡体系中非常活跃的，就是不太为人所知的琉球。明洪武五年（1372 年），明太祖遣使携带对外通聘诏书前往琉球。琉球中山王察度、山北王攀安知先后受其诏，奉表称臣。从此，中国与琉球开始了长达五百余年的友好交往。中国称赞琉球国[①]“其虔事天朝，为外藩之最”，对它“恪尽藩守”“恭顺可嘉”的夸奖不绝于诏。我们可以以琉球为例子，观察朝贡的基本内容。

朝贡体系有着鲜明的政治色彩，朝贡关系首先是一种政治关系。其他国家进入朝贡体系，必须接受中国的政治规则：第一，中国朝廷的册封是琉球国王统治合法性的来源。每逢琉球王薨，新王在得到中国册封前不能称王，而称世子。从明朝永乐年间开始，琉球国世子就遣使入朝请求袭封。因为中国和琉球海途波折，来往需要不少时间，有几位在位时间太短的琉球君主因为没有得到中国的册封，而终身都只是“世子”。第二，琉球要使用中国年号，奉行中国正朔。中国象征性地向琉球颁发中国历法，教谕皇帝年号。琉球对内统治，以及与朝鲜、日本及南海诸国频繁交往时，都奉中国正朔，以中文为通商交流语言。第三，履行对中国皇帝的“臣子义务”。比如，遇中国皇帝生日、娶妻、诞子等，琉球国王都要上表

① 关于琉球国名的由来：隋将朱宽访求异国，遥望群岛，蜿蜒盘旋，“若虬浮水中”，名之“琉虬”。因为龙在中国文化中的避讳，“琉虬”逐渐演化为“琉球”。琉球方言自名为“屋其惹”。之后中文成为琉球王国的官方语言，琉球人也接受了“琉球”的国名。

庆祝问候。在重大政治问题、外交事务上，琉球更要唯中国马首是瞻。

从顺治六年（1649 年）到光绪五年（1879 年）的二百三十年间，琉球共向清朝派遣了在三百四十七个来华使团，其中的一个重要原因就是表示归顺。那么，周边国家为什么自愿、积极地加入朝贡体系呢？从政治方面考虑，主要有两种思路。各国进贡中国时多言：一些恃强凌弱的国家知道小国“乃声教所被，输贡之地，庶不敢欺凌”。显然，各国请求中国的册封，是把中国当作它们的政治保护伞；同时，其在稳定各国政局中也能起决定性的作用。简单地说一为御外，一为安内。

顺治三年（1646 年），琉球向刚刚入主中原的清朝称藩。顺治十一年（1654 年），琉球上缴了明朝敕印，清廷遣使张学礼往封琉球国世子尚质为中山王。琉球正式转为清朝藩属。康熙十三年（1674 年），靖南王耿精忠造反。康熙十五年（1676 年），康熙遣游击陈应昌去琉球国招降，琉球对此加以拒绝，却在第二年派遣正议大夫蔡国器探问大清朝廷安危。康熙帝大喜，赏赐有加。

其次，朝贡关系是一种朝贡往来。除了政治往来外，清朝最重视的就是接待琉球的进贡。清朝规定琉球两年向中国进贡一次，进贡人数不得超过二百人，进贡船只三艘。琉球国常以耳目官、正议大夫充正副使。琉球贡品原本庞杂，有象牙、香料等本国不产之物。康熙年间定例为：硫黄一万二千六百斤（福建省留用）、红铜三千斤、白刚锡一千斤（后两者押送进京，入内务府）。琉球使团入京，由福建官府遴选文武官员两三名全程陪同往返。琉球正副使臣及随员（二十人）一行由鼓乐导行。使团官员乘轿，从者乘马乘车，投宿公馆；沿途各省地方官均派官员负责其境内的迎接、护送及交接，一切费用由中方负责。其住宿之地，中国官兵昼夜守护。琉球来华朝贡，中方也派人去琉球册封或者宣慰——有人因此认为朝贡关系不如“朝贡—册封关系”更准确。中方使团在琉球也会展开一系列的活动。其中的礼节问题以及在朝贡幌子下的贸易往来，极其复杂，后面有专门章节论述。

中琉关系的第三项重要内容是文化交流。琉球曾经先后十六次派人来华学习中国语言、文化、制度和技术。明清政府对琉球学生教育一视同仁，生活尤为抚恤。“照都通事例，日廪甚优，四时给袍褂、衬裤、鞋帽、被褥咸备，从人皆有赐，又月给纸、笔银一两五钱，特设教习一人，另博士一员督课。”乾隆年间，留学生要早起沐浴、正冠衣，赴讲堂听讲《小学》《近思录》等。午饭后，听讲经书，然后临帖写字。晚上则在灯下听讲四六古文、诗，要求翌日背诵。逢三日作诗一首，逢八日作四六古文或序文一篇。同时还有月考、季考、岁考，以查勤惰。同期，衣食住行却待遇优厚。以食物为例：每人每天给白米二升，鸡一只，肉二斤，茶叶五钱，豆腐一斤，花椒五分，清酱油四两，香油四钱，酱四两，黄酒一瓶，菜一斤，盐一两，灯油二两。同时有专用厨房；各官生从人另有衣食住行的安排。琉球留学生一般在华生活四载有余，感慕华风，对中华文化向心力极强，在维护朝贡体系中起着中坚作用。1879 年日本在琉球废藩置县，原官生林世功来华进京，长跪乞师求援。翌年，日本抛出分割琉球国条约，林在华自刎而死。

除官派外，一些琉球人不远万里，自费前来福州、北京等地求学、求艺。这些人被称为“勤学”或“勤学人”，名垂史册的蔡温、程顺则即其优秀代表。程顺则于康熙年间留学、出使来华，自费引进了会稽儒生范宏注释的《六谕衍义》。他将之进呈琉球王尚贞，建议作为国民修身和学习官话（中文）的课本。《六谕衍义》在普及文化、改进风化方面起到了重要作用，并且由程顺则介绍到了日本。

琉球人少国弱，文化相对落后。明朝时，中国皇帝曾赐闽南三十六姓与彼，也就是移民了一批闽南人到琉球居住，提高琉球的文化水平。这批琉球华人，居于那霸附近的久米村，领受俸粮，世世不绝。他们制礼法，通音乐，影响日益扩大。子孙承担了政治、外交等重大职责和几乎所有的文教职事。琉球来华使节几乎都由华裔充任，登堂入相者也不在少数。第二尚氏王朝历史上举足轻重的郑迵，坚决对日主战。明万历三十二年（1604 年）五月，王城首里被萨摩攻破，琉球王被掳往日本，郑迵被投入油鼎惨死。汉人居住琉球，在很大程度上推动了汉语、汉文化在当地的传播。

琉球主动引进中国先进文化和技术，掀起了兴学习文的风气。康熙十一年（1672 年）琉球国王令准，正式在那霸久米村泉崎桥头建孔庙，照搬中国儒家礼节，实行春秋二祭，鲜明地树起了尊儒学儒的旗帜。琉球国内则渐设文庙、明伦堂等，在全国设立国学、乡学体系，传播中华文化。琉球国通文理者也兴办私学。嘉庆七年（1802 年），在有众多华裔居住的那霸港，官民集资兴建了四所乡学以满足当地青少年学习汉字汉语的需要。学校的课程设计、教学内容和考察制度照搬中国，并开始了一定程度上的开科取士。日本派遣人员来琉球学习儒学、医学和先进的工艺。琉球学者郑迥、魏士哲等名传日本。

鉴于琉球的恭顺，清廷对琉球赏赐尤多。日本那霸重修的首里城公园入口处是一座中国式牌坊，悬挂有康熙赐的“守礼之邦”汉字匾额，称“守礼门”。冲绳人敬之为“国宝”。琉球地区至今还留存着许多汉文化的痕迹，包括庙宇、匾额、联拾、风俗等。朝贡体系中的文化交往，塑造了今人所称的“东亚儒家文化圈”，越来越得到后人的重视。

礼节虽繁，必不可少

故宫前的中山公园有一座“习礼亭”，亭子很小，却是赤红色亭身、雕龙琉璃黄瓦，十分惹人注目。这亭子便是朝贡体系的遗物，是当年贡使入宫觐见皇帝前学习天朝礼节之地。

朝贡礼仪烦琐，虚礼甚多。礼多，是因为朝廷重视。中国将“礼”上升到国际交往行为准则的高度，目的有二：一来维护自身中央大国的地位，其中核心是营造和维护皇帝至高无上的形象与地位；二来通过礼节强调朝贡关系，强调双方的权利与义务。中国对于朝贡体系中的礼仪高度重视、绝不马虎。明朝官员初次接触到葡萄牙人时，“以其人不知礼，令于光孝寺习仪三日，而后引见”。清康熙年间，朝廷以俄罗斯使臣“不知礼”，将之驱逐出境。不遵守中国的礼节，其他一切免谈。

中国与周边国家的朝贡往来中，最重要的为册封与朝贡之礼。还是以琉球国为例，说说其中的烦琐内容。

藩属国君主的更替，需要中国王朝的核准。老君主去世，需要禀告中国，中国再颁发诏书册封新的君主。新君主在得到正式册封前，不能称王，暂称“世子”。清朝，琉球老君去世后，世子服丧期满都会遣使赴中国请求册封。只要不是弑君自立或者臭名昭著或者对中国态度傲慢、不遵守藩属礼节的，中国政府都会承认，颁布册封的诏书。

接到琉球世子的请求后，清朝会派遣册封正、副使各一人（一般由给事中担任正使，行人任副使）前往琉球。册封使一行从北京出发，首先到达福建待命，等待册封使用的“御冠船”的竣工和物资的齐备，同时也寻找适当的气候条件。中国古代船队的远航能力有限，季风在中琉两国的航运中就扮演了极其重要的角色。中国船队之所以不沿着纬度从浙江东行到琉球，而是南下福州再走海路折向东北方向，就是要利用夏季的南风漂行到琉球。返程则需要等待秋冬季的北风。这一等通常要一年有余甚至更多。随后，福建官员即在福州城南门举行饯行仪式，既拜天又有祭典。一切准备妥当后，使团一行五百余人扬帆出海，向琉球进发了。使团从福州出海，经花瓶、彭佳、钓鱼各岛北侧，从赤尾屿到达姑米山，就算进入琉球国境内了。航行时间长短不同，视天气情况而定，一般需要数十日。

登陆后，正副使手拿诏敕，前往“迎恩亭”；琉球三品以上文武官员数十人要等在迎恩亭拜迎。正使将诏敕放在龙亭（装有册封诏书等文书的轿子）中，众官行五拜三叩之礼。礼毕，一行人恭送册封使团前往距港口约五里、准备停当的“天使馆”歇息。天使馆专门为接待中国册封使而设：内设负责馆内诸事的馆务司、管理馆内用品的承应司、负责肉食供应的掌牲司、负责与册封使随从们贸易的评价司、供应食物的供应司、负责安排宴席的理宴司和处理文书工作的书简司，称支应七司。每司有红帕秀才一人，杂役多人。

二十余日之后，琉球世子、大臣陪同使团一行前往先王庙谕祭先君，宣读祭文，然后将祭文副本投入惜字炉焚烧。琉球君臣行三跪九叩之礼，谕祭之礼乃成。

谕祭之后，择吉日举行册封之仪。册封仪式在王城首里城的正殿前举行。当日，天使馆通往首里城的路上，彩旗飘扬；册封使携带着龙亭和放置赏赐五品的彩亭前往首里城。首里城的大门撤下平日的“首里”二字匾，悬挂“守礼之邦”的牌匾；琉球世子要在大门口跪迎册封使。

册封使直入王宫，将龙亭置于阙庭之上。礼乐齐鸣，世子登上阙庭，焚香伏拜，随即下台与群臣对着龙庭行三跪九叩之礼，称拜诏礼。礼成，宣读官宣读册封诏书，君臣人等伏听。宣读完毕，世子再行三跪九叩之礼，称为谢封礼。接着，册封使呈上中国皇帝的赏赐。琉球世子获得郡王级别的赐品，包括郡王衣冠、皮服、彩币等物。世子接过礼物，转交三司官安放桌上，再三跪九叩，称为谢赐礼。世子朗声问道："圣躬万福乎？"册封使答："圣躬万福！"琉球世子再次三跪九叩，称问安礼。随后，世子接受册封之诏，最后一次三跪九叩，称谢恩礼。场面肃穆。册封仪式就此结束。有时，中国政府还有颁布给王妃的谕旨和赐品。王妃便在琉球王受封后，伏跪听旨，三拜九叩，再由琉球王转为收受赐物。从使团入住天使馆起，册封仪式为期一百余日。

一直到秋天，册封使才扬帆返国。其间，使节遍访琉球山河，考察文物制度，交识琉球通文墨者，留下了许多原始资料。琉球君臣对使团恭敬如故，琉球王每三天派遣大臣到天使馆问候。使团在琉球逗留期间，琉球国王会设七次宴会款待，分别是迎风宴、事竣宴、中秋宴、重阳宴、冬至宴、饯别宴和登舟宴。宴会不是简单的吃饭喝酒，都有乐队、歌、舞、戏等助兴。每次宴请使臣，琉球国王都馈赠重金。使团返国时，琉球国王通常还要率大臣跪送。

天使馆使用少，闲置多，修葺费用高昂。要用的时候，天使馆又是不可或缺的。琉球世子都要等馆舍修缮完毕才向清朝请求册封，而不会实时遣使求封。服丧期的存在，福建船队的修造，馆舍的修缮通常使册封仪式在世子即位数年甚至数十年之后举行。历史上就有数位琉球世子由于在位时间短，尚未接受册封或册封后不久就与世长辞了，如尚忠王、尚思达王、尚成王等。

册封是中国派人去藩属，藩属使团到中国来就是朝贡。清朝相应有一整套接待贡使的礼制。为了体现礼仪之邦、泱泱大国的形象，清朝不惜催发官吏，耗用重资，征动民力。

琉球朝贡使团以耳目官、正议大夫充正、副使，另有通事（翻译）等官吏和随从、水手等，乘坐多艘贡船来到福建。经过申报、停泊、检查、封仓、会盘、验看、勘合等程序，福建地方政府将使团一行迎入专门的驿馆（琉球馆，又名柔远驿）歇息。这琉球馆不仅接待琉球贡使、通事等官员人等，也是琉球商人、船员、难民等在福州的食宿馆驿，成了琉球人在中国的主要活动据点。琉球人在琉球馆中经商访客，研读经书，吟诗作对，甚至聘师学艺。随着中琉交往日增，琉球馆接待之人日众，馆舍自康熙朝后多有增建、修缮。

中方的接待工作在琉球馆中就展开了，本着“厚来薄往”的原则高标准接待。福州官府按一百五十人的规模，无偿供应琉球馆的物资，其中琉球官员月给米五升，日给菜金银五分；余者月给米一升到一升半不等，日给菜金银五厘。另外每人每天给柴火费一厘银子。对于贡使，地方官少不了招待殷勤，接风、饯行的宴席及馈赠自然是难免的。

琉球使团的最终目的是入京朝觐天子，进献贡品。但他们不能私自进京，需要等候中国皇帝的圣旨。接到使团后，福建巡抚就向朝廷申报琉球入贡消息。皇帝允准使团觐见，回旨发到福州。福建巡抚按旧例，将硫黄贡品收储在藩库（琉球的贡品主要是硫黄，朝廷让福建就地接纳），给琉球使臣办好进京的公文，一般委派五品上下的文官一路护送贡使和其他贡品进京。使团走陆地，路程大致是福州—清湖—杭州—苏州—扬州—淮安—张家湾—京师。

进京的只是琉球使团的主要官员，大部分琉球人留在福建。他们携带为数不少的货物，来和中国人贸易。这些人一般要做两个多月的买卖，也不等进京的同伴返回，就携带从中国购买的物品、会合留华的其他琉球同胞，乘坐来时的船只先行回国了。

清廷规定：“外藩遣使进贡入关后，即饬该使臣赶紧起程并饬伴送官沿途照料妥速行走，务于十二月二十日以前到京以符定制。”限定这个日期的目的是为了让贡使在元旦之日参加“随班朝会”的盛典，让他们能亲自朝觐皇上，以睹“龙颜”；同时出席皇帝的盛大招待宴会，这既是清政府对藩属使者的一种高规格的接待，也反映了清政府对藩属的友好态度。若琉球贡使未能依限抵京，护送的福建官员将受到查处。曾有多名官员因为护送延期而受到降级等处分。

琉球贡使到京，入住会同馆。会同馆是使团在京的主要活动场所，清朝设置了大使、提督等官负责接待。《大清会典》为我们勾勒出了琉球使团在北京的朝贡经过：

使团入住，会同馆即着手协调，安顿使团在北京的日常事宜。贡使主要由礼部承担接待，户部、兵部、工部、内务府等部衙分别配合承担财务报销、安全保卫、馆舍修缮、后勤保障等项工作。[①] 会同馆大使根据福建督抚的报文，查点核实使团人数，由提督官具文呈报礼部。提督在第二天率贡使到礼部，拜会礼部的堂官，贡使递送琉球国表文章奏。琉球使节拜会礼部，要遵守一套礼节。使臣具表文、方物，来到礼部。“侍郎一人出立案左，仪制司官二人分立左右楹。馆卿先升，立左楹西。通事、序班各二人，引贡使等升阶跪。正使举表，馆卿祇受，以授侍郎，陈案上，复位。使臣等行三跪九叩礼，兴。退，馆卿率之出。礼部官送表内阁俟命，贡物纳所司。”

确认琉球使团进京后，礼部仪制清吏司向皇帝具题报告进表的日期、程序、礼节和仪式，等候皇帝旨意。此时，贡使紧张的外交活动展开了：纳贡，习礼，觐见，领赏，筵宴。其中的重头戏为觐见皇帝。“届日帝御殿，礼部尚书引贡使入，通事随行，至丹墀西行礼毕，升自西阶，通事复从之。及殿门外跪，帝慰问，尚书承传，通事转谕，贡使对辞，通事译言，尚书代奏。毕，乃退。如示优异，则丹墀行礼毕，即引入殿右门，立右翼大臣末，通事立少后。赐坐、赐茶，均随大臣跪叩，饮毕，慰问传答如初。出朝所，赐尚方饮食，退。翼日赴午门外谢恩。”

礼部要奏请皇帝赏赐琉球国王和贡使，皇帝照例准许，赏赐物品。“所司陈赐物午门道左，馆卿率贡使等东面立，侍郎西面立，有司咸序。贡使诣西墀三跪九叩，主客司官颁赐物授贡使，贡使跪受。以次颁赐贡使暨从官从人，咸跪受。赞‘兴，叩’如仪。退，赐宴礼部。”

赏赐之后，清朝允许琉球使团在会同馆开市贸易，没有日期限制。正、副贡使通常还要被皇帝诏对，赴国子监瞻孔等。觐见皇帝、参加朝贺典礼以及接受皇帝颁赏的物品等活动，使团均由提督官负责导引。贸易毕，琉球使团收拾行囊准备返程。兵部颁给使团关防。会同馆将“采买销算”等一切“支销事宜”

① 贡使一行下榻会同馆之后，由“该馆大使将进馆时日、贡使人员数目”最后核准呈报礼部；随之“移付精膳司”，“札光禄寺支送饭食等物”；咨会工部应付薪炭、铺垫、家伙等项；“查照牲畜数目，咨户部给发草料”；“奏拨官兵看守，咨兵部拨送到馆”；“传该馆通事、序班、官生等赴馆伺候”。乾隆中期后，四译馆和会同馆合并。之后琉球使团在京的食宿居行，改由内务府主管，礼部委员协助。

钤盖“礼部会同馆监督关防”，“造册送主客清吏司咨户部核销”。

使团返程，经过省会城市，该省官府都要出面宴请，由司道级别的官员主持，也是高标准接待。此时已是第二年，琉球国派出接贡船。通常，接贡队伍由级别较低的都通事领衔，保持在八十人左右。使团和接贡船会合后，等到七八月，留一位存留通事和几个随从看守驿馆，其余人等都上接贡船回国。来华留学的、旅游访友和贸易的琉球人，想搭船回国的，也可以同行。

一来一往的礼节，甚是烦琐。一方是反复宣讲，一方是一路叩拜，就在这一讲一拜中，朝贡体系背后的思想内涵得到了巩固。这一套礼仪牵连着中国的政治文明，贡使在习礼亭学的不仅是对中华帝国的敬服，多少深入了文明的内涵。

朝贡是桩“大买卖”

乾隆二十七年（1762 年），琉球国王派遣耳目官马国器、正议大夫梁煌为正副使，向中国朝贡。当年十二月初六，使臣乘坐贡船两艘，统领官伴水手一百九十九名，携带硫黄一万二千六百斤、红铜三千斤、白刚锡一千斤从琉球开船，二十九日到达福建。一行人于乾隆二十八（1763 年）年正月初八日被带进内湾。正月十五日福建布政使派人验明使团身份、检查携带的物品后，把一行人安顿在馆驿休息。一次朝贡活动，就此展开了。

为了显示中华泱泱大国的雄厚实力，也为了怀柔远人，清朝对琉球使团的接待标准相当高，成本高昂。康熙二十七年（1762 年）议定“琉球国入贡，正、副使，每日供给羊一，猪肉三斤，牛乳一镟，各鹅一，鸡一，鱼一，菽乳二斤，酒六瓶，清酱、酱各六两，灯油二两，茶一两，盐一两，面二斤，菜三斤，酱瓜四两，醋十两，香油一两，椒一钱，每五日苹果、梨共五十枚，花红七十五枚，葡萄、枣各五斤；使者、都通事，每日各鸡一，猪肉二斤，面一斤，菜一斤，酒一瓶；菽乳一斤，清酱二两，酱四两，香油四钱，灯油二两，茶五钱，椒五分，盐一两；从人，各日给猪肉一斤八两，菜各二两，盐一两，共给酒六瓶，灯油十二两；王舅下通事（谨案该国入贡，多以王舅充使），日给猪肉三斤，菽乳一斤，椒五分，盐一两；通事、护送官，各日给猪肉一斤，从役，各日给盐五钱。”“正副使、书状官，白米；以下人员均给好米”。雍正时期又规定，每年从六月十五日起到七月十五日止，“外国使臣每日各送香瓜一担”。[①] 使臣一个人一天能吃掉一担瓜、一头羊、三斤猪肉、一只鹅、一只鸡吗？更不用说同样超大量的主食、酒水、水果、点心了。

琉球使团除贡品外，还携带了大量商品到中国来做买卖。在正月二十三日福建官府上奏请求照例对琉球贡船免税的清单中，琉球货物有：牛皮两百张，豆酱一万两百斤，豆油一千斤，鲍鱼一万八千四百五十斤，鲑酱八千八百斤，鱼翅四千九百斤，海带菜十一万四千五百斤，螺壳八千七百四十斤，此外还有木耳、海参、鸡脚菜、石鮔、烧酒、铜罐、刀石等共二十一件。一共奏请免税款二百二十六两四钱五分五厘七毫五丝。虽说是朝觐乾隆，但琉球使团在之后的大半年都在福建展开贸易。直到七月，福建巡抚才给马国器等二十人办完手续，并派人护送贡使及贡物进京。而两艘贡船和使团的大多数人留在福建继续做生意，两个月后交易完成，才在乾隆二十八年（1763 年）九月底乘船返回琉球。他们随船购买了大量中国商品，福建海关给他们免税银二百九十七两零余。

那一边，马国器等人在当年年底到达北京，清朝政府自然对琉球使团优待有加，殷勤款待，学习中国礼仪，觐见乾隆皇帝。乾隆照例赏赐琉球国王：锦八匹、织金缎八匹、织金纱八匹、织金罗八匹、纱十二匹、缎十二匹、罗十二匹；正副使臣：织金罗各三匹、缎各八匹、罗各五匹、绢各五匹、里绸各二匹、布各一匹；都通事：缎五匹、罗五匹、绢三匹；从人：绢各三匹、布各八匹；留边人员彭缎袍各一件。事实上，官方舞台上的活动可能并非使团的主要活动，更让他们在意的还是做生意。朝贡之后，中方允许外国使团在下榻的馆驿“开市”，而且“不拘期日”。琉球使团就能销售随身携带的本国商品以及贩运来的福建商品，同时也购入北京的商品。当年，户部就专门汇报“琉球国王奏请购买生丝事”。

---

① 引自《礼部则例》。转自戈斌《清代琉球贡使居京馆舍研究》，载《历史档案》，1994 年第 3 期。

乾隆恩准琉球每年可以购买生丝五千斤、二蚕湖丝三千斤。

当时就读北京国子监的琉球官派留学生有四个人，其中两人先后不幸病逝，中国官府出银二百两安葬于通州张家湾，并各给家属抚恤金二百两。剩下的郑孝德、蔡世昌二人学成归国，清朝以都通事的级别赏给大彩缎各二匹，裹各二匹，毛青布各六匹；二人的跟班也赏给毛青布各六匹。礼部还出面宴请了两位留学生一次。之后，二人随贡使一同南归回国。乾隆二十九年（1764 年）正月，礼部派人护送琉球使团回闽。当月，琉球国也派出接贡船，二月初到达福建。接人的人反而有八十多人，比要接的人还多，而且也携带货物。贸易之后，两拨人在七月初秉风长行回国。至此，一次完整的朝贡才算结束。

不消说，“贸易”二字在整个朝贡活动中扮演了重要作用。我们能从上述朝贡活动中捋出三条贸易途径来。首先，中国一直对朝贡采取“薄来厚往”的原则，以示恩惠怀远。对方进贡后，中国一般按照贡品市场价格的八到十倍给予赏赐，等于是花八到十倍的钱来“购买”贡品。而贡品为该国土产，本就低于中国市价，之间获利极丰。因此，琉球等国“朝贡”的热情很高，常常不按定例以各种名义来贡。如琉球国官生在国子监学习肄业归国后，琉球国要附进谢恩贡；皇帝恩赐匾额（甚至“福”字），琉球也进谢恩贡。清朝则希望“照章办事”，雍正年间规定谢恩不遣专使。但是，琉球使团仍会额外到来，清朝便将物品抵作下届正贡。如乾隆二十一年（1756 年）贡使携物至，清朝令延为下一次正贡；但两年后（乾隆二十三年），贡使又捧着贡物来了，清朝只好再次把它顺延为两年后的贡物。

除了吃贡品和赏赐的差价外，在朝贡幌子下有两条免税的正规贸易渠道。一条是琉球使团中的大多数人并不参与朝贡，而是留在福建贸易。他们销售贡船携带的货物，并收购中国特产回国。苏门答腊胡椒在产地每斤十文，在中国市价为每斤三贯；而琉球船队所运之胡椒在中国售价每斤三十贯，利润高达三千倍。暹罗盛产苏木，琉球中转苏木的市价是暹罗商人贩运苏木的两倍。琉球使团有时携银不下十万两，利润可想而知。使团携带归国的货物规模也相当惊人。以乾隆三十二年（1767 年）为例，计有：中绸二千二百七十匹，土丝七百二十斤，斜纹布五百零一匹，粗冬布一千六百零二匹，粗夏布一千八百三十七匹，粗药材三万零四百二十斤，冰糖五千五百斤，胡椒四千八百五十斤，毛边纸三万三千一百二十张，连史纸七千七百二十张，色纸三千六百张，寿山石九百斤，油伞二千二百五十二把，茶叶二万一千七百四十四斤，细瓷器二千八百三十七斤，粗扇三万三千二百五十把，白纸扇九百五十把，簸箕七万四千二百五十个，牛经线二千七百五十五条，线香一万一千二百斤，粗瓷碗一千九百二十五斤，砂仁一万一千一百斤，水银三千一百斤，此外还有胭脂、雄黄、蜂蜜、皮鼓、漆器、沉香、玳瑁、布衣、蛇皮等。如此之多的商品频繁进口，就是满足全体琉球国民的购买需求也绰绰有余。有人推测琉球从事中国商品的转口贸易也是在情理之中。明清两代，中国官府多数时候都实行严格的海禁，不准中国人出海贸易。这就给琉球的中转贸易提供了极大的便利。海外国家需要的中国商品多数是依靠琉球转贩，琉球商船转贩达十余国，赢利极丰。

第二条免税的贸易渠道是朝贡使团在北京展开的商贸活动。琉球使团在福建购买北方稀缺物品，再购买北方特产回南方贩卖。这一来一往，沿途由中国政府护送，货物无忧，不用担心物流成本。利润少则数十倍，高过百倍者也不稀奇。外国使团馆驿开放之日，“胡人持各色物货日来馆中，纷沓如市。该告示榜揭后，门无禁，人皆任意入夹故也”。常年以往，京城朝鲜使馆周围，有专门以朝鲜人为贸易对象的商家，称“东商”。琉球使团下榻的会同馆附近也有专门的贸易场地。琉球使团就曾因为中国商人拖欠货款，通过外交渠道要求中国官府出面“追债”。

特殊的地理环境造就了中琉之间特殊的“难民贸易”。中琉隔海相望。喜怒无常的大洋对两国航运造成了巨大的威胁。双方常有遇难船只和百姓漂至对方，逐渐形成了中琉间的“遭风难民”处理方法。乾隆二年（1737年）六月规定：“嗣后被风漂泊之船，令督抚等加意抚恤。动用存公银两，资给衣粮，修理舟楫，查还货物，遣归本国。”遂成定例。琉球难民的待遇称得上优厚：每人日给米一升，盐菜银六厘。回国时再给一个月粮食，并赏给肉食、酒食、布匹、日用杂物等。琉球也积极救护中方的难民和难船，经常派遣专船护送中国难民回国。清朝对之倍加嘉奖。琉球对遭难的清朝册封船队更加重视。安置馆舍，供给衣食，修理船只，护送回国，甚至供养中方人员成年累月。中国船只也会遭遇海难或者遭风漂流至琉球，但数量上总体不及对方。

于是就产生了这样的情况：遇难的船只往往是琉球的商船，船只坏了，但商品完好无缺，清朝政府只好允许这些商品就地销售，给予免税优惠。货物出售后，琉球难民也会购买中国货物回国。其中的利润，也是相当可观的。至于琉球国护送中国难民回国的船队，也有贸易的目的。对琉球的护送船只，中方也给予了免税贸易待遇。琉球护送船的贸易额要少于贡船的贸易，但数额和利润也不可低估。海禁造成了中国商品在海外市场的稀缺，也造成了海外商品在中国市场的稀缺，使得涉华中转贸易利润丰厚。对难民贸易，一些学者甚至认为其中存在不少琉球难民“有意漂流”。

朝贡贸易利人利己

朝贡这桩买卖对琉球官民来说，自然是有利可图。

清代海关税分“货钞”和“船钞”两部分。货钞即商税，分进口和出口两类，根据货物价格和性质征收，税率平均为百分之四左右。往来货物差值虽不全是获利，也能反映赢利的大概情形。乾隆二十八年（1763 年），琉球贡船报关与回国时应征关税的差额约为七十一两白银。按照这一税率计算，两船在闽贸易四月，增值白银一千七百七十五两。乾隆三十一年（1766 年）琉球接贡船来闽，初来时免税八十三两二钱三分六厘八毫，回国时免税二百八十九两七钱二分一厘五毫。其差额表明该年接贡船一艘便增七千一百六十二两五钱有余。三十二年（1767 年）贡船又至，前后免税额表明增值九千四百五十两银子。以上还仅仅是使团在闽一地一条途径的收益，如果加上赏赐、会同馆贸易利益和归国倒卖中国货物的收益，则蔚为可观。[①]

① 明清时期，一担白生丝在广州的价格是八十两，到日本是一百四十到一百五十两；各种丝线每担一百四十两白银左右，到日本是三百七十到四百两左右；绸缎是每匹一两一钱到四钱，日本高达二两五钱至三两。所引数据见万明《中葡早期关系史》，社会科学文献出版社，2001 年，第 155 页。

琉球是朝贡体系中最小的国家，经济落后。琉球不是一个传统标准中的农业国，由诸多岛屿组成，土地狭小且土壤贫瘠，不能种茶，种不好山药、冬瓜、番薯等农作物。琉球市场上主要交易蔬菜、谷、鱼、盐等少数商品，但是处在西太平洋中段的优越位置，发达的海上道路为琉球的海洋贸易提供了异常的优势。交通贸易的发达使得琉球成为东亚贸易枢纽。十四世纪至十六世纪中后期，琉球王国业已形成了以中国为主体对象，幅面及于日本、朝鲜，南至现今菲律宾、越南、泰国、柬埔寨、马来西亚、新加坡、印度尼西亚的交通网，进入了“大交易时代”。

贸易优惠和转口贸易，使得物产稀少的琉球物资相对宽裕，适应了其国内需要，同时也得利颇丰。琉球一度非常富庶。1609 年日本侵入琉球首里城。日将桦山久高等单单为登记、掠夺财物就花费了七八天时间。而这一侵略行动，有学者认为日本除了觊觎钱财外，还有垄断琉球对外贸易的企图。萨摩入侵后，琉球照常朝贡。明朝看到琉球国家残破，让它从两年一贡缓解到十年一贡。琉球反而要求两年一贡。明朝做了个折中，定为五年一贡，想不到琉球再次坚持两年一贡。明朝不得不同意。琉球遭到萨摩的蹂躏，迫切需要朝贡贸易的巨额利润，以便恢复国家元气，明朝却没有明白这一点。

那么，中国对朝贡使团大加赏赐，又厚来薄往，是不是损失不小呢？其实，中国也是朝贡贸易的获益者。

中国最直接的收益就是关税。乾隆二十八年（1763 年）粤海关关税收入达四十一万一千六百二十三两，从 1788 年至 1797 年十年间该海关关税收入共计一千零二十五万余两白银，年均一百零二点五万两。[①] 难怪美国学者费正清说：“朝贡制度的奥妙，是它已成为通商的媒介这一事实。”

朝贡贸易还推动了民间贸易的蓬勃发展。朝鲜、琉球、越南等朝廷体系内的藩属国，可以获得朝贡贸易的收益。非藩属国则通过广州、澳门等少数据点，和中国贸易。中国的商品，主要是丝绸、茶叶、陶瓷等，与其他国家地区的商品有极强的互补性，在各条航线、商路上都大受欢迎，需求渐增。因此其中的贸易额

---

① 数据转引自张维华《中国古代对外关系史》，高等教育出版社，1993 年版，第 463 页。

惊人，在十六世纪末期，印度果阿每年运往澳门的白银便达到了二十万两。

在清朝以前，繁荣的传统商业和对外贸易已经使东南各省形成了不同层次的市场和商路。闽南商人的足迹遍布大江南北，北贾燕，南贾吴，东贾粤，西贾巴蜀，或冲风突浪，争利于海岛绝夷之墟。而岭南的澳门、广州是公开的中外贸易区，周围的河口、岛屿及零丁洋上，延及南澳和潮、汕一带，走私贸易盛行。因为贸易的发展，从明朝中叶开始，珠江三角洲地区自给自足的塘鱼生产发展为商品性的塘鱼生产，并逐步形成了“塘以养鱼，堤以树桑”的桑基鱼塘模式。这种三角洲低洼地开放的集约方式的出现，是生产经营方式的变化，促进了养蚕植桑的极大发展。

“丝绸之乡”江南地区，在明朝末期手工业发展到相当的高度。这一方面是贸易促进的成果，同时也为中转贸易奠定了基础。葡萄牙人甚至按照特殊需要在中国定制货品，规定出丝绸的宽度、长度、花样、重量，进行制作，以适应欧洲的市场需要。

福州在元朝时还是一座普通城市，实力、地位远远落后于同省的泉州。明清选它作为专门对琉球贸易的关口，福州迅速繁华起来。而泉州因为海禁，更因为没有被选定为朝贡贸易的接待地点，地位最终被福州超越。可见，朝贡贸易参与了中国发展进程的塑造。

朝贡贸易的巨大利益是维系古代东亚国际关系的重要因素，中国也分享到了贸易利润，却人为忽视了经济因素对朝贡体系的重要作用，主要关注政治、思想内容。中国的史书极少记录朝贡贸易内容，忽视了或者说不愿意正视朝廷幌子下生机勃勃的贸易活动。因为对于中国朝廷来说，营造“万邦来朝”的盛世景象才是目的。

扩展思考：朝贡幕后

1. 对于“朝贡体系”的争论由来已久。大家达成的共识有：（1）中国在古代东亚的国际体系中起着主导的作用。承认与中国的“宗藩关系”并向中国纳贡是与中国交往的前提。（2）朝贡是这一国际体系的重要内容，所以多数学者称之为“朝贡体系”。（3）从现实角度说，朝贡体系是当时国际力量对比现实在政治上的反应。中国一家独大，周边国家向中国朝贡。（4）朝贡的形成与发展是与农业社会的需要和现实紧密相连的。何芳川老师认为农业社会对稳定的需求深刻反映在了朝贡秩序上，农业文明是体系的基础。（5）儒家学说贯穿了整个朝贡体系。（6）中国和朝贡国的关系不平等。你认可这些特点吗？

2. 贸易在朝贡体系中作用巨大。我国已故国际法学家王铁崖教授认为“朝贡可以说是贸易的托词，而朝贡关系实际上则成为一种贸易关系”。日本学者滨下武志更是明确指出：“朝贡体制的根本点本来就是靠贸易关系在支撑。”你如何看待贸易对朝贡体系的作用？

天朝崩溃

近代中国的开放与沉沦

当西方列强在近代民族国家形式的武装下，携带工业化大生产的丰厚成果汹涌澎湃地扑向世界其他地区之时，中国人的天下观念与中华帝国主导的朝贡体系受到了前所未有的冲击。在一次次的打击下，中华帝国努力营造的华夷秩序趋于瓦解，终于在八国联军侵华战争中彻底崩溃。周边国家（除了日本）先后被西方国家殖民，中华帝国也频频出现边疆危机，中国人在痛苦中思考自己的世界观和外交战略。

但是，西方列强显然没有给中国足够的时间来慢慢思考，中国没能调整朝贡体系，更没能维持既有的国际地位。在两次鸦片战争中，朝贡体系的核心——大清帝国惨遭失败，意味着建立在中华泱泱大国综合实力之上的朝贡体系开始瓦解。西方列强把中国从朝贡体系的顶端拉下来，一次次地踩在脚下，直到二十世纪初被打入西方主导的国际体系的底层。历经数千年的朝贡体系寿终正寝，东亚被纳入西方体系之中。

朝贡体系的瓦解是和近代中国的日渐沉沦相互伴随的。一方面是中国日益贫弱、不断遭受欺辱，另一方面是西方国家逐渐征服东亚地区，原来的朝贡体系灰飞烟灭，整个就是一幅天朝上国崩溃的宏大画面。

朝贡久了，体系病了

古代东亚的朝贡体系是以儒家思想为基础的。儒家思想根植于中国传统的农业社会，自然为这一社会服务。从中国角度来说，要为中国的农业社会和发展提供安定的环境。这是农业生产对环境稳定性的自然追求使然。这种追求的出发点和最终目的都是对内的，反映在朝贡体系中就是注重道德因素的力量，强调体系内部的凝聚力，带动各国在中央王朝的领导下，各尽藩守，和睦相伴。如孔子讲“一统华夷”，“修文德服远人”；孟子讲“王道”，认为“仁者无敌”。它忽视对未知地域的探索，轻视与体系外存在的联系；对体系内部，求稳的心理也要求内部秩序、规范等，故步自封，少有创新。

在自我设定的圈子里陶醉久了，居于主导地位的中央王朝开始自大起来，慢慢滑入了对外部事物漠不关心，盲目愚昧的境地。

中国刻意强调朝贡体系的政治和道德色彩，掩盖其他内容，比如，发达的贸易和其中的经济实利。对琉球等许多藩属来说，贸易是它们参与朝贡、活跃于东亚的重要内容，但是清朝政府对中琉贸易不加重视，留下的史料基本集中在政治与礼仪方面。在中国统治阶级心目中，中国物产丰富，完全可不借助与外人贸易。但因为中国物产为外国“所必需”，也为了对外国“一视无外”，所以允许朝贡背景下的贸易存在。这是一种“恩赐”，是怀柔远人的方法。这就不难理解清政府为何要坚持各国按例按时来贡，拒绝计划外的、频繁的朝贡，一些事项还要专门说明藩属不必派遣使节“谢恩”。清朝将朝贡更多地视作礼节。“礼”是严肃的，规范的，必须循例而行。中国特别关注政治关系，忽视经济关系。

但是东亚各国外部经贸活动的蓬勃发展是不可抑制的。尤其到了明清时期，各国（尤其是中国）的生产能力和商品经济已经到达了一个相当的高度。白银成为普遍流通的货币，并且被东亚各国接受。你买我卖，互通有无，各国形成了一定的依赖性。如明朝和日本交恶，对日本实行禁止贸易政策。日本就千方百计地进口中国商品，除了加强从其他贸易伙伴手中间接获得中国商品（如日本萨摩藩侵占琉球，控制琉球的中转贸易）外，还高调吸引中国私人船队来日贸易。与官方的朝贡贸易相对应，东亚的民间贸易千百年来一直存在（有学者称之为“帆船贸易”）。商人冒险出海贸易，远涉沙漠，甚至进行走私活动，屡禁不止。民间的贸易在补充官方贸易的同时，将东亚各国连接成一个经济体。

当然了，作为最大经济体的中国对这一幕视而不见。只要藩属国守规矩、定期来朝贡，中国官府就满足了。对于掩盖其下的经贸活动，中国官员不仅忽视，还刁难、谋取私利。比如，中国官员私下对藩属国使团强买强卖商品，牟取暴利。又比如，清朝地方使团向琉球使团索贿。清朝初期，琉球使团抵闽，按惯例要向福建布政司衙门、闽海关衙门、粮驿道衙门奉送规礼银，总数达四千两之多。这笔巨资是琉球的一大负担，害得中山世子尚质不得不向顺治诉苦：“贡船入闽，随带土产银两，贸易丝絮布帛等物，前明晚季，地棍作奸，倚藉乡官，设立都牙，评价各色，音语不通，低昂任意，常用丝绵，指为禁货，效顺属国律以倭奴，胥吏播弄，留难万端，以致银货空于白抽之手，官司縻系。”还比如中国对往来礼节的苛求，对使团规格的要求，大大提高了藩属国朝贡的成本。琉球被萨摩攻破后，琉球国小地穷，为了迎接中国册封使团，往往在几年前就预先做财政准备。不够的部分，则或向日本萨摩藩借钱，或在本国民间筹措、接受富户的捐赠。日本通过借贷逐渐加强了对琉球的控制。

久而久之，朝贡体系中的政治和经贸内容越来越远。

久而久之，中国走上了闭关锁国的道路，关起门来志得意满。

中国海禁政策的兴起，恰恰是在商品经济高度发达的明朝。表面的理由是防备倭寇。事实上，明朝政府这么做，是想切断朝贡贸易之外的其他贸易渠道，维护朝贡体系的稳定。在根本上，明朝深信自身能够自给自足，不需要对外贸易。

康熙二十三年（1684 年）台湾统一后，清朝一度开放了主要防范反清势力的海禁，但为期不长。康熙不久重新执行海禁，而这次是防范潜在的外国威胁。如康熙五十六年（1717 年）颁布“禁海令”，严禁华人出海，严禁贩卖船只粮食等给外人，禁止华人居留外国；对外商来华船只严加防范。海禁政策的实质是尽量防范中外接触。乾隆二十二年（1757 年），清政府宣布将江、浙、闽海关的西方国家对华贸易事务集中于粤海关，广州自此成为我国海外贸易的唯一港口。乾隆在谕旨中说："多一市场，恐积久留居内地者益众，海滨要地，殊非防微杜渐之道。"同时清政府严格限制出口商品的品种和数量，完全禁止出口的包括粮食、铜铁、硫黄、硝石、书籍等，丝及其制品、茶叶、大黄的出口量受到严格限制。乾隆二十四年（1759 年）禁丝出洋："严行查禁，倘有违例出洋，每丝过百斤照米过一百石之例，发边卫充军；不及百斤者，杖一百，徒三年；不及十斤者，枷号一个月，杖一百。为从及船户知情不首告者，各减一等，船只货物俱入官。"

狭隘的朝贡和严厉的海禁并行，是明清对外政策的主线。

但是，强硬的海禁并不能打压蓬勃的东亚贸易，对朝贡体系的保护和规范作用也很有限，反而导致了官方与民间、表面与实际"两张皮""两个面"，相互之间的交集越来越少。

以泱泱大国自居的明清王朝，对此浑然不知。朝贡思想的内向性及其规划的内容导致了中国在国际体系中行为僵化。这个体系本质上是保守的，清朝沿用明例，雍正朝沿用顺治朝旧例，乾隆朝沿用雍正朝故事，"定例""依例"等字眼充斥各官方史料。大如请求贡使进京的题本在"繁复迟缓"的内阁中层层处理，小到国子监中琉球生的草铺拆除也要各方互相知会。

清光绪五年（1879 年），日本悍然吞并琉球国，引发了中日之间的"球案"。其中有一个讨论的焦点便是清朝是否知道琉球的两属状态（琉球在向中国朝贡的同时，也受萨摩藩控制，向萨摩进贡）。有人认为当时中国盲目闭塞，不知道琉球国情的可能性比较大。并不糊涂的左宗棠于光绪七年（1881 年）上奏就承认："日本与琉球共处一方，由来已久。琉之为日本属国与否，中国无从详知。"在对日本交涉中，清政府官员，甚至是作为外交决策者的李鸿章，也部分迷信了日本关于琉球完全附属于萨摩的"论断"了。对最频繁亲近的藩属的国情都如此，可见中国的对外关系闭塞无知到了何种程度。

比无知更可怕的潜在危险是虚弱。站在东亚朝贡体系顶端的中国，内里其实是虚弱的。清代专制统治大为加强，事无巨细，俱决于皇上，在对外交往中，整个官僚机构运作机械，暮气沉沉。乾隆二十七年（1762年）九月，乾隆下旨整肃江南吏治。乾隆承认官员们以无事为福，上上下下一团和气，生怕多事，一出事不是茫然无措就是拼命推卸责任。这样僵化的朝贡体系注定异常脆弱。道光年间，英人数千来犯。清朝统治者既不知己，更不知彼，战和不定，举止失措。沿海各省矛盾重重，反应迟缓。因循守旧的清王朝遭受沉重打击，东亚国际体系也遭受到了第一次直接的根本破坏。东亚国际秩序开始从根本上瓦解。而其迹象早在乾隆年间便已相当明显了。

澳门是葡萄牙人的楔子

十五、十六世纪，欧洲国家乘着大航海的东风来到了东亚地区。它们赫然发现庞大的朝贡体系已经盘踞东亚数千年。除非欧洲国家接受游戏规则，成为中国的藩属，不然就会被排挤在体系之外。怎么办？

好办。欧洲人很快就发现，在中规中矩、似乎无懈可击的朝贡体系下面，东亚存在蓬勃的贸易王朝，他们完全可以把朝贡和贸易两项内容剥离开。而葡萄牙就是借此成功进入东亚，开始腐蚀朝贡体系的第一个欧洲国家。

葡萄牙不是琉球，它拥有巨大的优势。首先：葡萄牙作为海外扩张的先驱者与航海大发现的突出受益者，有着丰富的贸易经验与可观的贸易船队。更为重要的是，葡萄牙拥有遍布世界的贸易网络。飘扬着葡萄牙国旗的船只游弋于非洲海岸，操葡萄牙语的商人叫卖于欧洲和拉美各市场，葡萄牙的船队甚至在直接穿越太平洋，从美洲向西，前往欧洲。中国为核心的东亚只是葡萄牙全球市场的一部分，而不是全部。

其次，白银是东亚国际体系的通用货币，而白银正是葡萄牙过剩的东西。葡萄牙在非洲、美洲大规模殖民扩张，发现了大量的贵金属矿产。加上殖民者在海外的掠夺所得等，黄金与白银源源不断地流向葡萄牙本土。同时欧洲在十六、十七世纪本身黄金与白银的开采量激增。英国率先实行了货币的金本位制度，法国、德国等国家跟进。这样就导致了欧洲白银的进一步过剩。

这种贵金属的互补关系在当时的贸易环境下有特殊重要的意义。中国是一个自然经济极端稳固的国家，人们自给自足。而中国生产的茶叶却是西方的生产必需品（这一点在印度没有成功试种茶叶的时候尤为突出），它的丝绸、瓷器等手工业品在西方的市场也极端强大。欧洲却无法拿出可以与之竞争的商品来打开中国市场。葡萄牙商人就想到利用中国对香料、木材等非洲、东南亚特产的有限需求，进行纯粹的中转贸易。他们所能够依赖的就是大把大把白花花的银子。

葡萄牙需要的，就是从中国获得商品。最开始，葡萄牙想尝试正常的国家关系，结果发现如果不甘做明朝的藩属，就没法合法地购买中国商品。葡萄牙不愿意这么做，况且正常朝贡体系下获取的商品非常有限，满足不了中转贸易的需要。那怎么办？葡萄牙本身国力落后，不可能对中国采取强硬的态度，完全不具备撼动东亚朝贡体系的能力，但葡萄牙很快发现官方体系之下的更蓬勃的体系的存在。于是，葡萄牙人在与明朝建立正式外交关系的努力失败后，巧妙地利用了朝贡体系的漏洞。他们埋头做买卖赚钱，回避对中国朝贡的问题。

因为不是正式藩属国，葡萄牙不能在中国获得固定、长期的居留。商人们只能打一枪换一个地方。然而偷偷摸摸的、游击战式的贸易，并不能满足葡萄牙的贸易要求。正德十二年（1517 年），有葡萄牙船队在澳门半岛上登陆，借口船只搁浅，“借”块地方晾晒货物。明朝地方官员同意了。结果，葡萄牙这一借，就是四百多年。澳门成了葡萄牙在远东的一大贸易据点。起初，葡萄牙的澳门当局每年向中国地方官行贿，年均几百两银子，当作中国地方官府不驱赶葡萄牙人的代价。后来在一次行贿过程中，有其他官员在场，葡萄牙人塞钱如故。受贿官员急中生智，说是葡萄牙人递交“租金”。因此，葡萄牙人在没有任何正式协议，只是每年按照惯例交纳数百租金的情况下，霸占澳门。

没有“合法身份”的葡萄牙人在澳门的存在，贸易活跃，侵蚀着朝贡体系。中国中央政府是知道的，几次想赶走葡萄牙人。康熙五年（1666 年）底，清朝重申严格的海禁，派出五六千名官兵组成的舰队封锁了澳门海域。葡萄牙人甚至产生了撤退的念头。谁知，第二年年初，两广总督卢兴祖派遣香山县知县姚启圣多次到澳门借口许以贸易，公然索取贿赂。葡萄牙人欣然缴纳。拿到贿赂的卢兴祖不执行朝廷的迁海令，并且为免迁澳门上疏朝廷。顺便说一句，在澳门历史上，葡萄牙人对“贿赂”一词与“贸易”一样熟悉。他们与内地地方官的交往，贿赂公行，金钱帮他们化解了许多麻烦。

两广总督卢兴祖的行为，体现了广东地方的利益。与澳门有关的贸易活动，每年能给广东地方官府带来超过两万两白银的税收，这对广东的地方官员来说弥足珍贵（尤其是在明朝、清朝高度计划、机械的税收收支制度下）。而且澳门向海外中转的货物，都是向广东商民购买的，与广东乡绅、手工业者和普通百姓利益密切相关。广东乃至南方其他省份的商品需要外销，就不能失去澳门这么一个窗口。因此，中央的驱赶决定，到广东就变成了“力保”。

在海禁的大背景下，澳门的处境非常危险。为了防范郑成功反清势力，康熙皇帝的海禁力度很大，不仅是澳门有危险，甚至毗邻的香山县都在内迁之列。这严重威胁澳门这个依赖内地补给和贸易盈利的弹丸之地的生存。因此，澳门的葡萄牙商人恳请葡萄牙政府以国王的名义来请求康熙放松对澳门的禁令，重新开放贸易。康熙六年（1667 年），葡萄牙向中国派出了正式使团。康熙九年（1670 年），葡萄牙使团经过反复交涉后被护送到北京。沿途，使节煞费苦心地在使团的船只旗帜上书写“大西洋国朝贺使臣”，企图以此来区别于“朝贡”。可惜《大清会典事例》仍然将之写作“大西洋国入贡”。使团对康熙小心翼翼地陈述了澳门的困境，康熙只是简单地说明自己知道这些情况了。康熙最关心的是“万邦来朝”的虚荣心满足，对葡萄牙国王大加赏赐，葡萄牙使节免除澳门海禁的请求却没有下文了。海禁还在继续，澳门居民只能通过贿赂进行非法贸易。

两年后，葡萄牙人掌握了清王朝的心态，投其所好，进贡了一头狮子，以满足康熙帝“四方宾服”的心理。虽然贡物只有一只动物，但是康熙帝异常高兴，厚加赏赐，并带着皇子亲临观看。朝野大臣也纷纷赋诗作文歌颂朝廷，以表敬贺。这一次，清王朝网开一面，开放了澳门与广东的陆路贸易。依赖贸易生存的澳门终于得到了一线生机。

其实，海禁对澳门贸易是有利的。一般情况下，中国加强对官方贸易的重视，实行严格的海禁政策，澳门的贸易就得到发展；如果中国方面放松海禁，允许民间贸易的进行，澳门的转口贸易就面临严重的竞争。海禁的最大受害者是中国合法的商人。本来应该由合法商人赚取的巨大利润落入了葡萄牙商人的口袋。

总体而言，在近代战争之前，葡萄牙人态度“恭顺”。这一方面是葡萄牙需要和平的贸易环境，另一方面是澳门贸易的巨额利润引得西班牙、荷兰、英国等觊觎，它们曾几次企图侵占澳门。澳门的实力不足以与列强抗争，葡萄牙人采取了依靠中国保全居留地的做法，对中国采取了恭顺的态度。

葡萄牙人在澳门获得了多大利润呢，竟惹得他国觊觎？葡萄牙在澳门站住脚以后，结合其遍布世界的殖民势力，建立了全新的“海上帝国”。澳门仅仅是其“海上帝国”的一个据点而已。从澳门出发的航线有：澳门—果阿—欧洲，澳门—日本，澳门—马尼拉—美洲，澳门—东南亚。如果渠道顺畅，源源不断的商品将涌到澳门，再经过葡萄牙人的辛勤劳动输往世界各地。中国的商品，主要是丝绸、茶叶，在各条航线上都大受欢迎，需求渐增。因此其中的贸易额惊人，在十六世纪末期，仅印度果阿每年运往澳门的白银便达到了二十万两。

澳门把东亚地区逐渐融入了国际市场。十七世纪一艘典型的葡萄牙商船从欧洲满载白银货物从里斯本出发，在非洲和印度等地将之转化为当地货物到达澳门。商人从广州购入丝绸、茶叶等，再回到欧洲，获取几倍甚至几十倍的利润。不仅是商人，就是普通欧洲人，都不认为东亚仍然是脱离于国际市场的。与之相伴，文化、思想的交流，宗教的传播也渐渐展开。这时，东亚国际体系的政治层面则在这样的形势下显得异常尴尬：民间的贸易与交流日益增长，但是东亚各国统治者却在维持着僵化封闭的国际体系。澳门中转贸易越发展，对政治与经济的剥离就越严重，对朝贡体系的侵蚀就越严重。

从十六世纪到十九世纪前期，葡萄牙因为国家弱小和当时中国相对强大，还不能撼动朝贡体系本身。他们默认并主动融入朝贡体系，承认现实，获取了巨额利益。但是葡萄牙人并不是单纯的贸易家，也不甘心只做贸易家。他们在鸦片战争以后，一改恭顺的态度，开始赤裸裸地追求自己的利益。

鸦片战争的爆发

当历史安排一个西装革履的英国人和一个留着辫子穿着长袍马褂的中国人迎头相遇时，双方都发现了一个难以置信的新世界。

当中国乃至整个东亚沉溺在朝贡体系之中时，十七世纪末十八世纪初的世界是“西强东弱”已成定局的世界。曾经辉煌灿烂的中华帝国沿着惯常的道路缓缓前进，仿佛一件制作精美的硕大瓷器，浑圆、高贵、典雅、艺术成就高，实质上脆弱得一击即碎。而欧洲国家迅速崛起，经济和文化实力飞速发展。在经济上，葡萄牙、英国等国的商业、贸易和金融都开始发展，并且势头强劲，但是中国还故步自封在老套子里。

在西方异常关注的关税方面，清朝实行的是每年固额征收制。中央政府每年规定本年度关税征收总额，收少了要求补齐，多收了也不问。关税固额在清朝已经保持了几十年的稳定，让整个海关系统端着大锅饭吃得不亦乐乎。在军事方面，欧洲国家的职业海军配备着坚船利炮，驰骋在四大洋，而中国的军人混杂在民间，集捕快、征税员、消防员和民警于一身，所谓的水师仅仅是划着小舢板的内河巡航队。当对将火药应用在采矿和军事上习以为常的利玛窦观看了南京城的元宵节焰火表演后，惋惜地说：“在一个月中用去的硝黄，要比在欧洲连续作战三年用的还要多。”在文化方面，西方民众追求自由、平等和人权，努力创新发明，增加财富积累，而中国自上而下都缺乏自我意识，更没有近代的“国家”“领土”和“权利”等概念。一批又一批的西方传教士满怀热忱进入中国，绝大多数在数年后失望透顶地逃离。因为他们发现中国人不仅思想停滞，而且高傲自大、闭塞、拒绝思想交流。他们将西方来的人一概视为“朝贡者”，将传教士视为“洋僧”，将西方器物视为“奇技淫巧”。利玛窦之所以被允许居住在北京，则是因为他向皇帝献上了两个自鸣钟，官府找不到会修理的人只好允许利玛窦留下了。

在世界观和外交方面，东方的天下观念与西方的民族主义思想产生了直接冲突。欧洲国家经过战争砧板上的一次次敲打，你我敌友，国家疆界，在各自心目中一清二白。尽管欧洲国际关系中充满污秽肮脏之处，但民族国家主权至上，国家平等的观念深入人心。而沉浸在天下观念中的中国以天朝上国自居，朝贡体系也是以中国的绝对支配地位为前提的。其他国家必须接受中国的中心地位，奉中华正朔。

这种巨大的差异体现为领土意识、国际法意识和外交礼仪等一系列冲突。康熙年间与俄国谈判北部边界问题。清朝在军事胜利的前提下，出于国内政治的考虑，反而在领土这一国家最重要的组成要素上做出了让步。中俄以额尔古纳河为界，将尼布楚及石勒喀河、额尔古纳河之间地划归俄国。这在西方国家看来是不可思议的举措。英国殖民军在侵略缅甸之时，在缅甸北部踌躇不前，无所适从。因为传统上，中缅之间不存在确定的边界线。英军担心挑起与中国的事端，而在侵略缅甸问题上思虑再三。这是中西方在实际测定边界与以传统控制线为边界两种思想上的差异的体现。这个差异日后引发了一系列的中国边疆问题。1872 年，日本“处分”琉球，中国朝野舆论在琉球问题上争论不休，但国内思想思考的都是中国对于琉球的宗主权和琉球王室对琉球的“社稷”，而不是像日本那样对琉球的领有权提出要求。中国社会外交观念落后于国际现实，外交自然处于被动。

十六世纪，西方势力控制了马六甲，并逐渐将它建设成为东方贸易据点。中国在浑然不觉的情况下被西方编入了世界贸易大网之中。中国的茶叶、丝绸、瓷器、漆器等源源不断地进入国际市场。江浙地区的许多瓷器作坊开始接到生产带把手的茶杯的订单。中国的茶杯是不带把手的。作坊工人在惊讶之余，压根就不知道这是巴黎或者伦敦上流社会定制的。中国商品的走俏给西方商人提出了难题：拿什么和中国人交换？除了金、银，中国人几乎不接受其他商品。中国人吃穿住行所需的一切都可以在国内生产。于是便出现了这样的场面，欧洲商队将工业品带到美洲，交换美洲的金银，再把金银拉到东方来，换取中国产品。整条贸易链条就简化成了欧洲人在给中国人搬运美洲的金银。

时间过了两个多世纪，中国产品在欧洲持续热销，西方对华贸易逆差越来越大。“搬运工”商人们心急如焚。他们急需扭转对华贸易困境，而其中最着急上火的就是英国人。在 1840 年前后，英国完成了工业革命，工业产品极大丰富，对中国商品的需求也最大。英国商人在成为国家头号“倒爷”的同时，也成为中国的头号金银“搬运工”。

本身正在大规模积累资金的英国人，怎么能忍受一个劲儿地往外掏钱呢?这些大鼻子、黄头发、蓝眼睛的倒爷翻来覆去找不到正当的竞争途径，那就只能走旁门左道了。于是，鸦片成为英国人的选择。乾隆四十六年（1781 年），英国东印度公司垄断了对中国的贸易特权，把印度、孟加拉逐渐变成重要的鸦片产地，急速发展对华鸦片走私。1821 年输华的鸦片为五千九百五十九箱，1830 年达到一万九千九百五十六箱，1838 年达到四万零二百箱。鸦片进入中国，逐渐把中国变成了世界最大的烟馆。

西方商人的最终目的不是卖鸦片赚钱，而是占领整个中国市场。勃兴的西方体系也需要把中国纳入其中。输入鸦片完成不了如此重大的任务，西方商人迫切需要在中国获得通商口岸，持续、大规模地进出中国市场。

口岸是正常贸易的题中之义，可中国奉行海禁政策，只开放广州一地通商。就连广州，也不是正常的口岸，外国人不能自由贸易，而要遵守行会贸易制度。康熙二十五年（1686 年），广州设立“洋货行”，逐渐发展为“广州十三行”。“十三行”的作用起初很简单，就是由每一行的行商向粤海关负责，接受进出口报单并代交货税。说白了就是委任一些有实力的商人为朝廷办理外贸的事务。乾隆四十三年（1778 年），清政府又规定从采买到出口都由领取政府牌照的行商一条龙垄断经营，别人不得插手。这就赋予了行商更大的权力。行商权力进一步扩大，外商买卖货物必须由行商经手；外商只准“寓歇”在行商开办的“商馆”内；行商对外商有管束权；外商不得直接申述于中国官府，若有事申述，必须通过行商转达。十三行在事实上垄断了对外贸易，并且对在华的外国人拥有管辖权。外国人，甚至连英国使节都必须通过十三行才能与中国官府交涉。

让外商更不满的是，清政府还赋予行商对外商征税的权力。外国商人在华不仅要缴纳关税，还要向“贸易伙伴”——十三行缴税。经行商之手的附加税繁重，超过正规额定关税数倍乃至十余倍。根据英国东印度公司档案记载，1807 年开销的“行用”总额为白银十九万四千一百六十六两，其中贡价（“献”给朝廷的贡品）五万五千两，军需四万一千六百六十六两，河工三万七千五百两，剿匪六万两。1811 年数据为贡价五万五千两，军需四万一千六百两，剿匪三万两，前山寨和澳门军费四万三千三百两，外国债务三十九万八千一百两，总额五十六万八千两。不远万里而来的英法等国商人对此大光其火又无可奈何。

如果说广州十三行是中国大门的看门人，那在英国人看来，他们是贪婪、粗暴、不好说话的看门人。心高气傲的英国绅士们恨不得把他们踢得越远越好，直接与主人对话。

限制贸易、行商贪婪、利润太薄……所有的问题归结起来，英国人认为都是口岸太少惹的祸。“开放口岸！”随着时间的推移，贸易急剧膨胀，英国人的愿望日益强烈。

英国人开始是想用和平手段来打破贸易壁垒的。东印度公司牵头搞起了“北部开港运动”，希望寻求广州以北的口岸展开贸易。他们根据热销的中国商品，寻找产地附近的港口。中国商品出口的第一位是茶叶，第二位是丝绸。中国茶叶的主要产地在哪儿呢？在福建、安徽、江浙等省，特别是离福州很近的崇安等地的武夷茶销量很大。1755 年，茶叶从产地运到广州平均要走一千二百公里路，需要花费一到两个月的时间。这就增加了运输的成本，产品的品质也受到影响，再加上广州行商的垄断，英国商人进货成本很高。但是如果在就近的福州设立口岸，茶叶从采摘加工到装船，节省了两个月的时间和大笔的费用，节约时间和成本。第二位的出口产品丝绸，原料是生丝。长江三角洲是“湖丝”的产地。同样，如果在宁波、上海开设口岸，英国商人就方便多了。同时，印度的棉花主要是江浙和内地省份的织户使用，广东省很少有人使用。江浙开埠可以把印度的棉花更大量的、更直接地销往江浙和内地省份，在江浙闽增设口岸的利益显而易见，对于英商的吸引力就可想而知了。这就有了 1832 年英国选定厦门、上海等四大口岸的航行。可惜，清朝政府一律强硬拒绝。从十八世纪晚期到十九世纪早期，英国政府先后三次派使团来华，要求扩大贸易。清朝官府给使团插上“贡使”的旗子，带到北京来收下“贡品”，然后态度明确地告诉他们：有关通商制度的问题，请去找广州十三行商量。

1840 年，中英鸦片战争爆发了。英国显然是罪恶的侵略者。但从西方需求和朝贡体系的矛盾来看，鸦片战争的爆发是正常的历史发展。鸦片是借口，侵略与反侵略是现象，贸易是关键词，而新旧国际体系之争是真相。

磕磕绊绊走向新世界

鸦片战争的失败，让天朝上国一下子蒙了。之后的二十年时间里（1840—1860 年），清朝始终不能接受战败的事实，更不知道应该如何与西方列强打交道。签订割地赔款的条约，道光皇帝内心痛苦万分。据记载："传闻和局既定……一日夜未尝暂息。使者但闻太息声，漏下五鼓，上忽顿足长叹。"江苏布政使李星沅看到《南京条约》，顿时胸闷气短，惊呼："我朝金瓯无缺，忽有此蹉跌，至夷妇与大皇帝并书，且约中如赎城、给烟价、官员平行、汉奸免罪，公然大书特书，千秋万世何以善后！"蛮夷女子和皇上在一张纸上共署名讳，皇上还要公开承认道歉赔款，怎不让自居天朝上国的大小臣工义愤填膺呢？在心底，清朝君臣压根没转过弯来，还想恢复朝贡体系。

但是，失败之后的清朝又没有能力与列强再起战端。国内爆发的太平天国运动和捻军起义等，让清朝倾注全力去镇压。欧洲列强本以为鸦片战争的胜利能让清朝打开门户，结果发现事事磕磕绊绊。清朝官府设置了种种障碍，阻碍外国商品进入中国，就连外国人在中国居留，到中国城镇游览，也成了奢望。后来，首任英国驻上海领事巴富尔以"居住方便"为由，从上海道台那拨了八百三十亩地作为英国居留地——当时在上海的英国商人和传教士总共只有二十五人。到 1848 年扩大到二千八百二十亩，此时上海的英国人虽有增加但总数还不足一百。此后 1849 年，仅有的两个法国商人得到了九百八十六亩的"法租界"，1863 年七千八百九十五亩的辽阔地区成为"美租界"。租界让中国丧权辱国，但当时的人们并没有意识到这一点，相反还相当配合。因为当时中国官民也不愿意外国人和自己住在一起，很愿意在郊区划一块地把外国人"关"起来。于是，各大口岸城市的郊区就出现了一个个"国中之国"——租界。

历史学家蒋廷黻说："在鸦片战争以前，我们不肯给外国平等待遇；在以后，他们不肯给我们平等待遇。”鸦片战争让西方列强看清了中国虚弱的本质，之后遇到沟通困难或者利益难以满足时，列强不会首先想到和平解决，而是倾向于诉诸武力了。于是，就有了第二次鸦片战争，有了火烧圆明园，有了甲午战争和八国联军侵华。在一次次的惨败面前，清朝一回回地重复虚弱的本质，直到跌入半殖民深渊。既然中国都如此悲惨了，东亚的朝贡体系很自然被西方国际体系所取代。

清王朝无力与列强硬碰硬，而且内忧外患不断的统治者还需要借助列强的支持来维护统治。比如，需要洋人军官和兵器来“助剿”国内造反者，需要引入西方近代工商业来发展国内经济。“中外和好”是定局，但清王朝又不甘心无条件地、立刻接受西方的外交游戏规则，而是磕磕绊绊地走向西方设定的新世界。

开眼看世界较早的恭亲王奕䜣等于1861年初上奏“设总理各国事务衙门”，负责对外交涉事宜，朝廷颁谕同意“京师设立总理各国通商事务衙门”，比奕䜣等人的奏请多了“通商”二字，可见朝廷还想限制在通商上。奕䜣于是再次奏请在铸造关防时，略去“通商”二字，遂改名为“总理各国事务衙门”。奕䜣也好，列强驻华代表也好，都希望总理衙门能成为总揽对外事务的衙门。不想，总理衙门虽然设立了，朝廷还是不愿意蛮夷直接与皇上打交道，不愿意采纳西方外交规则，让中外平起平坐。

比如，中外条约签订地都是天津而不是首都北京，有些国家原派代表到了北京，清政府仍坚持要他们到天津。清政府坚持与各国的交涉只能在国门天津而不能在国都北京进行。若想进京交涉，必须先在天津等候，由三口通商大臣先向总理衙门呈报，获得批准后方可进京，如果不经三口通商大臣同意而直接进京投谒总理衙门大臣，则肯定被拒。三口通商大臣就分了总理衙门的权力。这一职务后来改为北洋大臣。

同治九年（1870年），裁撤三口通商大臣，所辖洋务划归直隶总督兼管，称“北洋大臣”。北洋南洋，本来是中国近海的划分俗语。以长江入海口为界，中国南北方近海差异明显，北方称北洋，南方称南洋。北洋大臣管辖当时山东、天津、辽宁等地通商和对外交涉，而江苏及其以南通商和对外交涉事务，则新设南洋大臣负责。这样，被迫打开国内的清朝，还是把外交降低为“地方事务”。

南北洋大臣尤其是北洋大臣在事实上代替总理衙门，成为国家外交的总代表。

北洋大臣设置之年，恰好李鸿章调任直隶总督，此后他占据直隶总督兼北洋大臣职位长达二十八年之久。李鸿章大办外交，兴建北洋海陆军，并大力创建近代事业，致使北洋大臣地位不断提高，职权不断扩大，把南洋大臣远远甩到了后面。在李的努力经营下，其活动范围迅速扩大，总理衙门反过来要向北洋大臣通报外交事务，听取他的意见和建议，许多驻外外交人员更是经常向他汇报，听取他的指示，李已俨然成为国家外交全局的主持人。外国人与他打交道越来越多，一位英国外交官说：北洋大臣李鸿章“甚至不想掩盖他实际上是中国的外交大臣这一事实”，“像现在这样组成、这样管理的总理衙门，只不过是李鸿章大学士在天津的衙门的一个分支机关”。李鸿章之后，又有袁世凯占据北洋大臣职务，把握外交实权。

至于在北京的总理衙门始终不是清朝的正式机构，而是一个临时的“衙门”。里面的办事人员，都是其他部门抽调过来的官员，全部是兼职，每个人都有自己的本职。因为在中国传统政治体制中，根本就没有“外交部”。天下都是皇帝的，哪来外交？直到《辛丑条约》，列强要求改总理衙门为外务部，位列各部之首。

外交机构如此，外交礼仪更是如此反复。外国使节嚷嚷着要常驻北京，清朝顶了几十年，最后没扛住，只好在第二次鸦片战争之后答应使节入京常驻。使节又要求觐见皇帝，这就引发了天朝尊严、觐见礼节等诸多问题。同治朝，外国使节要求大批大批地进紫禁城、见小皇帝。总理衙门大臣文祥和使节们商议礼节，外交手腕相当“高明”。外国公使要带很多随从入觐，文祥就带着外国人经过很多宫殿，穿过很多门，每经过一道宫门，就安排官员殷勤招待或者找些事情。外国使团每经过皇宫一道门就留下几个人应付。结果到了紫光阁，公使们发现身边只剩下翻译了。

列强鉴于清朝痴迷“天朝上国”的心理，不愿平等对外各国驻华公使，特地在附件中带上了“觐见礼节说帖”。说帖规定清朝皇帝要在乾清宫正殿接见诸国使臣；诸国使臣呈递敕书或国书时，清朝皇帝必须以亲王乘轿的规格将使臣迎入大内，礼成后送回，来往都要派兵队前往使馆迎送；外国使臣所递敕书或国书，皇帝必须亲手接收；清朝皇帝宴请诸国使臣，应在大内之殿设备，皇帝要在座。上述内容既然是“要求”，就说明在实际交往中没有实现。清朝想方设法避免外国公使和皇帝直接见面，不愿意中外平等相待。

外国政府从鸦片战争前后就开始争取平等权益，一直到 1901 年八国联军入侵之后和谈，各国公使挟战胜余威用条约附件形式固定了下来。原本小事一桩的礼节问题拖延半个多世纪才得以解决。

《辛丑条约》规定，总理衙门改为专门的外务部，位列各部之首；各国公使常驻北京，划东交民巷为“国中之国”；公使可以直见光绪、慈禧，不用跪拜……清王朝最终还是采纳了西方外交规则，完全融入了西方体系。至于朝贡体系中的藩属国（除日本外），早就先中国一步被西方列强殖民了。

扩展思考：近代之殇

1. 西方列强凭借强大的军事与政治力量强迫朝贡体系中的各国接受西方政治思想与实践，凭借强大的资本主义工业成果将各国纳入近代殖民主义、资本主义原始积累的经济体系，纳入了正在形成的资本主义世界的经济体系。你如何看待这个过程中的主观目的与客观结果问题、对与错问题？

2.“天下观念”是古代中国看世界、对外交往的指导思想，也是中国近代外交彷徨反复、接连遭难的缘由之一。天下观念至今存在于一些国人心中。请问如何评价这一观念？

乱世军阀
他们谋权势也谋国是

一个出身贫寒的小伙子，在乱世中做什么行当最有“前途”？答案就是：当兵！

乱世是对正常社会秩序的破坏，动荡的同时蕴含着机会。在稳定的正常社会中，社会流动相对固定，而且缓慢。草根子弟上升的道路，很窄，很曲折，还常常遇到天花板，上升到一定的阶段就升不上去了。所以有美国卡车司机说：“我爸爸是卡车司机，我四岁的时候就知道我也会是一个卡车司机；我的儿子最可能干的，也是开卡车——或许他会开一间杂货铺，但他肯定不会当董事长或者州长。”乱世就不同了。以往的社会流动被打乱了，游戏规则也被突破了，甚至没有成形的规则可言了。于是，底层子弟平白有了快速向上跃升，乃至上升到社会最高阶层的机会。昨天还是贩夫走卒，明天就可能封王拜将了。这一切都拜乱世所赐。

民国初期是一个大乱世，也是一个大战场，几百个胸前配着勋章手里拿着刀枪的军阀在杀来杀去、你征我讨。后人往往以为他们是一群生活奢侈无度、横征暴敛、凶残冷酷、臭名昭著的人。这样的人有，但是在民国军阀当中属于少数。多数军阀还是有理想的，还是想治理好辖区，也想干出一番事业的。民国初年，人们曾经对袁世凯、吴佩孚都给予过厚望。而段祺瑞、张勋等人的品德修为，也颇有可圈可点的地方。

民国军阀的存在，是近代中国发展的一个症结。他们的沉浮起落，也折射出了近代历史若干深层次的内涵。

他们最初是什么样

天津人齐英身材瘦小，一只眼还是斜眼，却报名北洋速成学堂。体检教官看到他的样子就摇头。身高不够！齐英忙敬礼说："学生身虽小而志如鸿鹄。"体检教官就让他通过了。检查相貌的教官看着他就嘬牙花子。军校要求学生相貌端正，齐英明显不行！齐英又敬礼说："学生眼虽斜而能识远。"就这样，齐英成了该学堂炮兵科二期学员，毕业后更名为齐燮元，日后成了直系大军阀和汪伪大汉奸。

武卫右军执法营务处小军官王英楷的妻子患疯癫，请人说合娶一个二房。山东济南有个穷苦无依的母亲愿意把女儿送来做小，但条件是王英楷要供养自己及独子生活。王英楷官卑家贫，养一大家子人很困难，就在小舅子十七岁时把他送到保定常备军当兵。这个小舅子就是直系后期的主要军阀孙传芳。

黎元洪的女儿黎绍芬回忆："我父亲黎元洪和母亲吴氏从小订亲，母亲八岁就入住黎家。父亲二十二岁时和母亲结婚，不久祖父病故，家庭生活困难，全靠父亲在北洋水师学堂每月九元的学生补贴生活。母亲就缝制鞋垫出卖，贴补家用。父母二人相依为命，感情深厚。"黎元洪出身清军基层军官家庭，父亲早逝，他就读军校的目的，除了谋一份工作外，更主要的是拿学生津贴养家。

曹锟，直隶天津人，家境贫寒，兄弟姐妹很多。曹锟排行老三，从小就推着一辆车去卖布，没有什么经商头脑，常常几天经营下来赔了不少，而且别人请曹锟帮忙，曹锟总是满口应承，毫不吝惜力气地一帮到底，所以周围的人送给曹锟一个绰号：曹三傻子。据说，曹锟当年卖布，有个算命先生拉住他说：小伙子，我看你面有贵相，今后贵不可言啊！曹锟看看自己卖布的车子，又看看算命老头，认为老头故意取笑自己，挥起老拳就把他打了个脚朝天。事实证明，那个老头还真不是一般的江湖术士！曹三傻子浑浑噩噩地混到了二十多岁，有人说他是因为破产，又有人说他是因为有一次喝醉了酒无意得罪了一户有钱有势的人家，在家乡混不下去了，就跑到了天津小站去当了兵。

后来和曹锟并称“曹吴”的直系大军阀吴佩孚，原是山东蓬莱的一个秀才，颇为自负，参加山东乡试，还没发榜，就到电报局打听：“报过去了没有？有吴佩孚吗？”电报局职员回答：“不知道。为什么必须有吴佩孚？”吴佩孚以为必然中举，不想遭到电报局小职员的奚落，就打了他两个耳光。事情闹大了，吴佩孚被学官打了二十戒尺，愤而投笔从戎。

西北军首领冯玉祥的早年经历，完全称得上“励志”。清末，保定某兵营出缺，求情送礼要当兵领饷的人踏破了门槛。管带想到部下哨官冯有茂因为伤病被裁掉了，家里很困难，有心让他的儿子补缺。可是，管带不知道冯家儿子叫什么名字，就随手在新兵名册上写了“冯御香”。冯家儿子个大体壮，很不适合这么女人味儿的名字，当兵后就改名“冯玉祥”。当年他十五岁。

参军后，父亲冯有茂伤病卧床，冯玉祥生性孝顺，既在家尽心尽意服侍父亲，又坚持在军营操练。每次去野外打靶，父亲心疼他太小，总给他几个铜板买烧饼吃。冯玉祥舍不得花，攒下来等凑够了数，买上点猪肉飞奔回家让父亲能吃上点荤。当父亲问出买肉的钱是哪来的时候，不禁老泪纵横，一句话也说不出来。军营中喊口令的士兵，工资高。为了多挣点饷银供奉父亲，冯玉祥苦练喊操，起早贪黑一年到头地高喊口号，甚至边走边喊，惹得人说他是神经病。冯玉祥终生生活简朴，发达后请客吃饭，用的都是自备的粗瓷碗粗瓷碟。

统治广西十数年的旧桂系军阀首领陆荣廷咸丰八年（1858 年）出生于社会底层家庭。其父不务正业，沦为小偷，被其族人拘入祠堂吊死。其母因贫病交加，不久又去世。十四五岁的陆荣廷成了小流浪汉，流落到南宁，以在鸦片烟馆及赌场里向人乞讨为生。

广西龙州有一位法籍传教士，养了一头恶犬，十分凶猛，经常咬伤妇孺百姓。中国官民畏惧教士，长期隐忍不发。一日，法国教士去拜访龙州州官，把狗系在衙门大堂的柱上。陆荣廷因事走过，恶犬狺狺相向，陆一怒之下，用木棍将狗打死了。法国教士就问中国官厅要狗。地方官唯恐得罪了洋人，下令缉捕陆荣廷。陆荣廷无处容身了，不得已，落草为寇。陆荣廷知道行走江湖，全靠手艺吃饭。强盗的手艺就是枪法。陆荣廷苦练枪法，每天起床后就练射击，风雨无阻，直至垂死时拿不动枪为止。他不但自己苦练不懈，还要求家人无论男女都要练射击，每周进行一次家庭射击比赛，射中靶心的奖，射不中的罚下厨三天。陆荣廷后来打枪几乎不用瞄准，全凭感觉，随手一甩，目标应声而倒。

民国军阀，除了袁世凯之外，不是出身普通家庭，就是来自底层家庭，有着悲惨的早年。军阀往往是旧秩序的受害者，在秩序更替的混乱期凭借枪杆子跃升而起。南朝开创者刘裕父亲早逝，家境贫苦，幼年沦落到靠卖草鞋为生，还曾因为欠款被人吊起来毒打，明显是底层的受压迫者。后梁的开创者朱温也是父亲早逝，母亲不得不领着三个儿子到大户家去当佣工，也是典型的底层出身。结果他们都在乱世把握住了脱离底层向上跃升的机会。比如，刘裕就投身北府兵，开始戎马生涯。朱温成人后，勇猛凶悍，二十五岁时投黄巢，加入了唐末的造反大军。

元末割据苏南的军阀张士诚的例子，也能说明问题。张士诚出生于兴化一个穷苦盐民家庭。元朝食盐由政府专卖，对盐民的剥削很重，东南沿海盐民生活无着，还不时遭到台风侵袭，海水倒灌，生活苦不堪言。为了活命，张士诚十岁就开始和胆大的同乡一起贩卖私盐，维持生计。不消说，贩卖私盐是拿生命冒险的举动。身份低微、忍气吞声、苟延残喘的张士诚和曹锟、陆荣廷等人一样，是那个时代中可有可无的蝼蚁。这几乎是所有古今军阀的“原始面貌”。而成为军阀的手段，几乎都是参军扛枪。在乱世中，枪杆子始终是最强有力的政治资源。

我们认识军阀的原始面貌，不是为了激发对他们的同情甚至认可，而是为了思考：他们为什么后来变成了“狰狞的恶魔”？

“几乎所有人都可能遭受逆境，但如果想测试一个人的品格，就给他权力。”这是美国总统林肯的名言。如果在权力前再加上限定词“没有监督”，那么一个快速从底层跃升而来的人就很可能迷失自我，被权力的负面因素所诱惑。

军阀们的奋斗

民国军阀的兴起，还和当时“军事救国”的思潮有关。他们的堕落，也表明了该种救国思路的失败。

民国军阀孕育于晚清的新式陆军之中，而非同军阀前辈们那样是赤手空拳搏杀出来的。北洋系统的各派军阀自然不必说；陆荣廷、张作霖等人是被招安的土匪，由此当上了清朝正规军；滇系、晋系等则脱胎于编练的地方新军。晚清政府高度重视新军。中国一再输给西方船坚炮利的军队，开始痛下决心要进行军事近代化。人们将“军事救国”作为救亡图存的良药。越到后期，清朝对近代军事和火器的引进就越多。到末期更是高度重视新式陆军的编练，对培养新军军官的军校也关照有加。各省都计划编练两镇新军，兴办陆军小学。当时主办新式事务的一批人，自身素质过硬，又有革新强国之心，把军校办得有声有色。许多军阀当时都是军校的年轻学子。

李宗仁就是广西陆军小学的学生。他回忆：“光绪三十三年（1907 年）广西陆军小学第二期招生，我和十几位同学到桂林应考，这期取一百二十余名。”陆军小学因为是新创办的官费学堂，待遇甚优，学生除供膳食、服装、靴鞋、书籍、文具外，每月尚有津贴以供零用。加以将来升学就业都有保障，所以投考的青年极为踊跃。报名的不下千余人，而录取的名额只有一百三四十人，竞争性是极大的。

陆军小学的学生，按照成绩优劣，各有月薪。这份薪水，在生活艰难的晚清，对普通人家子弟非常有吸引力。比如，前述的黎元洪，就靠这份薪水养家。

广西陆军小学修业三年为期，既有军事训练，又有文化课的教育。军校教官、队长对学生的约束管理很严格。广西青年徐启明入学时一百二十多名同学，毕业时淘汰了四十多名，只余八十名毕业，考核的严格可见一斑。学生们读书训练也格外用功。根据徐启明回忆，广西兵备道庄蕴宽对陆军小学极关心，常来巡视，拿起学生名册亲自点名问话，记得第一次点到其邻座的黎元表同学，黎年轻英俊，气宇不凡，庄蕴宽忽然问：“你是哪一县？”黎答：“我是阳朔县人。”庄蕴宽随即赞其“果然一表人才”，传为佳话。

清朝在北京、南京和武昌建立了三所陆军中学，挑选各省陆军小学毕业生中的优秀分子入学深造。广西陆小毕业后，徐启明转入武昌的第三陆军中学继续学习。据他回忆，陆军中学普通课程相当于今日大学程度，对普通科学极为重视，军事课程有基本的四大教程——战术、兵器、筑城、地形。“除了数学外，我都毫无困难，大代数微积分相当深，学起来有点费力。”徐启明在武昌参加了辛亥革命，民国建立后继续深造。“1912年我进入清河陆军预备学校。教官（文化）程度很高，教学认真，对学生要求也很高。一般学生对军事主要课程和数理科有点吃不消。我们要学解析几何、三角、微积分、大化学、物理等，同学中应付不来而发狂者有四五人之多。全校论文比赛第一名是个浙江同学，因数理学科不好，发神经跳水自杀。”“学校管理严格，考核严格，教育长康宗仁想出一种考试办法，学生编号入座，卷子密封而且邻座卷子不同。不能依赖他人，一切要靠自己。”

这样的新式军事教育，为民国培养了一批军阀、战将和军事家。李宗仁评价说：“清末厉行新政时，朝廷中一部分大员和各省少数封疆大吏，可能是敷衍门面，缓和舆情；可下级办新政的人物，都是受过新式教育的人，的确生气勃勃，有一番新气象。”基层学子的蓬勃生机就是这番新气象最生动的表现。

还有一批批中国年轻人漂洋过海，直接到外国学习军事。他们受到了比外国同学更多的磨难。比如，在中国留学生密集的日本，日本人学习军事只要进军官学校就可以了。可是中国人去学，日本人就专门设置了预科学校（如蒋介石上的振武学校）。绝大多数中国留学生要想进日本的军官学校学习，必须先经历预科学校的学习，平白无故比日本人多花两三年的时间成本。即便中国人入了军官学校，里边的民族、阶级和其他各种压迫依然存在。而中国留学生能够咬紧牙关完成军事学业，心中必定抱有一股热血。

年轻人们刻苦勤学、辛苦毕业后，往往发现单纯的军事救国并不能改变中国贫弱的现实。“军事救国”只是一种探索方案。事实上，军事离不开教育、经济、社会等方面的支持。在其他大方面弊端顽固，没有改善的情况下，纯粹的军事救国就宛如无源之水、无本之木，甚至连新式陆军离开了社会基础也恶化成了争权夺利的工具。

当年的军校学生，步入民国后，多少掌握了军权，成了军阀候选人。虽然进入了民国，但中国社会的转型远远没有结束。旧的专制王朝被推翻了，但是新的王朝如何建立、新的秩序如何树立，没有人能够提出确切的蓝图来。那些年轻人心中的救国抱负也被残酷的现实击得粉碎。在理想和现实出现巨大的鸿沟的时候，他们迷茫了，不知道向何处去。而他们恰恰掌握了军队，掌握了国家实实在在的权力，历史需要他们为中国找出前进的道路。身在其位必须要谋其政！这些在位的军阀当中，不少就是当初的热血青年、如今的迷茫中年。他们还没找到中国的道路向何处去，而军事斗争的残酷现实就逼着他们把主要的精力放在巩固自己的地位和参与军阀战争当中了。这些军阀和当时绝大部分的中国人一样不知道路在何方，但是他们需要承担指挥转型的责任。可他们身在其位却不谋善政，必然遭受接踵而来的指责。

近代军阀的出现，可以说是一代人救国蓝图破灭、全社会迷茫的一个反映，是整个社会因找不到转型方向而迷茫的结果。

北洋系统的分化

说到民国军阀，不得不提及“北洋”。说北洋是各派军阀之母，一点都不过分。很多派系和军阀个人，都是脱胎于北洋。

北洋的兴起，是清朝在外交上不愿意外国与自己平起平坐的结果。同治初年，清政府设总理各国事务衙门，却让外国人去和地方官交涉：一个是南京的南洋大臣（两江总督兼任），一个是天津的三口通商大臣。当年李鸿章占据直隶总督兼北洋大臣职位，势力远远超过本来地位与之对等的南洋大臣，已俨然成为国家外交全局的主持人。

李鸿章是清朝内部思想开明的官僚之一，最早萌生了学习西方，训练新式陆军的想法。距离天津约六十里，有个小镇叫新农镇。李鸿章调自己的淮军周盛传所部“盛字营”在镇子上屯垦，凿川引水，经营了近二十年。甲午战争爆发后，盛字营北上作战溃败，编制不在，营房还在。新农镇慢慢荒废了。大沽至天津的铁路修通后，新农镇成为其中的一个小站。也就是在甲午战争中，又有一支淮军开拔来了镇上。这便是长芦盐运使胡燏棻编练的“定武军”。新的队伍入驻后，通过铁路来往的军事和商贸活动与日俱增，小镇迅速恢复繁华并壮大起来，以至于后来人们忘记了“新农镇”的本名，干脆称它“小站”。

“定武军”成立不久，胡燏棻改调卢汉铁路督办、道员袁世凯接手，并将“定武军”改名为新建陆军。袁世凯亲历甲午战争，对编练新军有深切的认识。他凭借开明务实的做法、高超的政治手腕，大力引进人才、技术和军事思想，很快壮大了自己的队伍。小站新军的许多做法，为之后的中国新军树立了标准。比如，袁世凯能把军队训练成“只知有袁世凯、不知有朝廷”的私家军队，其中的奥秘就是后辈军阀思索和追捧的法宝。

袁世凯还把握住了清朝末期的历次政治机遇，地位水涨船高，继承了李鸿章的北洋大臣兼直隶总督地位，最后还成了清末最大的实权人物。在他掌权期间，编练新军成了清朝的国策。袁世凯把持了编练新军的大权。清朝计划每省编练两个镇（师）的新军，绝大多数省份没有能力编练这么大的新军，练成一个镇的都少，多数只有一个协（旅）。但袁世凯却以小站新军为基础，吸纳其他军队，在直隶编练了六个镇的新军。这批新军是晚清民初数量最大、战斗力最强的军队，人称“北洋新军”。徐世昌、王士珍、冯国璋、段祺瑞、靳云鹏、段芝贵、倪嗣冲、龙济光、张勋、阮忠枢、李纯、傅良佐、吴光新、曲同丰、赵倜、陈宦、王占元、陆建章、张怀芝、卢永祥、齐燮元、田文烈、曹锟等人都与北洋新军有关。

袁世凯死后，无人具有足够能力统领整个北洋军队及政权，北洋军阀分裂为皖系、直系、奉系三大派系。以段祺瑞为首的皖系控制皖、沪、浙、闽、鲁、陕等省；直系的冯国璋、曹锟，控制长江中下游的苏、赣、鄂及直隶等省；奉系的张作霖占据东北三省。直系在直皖战争中大败皖系，势力勃兴，据有直隶、山东、河南三省地盘，其后又陆续扩展到湖北、陕西、江西、热河、察哈尔、绥远和福建等省。奉系与直系联合击败皖系，势力从东三省深入到蒙疆、京津、热察等地。

有两个派系是从直系军阀中分裂出来的。一个是孙传芳从直系王占元部分化出来，进占福建，之后并吞浙江，后扩展到江苏、安徽、江西三省。孙传芳自称“五省联帅”，虽然名义上属于直系，但并不真正听命于直系首领曹锟、吴佩孚，俨然自成体系。另一个是冯玉祥的西北军。冯玉祥原是曹锟部属，遭受排挤，后来联合直系内部不满曹锟、吴佩孚者，发动“北京政变”，囚禁曹锟，又联合奉系大败吴佩孚。西北军势力占据陕甘宁和河南、河北部分地区，而奉系大举入关，势力扩展到河北、山东，甚至苏北、皖北。

另外，山西的晋系军阀阎锡山，徐州一带张勋的定武军，西南的滇系军阀唐继尧和桂系军阀陆荣廷等割据一地，并不属于北洋军队。四川更是军阀混战的“法外之地”，大大小小的军阀难以确数，白天大家还在一起喝茶，晚上就刀兵相见。不过四川军阀都信奉“肉烂在锅里，也不让外人吃”，自己可以打得头破血流，可一旦其他省份军阀觊觎四川，他们就立刻联合起来一致对外。大军阀集团内部，又分化出小军阀。那些镇守使、督军、巡阅使、联帅割据一地，有时是几个县甚至只有一个县。总之，当时中国有多少军阀，压根无法统计。

这些军阀时而合作、时而兵戎相见。1926 年、1927 年的北伐战争是军阀演变的分水岭。广东国民政府兴兵北伐，西北军的冯玉祥、晋系的阎锡山先后响应，先后歼灭孙传芳派系、吴佩孚的直系。张作霖被日本人炸死后，其子张学良率领奉军易帜，听从命令。其他西南、西北小军阀也听命于国民政府。至此，国民政府在形式上消灭了军阀割据，统一了中国。

但是，国民政府的统一，只是把各派军阀纷争、不相上下的局面，转变为蒋介石一人独大，其他军阀尚存的局面。当时除了蒋介石的中央军，还有冯玉祥的西北军、李宗仁的桂系、阎锡山的晋系、张学良的奉系，此外还有刘湘、盛世才、马步芳等小军阀。他们被称为“新军阀”，以区别于之前的“旧军阀”。

蒋介石花费了二十几年剿灭异己，剪灭杂牌军。其他派系势力更加衰落，难以与中央军抗衡。但直到国民政府覆灭，蒋介石也没能消灭所有异己势力。

不过，最初的北洋新军却走到末路。国民政府成立后，保留下来的北洋新军主要是奉军和西北军。著名的有张学良、杨虎城、韩复榘等部。他们是蒋介石屠刀时刻对准的目标。在之后的国内战争、抗日战争、解放战争等时期，这些杂牌军被蒋介石当作炮灰。解放战争中，有北洋新军“基因”的国民党杂牌部队或起义、或投降、或被歼，最后的残部在解放上海时被华东野战军歼灭。至此，军阀混战永远告别了中国历史舞台。

军阀“敛财有道”

军阀们有很多恶行，和老百姓生活关系最直接的就是横征暴敛了。在乱世维持军队，离不开雄厚的经济支持。所以，军阀们无不“敛财有道”。

勒征苛捐杂税是军阀们的基本做法。军阀们抢地盘，主要目的就是征税筹钱。民国时期苛捐杂税名目繁多，难以历数，而且年年增加。四川军阀杨森看到成都四乡都有挑粪夫在活跃，于是派兵在成都各个城门口把守着，挑粪夫进出的时候要缴税。这就是“粪税”的由来。青年郭沫若为此写了一首歪诗：“自古未闻粪有税，如今只有屁无捐。”实在编造不出名目了，军阀们就“预征”，今年征收明年的税款，明年征收后年乃至十年后的税款。反正自己能不能盘踞某地十年都说不准，哪能便宜了当地十年后的“父母官”？

滥发纸币票券也是一个敛财之道。印钞票来钱最快，军阀们就不顾国家货币统一，大力发展“印刷术”，发行各自的钞票。张作霖在东三省、直隶等省滥发奉票。吴佩孚在湖北加印官票、金库券、军需兑换券；在河南发行四百万有奖库券，分配各县，强民购买。恶果是通货贬值，票券形同废纸，物价腾涌。多数地方常常流行多种货币，还产生了一个新的行当：货币兑换。

鸦片泛滥是近代中国的顽疾。鸦片从栽种、贩卖到吸食，已经形成了一个产业链。军阀们掌握一地实权，本应禁绝鸦片，却几乎都无耻地用禁烟之名行种烟之实。他们把直接强迫百姓种烟的机关称作“禁烟局”，把勘察烟土种植的官员称为“禁烟委员”，在“以罚代禁”的名目下勒取了大量钱财。山西省的烟税比田赋多三四倍；湖北烟税每年两千万元，占全年收入的一半。

上海市政府规定每一箱鸦片抽取三百至一千元不等的鸦片税，而湖南则对鸦片从种植到销售、吸食的全部环节收取罚金和烟苗税、印花税、护送税、起运税、过境税、落地税、出售税、烟灯税等。所谓的烟灯税，指的是每个鸦片吸食的场所每杆烟灯每晚要缴纳从一两毛到一两块不等的税金。历届上海政府勾结租界及青洪帮对鸦片运输进行保护。比如，在一份 1923 年政府当局与鸦片走私销售商签订的合同当中规定，国产鸦片上海市政府每箱抽取四百元，土耳其鸦片每箱抽取一千元，印度鸦片每箱抽取一千四百元的“保护费”。此外，运送鸦片的船只还要以登陆费的名义向上海驻军缴纳保护费，向缉私水警缴纳保护费。1926 年，根据中华民国拒毒会会长唐绍仪的估计，中国每年至少有十亿元消耗在鸦片之上，超过了 1929 年上海地区的进出口贸易总额。

统治湘西的军阀、“湘西王”陈渠珍指令各县农民种植鸦片，拒绝种鸦片的农民要征收所谓的懒税、懒捐。龙山县在县城和农村的一些城镇设立了土膏站，规定出售烟土的人要先缴印花税，吸食鸦片的人要先缴烟灯税，有劳力而不种鸦片的人要抽取懒税。

二十世纪三十年代，“山西王”阎锡山大喊禁烟，成立了禁烟考核处，却秘密从绥远、内蒙古等地大量购进罂粟，批量制造烟土，并取名为“光明”戒烟药品，还大言不惭地在报纸上宣传、鼓吹，说研发出了新的戒鸦片烟瘾的特效药，光明戒烟药品能起到退瘾的效用。山西各县专门设立了禁烟委员会，负责坐地推销阎锡山的这种戒烟药品。实际上，有经验的烟民一看就知道所谓的特效药本身就是十足的烟品。他们管阎锡山的这种戒烟药品叫“官土”，区别于鸦片私贩销售的“私土”。抗战胜利后，阎锡山生产“镇定片”。所谓的镇定片以百分之三十的大烟片作为原料，配制西药压制成片。每盒一百片，售价一银圆，因为批量生产，售价低，在山西境内大受欢迎。不过，当时北平、天津和内蒙古地区就不承认阎锡山的“镇定片”。携带镇定片赴北平的人，被北平当局查获，即以携带毒品治罪。

“湖南王”何键在贩毒方面颇有天赋，想到用飞机来贩运自制的吗啡。1931 年 5 月，何键成立了湖南航空部，购买了十多架飞机，最主要的是两架较大的运输机，其他都是掩人耳目用的教练机。这两架运输机平常的主要作用就是为何键贩运毒品和吗啡。

在鸦片重灾区四川，川西北地区青壮年几乎无人不吸鸦片，一度使得该地区军阀和官僚找不到合适的兵源。贵州、云南、四川等地的军阀部队被称为“双枪将”，一杆枪是步枪，另一杆枪是烟枪。行军打仗时，一手拿着步枪，一手拿着烟枪，场面相当壮观；打败后，缴真枪不缴烟枪。有军阀振振有词：吸食鸦片有助于提高战斗力。为什么呢？首先，官兵在打仗前吸食了鸦片，精神亢奋，士气高涨，冲锋起来不怕死，勇往直前；其次，为了早点结束战斗能够去吸鸦片，他们会更加奋不顾身地向前冲锋。可万一犯烟瘾时，别人来打你，怎么办？

上海先是外国鸦片向华倾销的大本营，后来又成了国产鸦片的集散地。这要拜青洪帮所赐。盘踞在江苏的直系军阀齐燮元和浙江的皖系军阀卢永祥，军饷和个人财富来源，大多取之于贩卖鸦片的赃钱。这个地盘初属卢永祥，齐燮元非争不可，两人就在 1924 年爆发了江浙战争。因鸦片而起，被戏称为“第三次鸦片战争”。

向洋人借钱，也是军阀们的敛财之道。不过，此道的操作难度很高，一般只有大军阀才能一试。民国前期，段祺瑞的皖系就大借外债——主要是向日本。冯国璋责怪段祺瑞大借外债，劝他慎重。借款是要还的，可别让外债断送了未来。段祺瑞就说：“咱们对日本也就是利用一时，这些外债谁打算还他呀？只要咱们国家强大起来，到时候一瞪眼，全拉倒了。”皖系的借款，是与日本寺内内阁私人驻华代表西原龟三交涉谈判的。当年寺内内阁在华“投资”的数目很大，在一亿四千万日元左右，其中大部分为西原经手。但是这些借款很少有正式契约，连签字打借条的都没有，所以日本方面后来吃了“哑巴亏”，也没有光明正大地向段祺瑞追究，可谓弄巧成拙。不过，军阀中像段祺瑞这样敢于“黑吃黑”的不多。

▎扩展思考：军阀异同 ▎

1. 近代军阀有皖系、直系、奉系、晋系、滇系、桂系、新直系、新桂系、西北军等等派系，各个派系又有不同的代表人物。这些军阀分合聚散不定。你能列举出多少近代派系，能说出各派的代表人物吗？

2. 军阀是近代的“新产物”吗？中国古代历史上就有不少军阀，割据一方。试问：近代军阀和古代军阀相比，有什么异同？

参考文献举要

［1］陈茂同．中国历代职官沿革史．百花文艺出版社，2005.

［2］段　渝．玉垒浮云变古今：古代的蜀国．四川人民出版社，2001.

［3］李孝聪．中国区域历史地理．北京大学出版社，2004.

［4］米庆余．琉球历史研究．天津人民出版社，1998.

［5］钱　穆．国史新论．生活·读书·新知三联书店，2001.

［6］钱　穆．中国历代政治得失．生活·读书·新知三联书店，2002.

［7］孙立群．中国古代的士人生活．商务印书馆，2003.

［8］宋　杰．先秦战略地理研究．首都师范大学出版社，1999.

［9］张维华．中国古代对外关系史．高等教育出版社，1993.

［10］张　程．泛权力．浙江大学出版社，2010.

［11］周一良、邓广铭等．中国历史通览．东方出版中心，1994.

［12］何芳川．“华夷秩序”论［Ⅳ］．北京大学学报（哲社版），1998-06.

［13］卢　经．乾隆中后期的皇权秕政［C］// 中国第一历史档案馆．明清档案与历史研究论文集．新华出版社，2008.

［14］牛创平．清代审理一、二品官经济犯罪案件的经验教训［C］// 中国第一历史档案馆．明清档案与历史研究论文集．新华出版社，2008.

后 记

感谢读者阅读本书。

中国历史内涵丰富、博大精深，又不免纷繁复杂，引人常发临渊羡鱼而不知道“网”在何处的感慨。宏大叙述的史书不绝于途，而本书希望从微观片段入手折射宏观历史。本书选取了一个个历史案例，既有横向的历史事件，又有纵向的制度、现象和规律性的内容，横纵结合，就像一张疏疏密密的网络，希望可以勉强把中国古代历史罩起来。我还希望这些片段能引起读者的古史之思，形塑自身的宏观历史。

要为复杂的古代史找到一把解读的钥匙，每个人难免要反复探索。

如何把握中国古代史？从生产力与生产关系的角度入手，是一种思路。其关键词，如生产力、所有制、生产效率、阶级、斗争等，像火炬一样照耀幽暗的历史。随着阅读与生活的推进，我感觉这种思路的解释力，不足以照亮整个历史天空。徜徉在那些历史的偶然、人文的发展、个体的命运之中，生产力与生产关系并不能帮助我们彻底解惑。之后，我尝试从人性的角度、从个体活动的角度入手，观察整个古代史。人类活动创造了历史，人性给历史涂抹上了温暖的色彩。一些改变历史的偶然性也能从人性角度得到解释。但人又是活在时代背景之中，身负历史文化传统的，受到很多强大的隐性力量的制约。近年来，我从思想观念、宗法家族、世俗网络等非物质因素入手，尤其是从制度角度入手，考察社会变迁。

本书辑录的文章，是我前些年写作的旧文。部分文章曾经公开发表，其中《士人春秋》《天津教案》等发表在《中华遗产》杂志，《反腐困境》《真假梁武帝》等发表在《百家讲坛》杂志，有关清朝的诸篇文章发表于中国新闻网《锐度专栏》和财新网《张口说史》专栏。这些章节收入本书时都做了修改。本书的主要参考文章，在附录的《参考文献举要》中有说明。当然，本书难免有观点和史料方面的差错，我为此承担责任。欢迎读者诸君批评指正。

一本书的篇幅是有限的，内容的选择也是有限的，但是思考是无穷的。如果能以点带面，引发读者的思考，善莫大焉。当然，这是我的希望，实际效果如何，就要读者诸君评价了。谢谢大家！

张程

2019 年 5 月定稿